# 子ども家庭福祉学序説

実践論からのアプローチ

柏女霊峰
*Kashiwame Reiho*

誠信書房

# はしがき

　子ども家庭福祉は社会福祉の一分野であり，社会福祉学の分野論として子ども家庭福祉論がある。学問の世界ではこれが通常の理解であろう。しかし，これまで児童福祉学を銘打った著作はいくつか出版されていた。最も新しい著作は，網野武博氏の『児童福祉学──〈子ども主体〉への統合的アプローチ』（中央法規，2002 年）である。

　筆者は社会福祉学をかじってはきているが，系統的に学んではいない。また，臨床心理学の一端に触れてきたが，網野氏のような学際的な博識も持ち合わせてはいない。そんな筆者にできることは何か。そう考えたとき，筆者の実践からの考察を体系化することで，新しい方法が見えてくるはずだという思いが浮かんだ。幸い，これまで福祉臨床実践と政策立案実践の両方に携わり，しばらく前からは社会福祉法人理事・理事長として福祉経営実践にも携わってきた。いわば，マクロ，メゾ，ミクロの実践をしながら，考察を続けてきたのである。本書はその考察の到達点であるといえる。実践論という用語になじみはないが，ここでは各種の実践を通じて理念，制度，方法の円環的前進等の法則性が実感されたものを重視する方法論ととらえた。

　仮題を「子ども家庭福祉学序説──実践論からのアプローチ」と決め，構想を練り始めた。仲間と子ども家庭福祉研究会を開始し，途中には，網野氏の『児童福祉学』の輪読を 1 年かけて行った。執筆作業は難航したが，序章にあたる「子ども家庭福祉学とは何か」（『平成 28 年度総合絵福祉研究』第 21 号，淑徳大学社会福祉研究所，2017 年）が完成したとき，構想は確信に変わった。

　後押ししてくれたのが，「子ども家庭福祉学とは何か」にも書いた，古川孝順氏の「社会福祉学は設計科学でもある」との視点である。筆者なりにいえば，一定の価値（たとえば，人類のウエルビーイング：人間的で豊かな生活）を実現するための枠組みである社会福祉という事象について考究する学問領域が，社会福祉学であるという理解である。これをベースに，柏女「子

ども家庭福祉学」の定義を，以下のように定めた。

　子ども家庭福祉とは，理念的に人格主体として理解されつつ，実際には自己の立場を主張し守り難い子ども，ならびにその子どもが生活する基盤である家庭を対象とし，子どもが生存し，発達し，自立しようとする際に出会うさまざまな困難に対し，子どもや家庭と環境との接点にあって，社会統合や一定の社会的価値ならびに子ども家庭福祉に関わる根源的な価値追求その他を理念として，子どもならびに家庭のウエルビーイングの実現のために，国，地方公共団体，法人，私人等が行う，子どもや家庭および関係者を対象とする実践および法制度の総体である。

　子ども家庭福祉は，子どもや子育て家庭の置かれた環境の現状を視野に入れ，子ども家庭福祉の理念に基づき，子ども家庭福祉の目的とその方策を法令等に基づいて制度化し，その運用ルールを示したもの，およびそのルールに基づいた機関・施設の運営や，具体的実践行為（方法）の体系である。すなわち，子ども家庭福祉は，社会のありようを基礎として，理念，制度，方法（経営，援助）の三つを構成要素として成り立つ。

　子ども家庭福祉学とは，社会福祉学を基礎としつつ，子ども家庭福祉における環境，理念，制度，方法（経営，援助）ならびにその展開の特質を分析し，これらの構造の法則性を明らかにし，あるべき方向性を設計していく学際科学，複合科学，融合科学，設計科学である。

　網野氏の児童福祉学の定義が学際性を強調しているのに対し，柏女は，子ども家庭福祉学の社会福祉学との「普遍性」を重視しつつも，子ども家庭福祉学としての「固有性」も尊重するという姿勢を有している点に特徴がある。なお，古川氏は，社会福祉学の研究は，「価値志向的な性格を前提にしつつ，しかも研究方法論的には自制的，価値禁欲的でなければならない」とも述べている。本書が，価値志向を持ちつつ，価値禁欲的に執筆されているかは，読者の批判を仰ぐしかない。

　本書では，筆者のこれまでの実践や学びを通じて，自分なりの子ども家庭福祉学を体系化することを志向している。「理念，制度，方法の円環的前進」

理論を根底に据えながら，子ども家庭福祉の理念や制度・政策，特にその基礎構造となる子ども家庭福祉供給体制論，そして方法，特にいくつかの支援技術体系の相互関係と役割分担などについて，考察を進めている。それらの考察は，自らの実践のなかから浮かび上がってきたものであるため，本書の考察には生煮えのものも多い。実践の意義づけができておらず，その紹介と考察に終わっている部分もある。したがって，本書は，あくまで本格的に子ども家庭福祉学を確立するための「序説」である。また，実践しつつ考察を深めた「実践論からのアプローチ」であり，それを副題に据えた。

　本書の基本は，1995（平成7）年に刊行した初めての単著，『現代児童福祉論』（誠信書房）である。その後，その考察を一歩踏み出したのが，2008（平成20）年の『子ども家庭福祉サービス供給体制——切れ目のない支援をめざして』（中央法規）である。その後，私が平成3部作と呼ぶ『子ども家庭福祉・保育の幕開け——緊急提言 平成期の改革はどうあるべきか』（誠信書房，2011年），『子ども・子育て支援制度を読み解く——その全体像と今後の課題』（誠信書房，2015年），『これからの子ども・子育て支援を考える——共生社会の創出をめざして』（ミネルヴァ書房，2017年）を経て，本書に至る。

　本書は，筆者の基本的視点である「理念，制度，方法の円環的前進」理論を基本に据え，網野・児童福祉学ならびに古川・社会福祉学，京極・社会福祉学，さらに，援助論においては林茂男氏に学びつつ，自らの実践を再構築した著作であるといえる。

　自らの実践を振り返り意義づける作業は，図らずも訪れることとなった。2017（平成29）年秋，菅沼均氏を主任研究者とする研究班が進めている，厚生行政に関するオーラルヒストリーのインタビュイーを依頼されたのである。

　本書執筆と同時並行で進められたこの作業のなかで，改めて実感したことがある。それは，「政策ができても実践はそんなに簡単には変わらない」ということである。政策は多くの調整でできあがるが，その調整にはわずかの実践者しか関わっていないことも一因である。政策ができてから，膨大な調整が実践舞台で始まる。そうやって，政策は実践や方法に落とされていくの

である。そして，その間に政策はいくらか変質していくのであり，その変質が制度に歪みをもたらしたり，改善を迫ったりすることとなる。こうして，政策と実践は制度を接点として対峙と調和を繰り返し，そのプロセスが子ども家庭福祉を進展させていくのである。この，政策と実践の対峙と調和をもたらすエネルギーが，理念である。「理念，制度，方法の円環的前進」を改めて確認した経験であった。

　最後に，序章の末尾を引用して，はしがきを終えることとしたい。

　実践（方法）の集積が「○○を重視すべき」という理念を生み出し，それが制度を創り出し，その制度のもとでの実践（方法）がまた新たな視点や理念を生み，あるいは制度改正へのインセンティヴとして働くこととなる。こうした円環的構造が，社会のありようの変化に対応するエネルギーを生み出し，かつ，子ども家庭福祉に絶え間ない改善という生成的構造を創り上げていくことになるのである。こうした点において，冒頭に述べたように，社会福祉学，子ども家庭福祉学は，こうした理念，制度，方法の一体的検討，ならびに円環的前進が強く求められる設計科学の側面を，強く有しているのである。これが，筆者の基本的視点である。

　なお，本書の末尾に補章として，仏教社会福祉に関する拙論を収載した。これは，本書が設計科学としての子ども家庭福祉学を重視する以上，筆者の基本的視点を明らかにしておく必要があると考えたからである。同時に，住職の息子として生まれ，かつ，淑徳大学に仕事人生の半分近くを過ごさせていただいた筆者の思いも，汲み取っていただければ幸甚に思う。補章初出論文からは，各章における仏教社会福祉部分について，多くを引用していることをお断りしておきたい。

　2019（平成 31）年 4 月

柏女 霊峰

# 目　　次

はしがき　*i*

## 序章　子ども家庭福祉学とは何か　*1*

第1節　社会福祉学とは何か……………………………………………………*1*

　1.　社会福祉とは何か　*1*　　2.　ソーシャルワークとは何か　*3*

　3.　社会福祉学とは何か　*5*

第2節　子ども家庭福祉学とは何か……………………………………………*7*

　1.　子ども家庭福祉学とは何か　*7*　　2.　児童福祉から子ども家庭福祉へ　*12*

第3節　子ども家庭福祉の構成要素とその円環的前進………………………*15*

　1.　子ども家庭福祉の構成要素間のズレ　*15*

　2.　子ども家庭福祉の基本構造　*16*

　3.　子ども家庭福祉の円環的前進 ―― 設計科学としての子ども家庭福祉学　*17*

## 第1章　子どもの特性と子ども家庭福祉における配慮　*20*

第1節　「子ども」（Child）とは何か…………………………………………*20*

　1.　子ども期と社会　*20*　　2.　子ども期の誕生と消失　*22*

　3.　「子ども」というレトリック　*24*　　4.　子どもと成人との関係　*26*

　5.　子どもと成人との間　*27*

第2節　子どもの身体的・心理的・社会的特性と子ども家庭福祉

　　　　ニーズ………………………………………………………………*29*

　1.　子どもの身体的・心理的・社会的特性　*29*　　2.　要監護性　*30*

3. 発達性　*31*　　4. 専門性　*31*　　5. 代弁性　*32*

6. 要保護性　*33*　　7. 有期性　*33*　　8. 受動性　*35*

## 第3節　子どもの発達と子ども家庭福祉上の配慮 ·················· *35*

1. 子どもの発達と子ども家庭福祉　*35*　　2. 子どもの発達的特徴　*38*

3. 保護者の生活の実情　*40*

4. 子ども家庭福祉に必要とされる具体的配慮　*41*

## 第4節　子どもの発達と支援 ······························································ *43*

1. 保育所保育指針の発達観，保育観　*43*

2. 子どもの発達と保育者の関わり　*44*　　3. 専門職としての保育士　*48*


## 第2章　社会のありようと子ども家庭福祉ニーズ　*50*

### 第1節　社会のありよう ································································· *50*

1. 福祉国家の成立と見直し　*50*　　2. 現代社会における価値観の揺らぎ　*51*

3. 価値観の揺らぎと福祉ニーズ ── 子ども家庭福祉の普遍化と専門化　*55*

### 第2節　福祉ニーズとは何か ······················································ *55*

1. 福祉ニードの定義　*55*　　2. 福祉ニードの根源　*56*

3. ニードとディマンド　*57*　　4. 潜在的ニードと顕在的ニード　*58*

5. ニードの基準的指標　*59*

### 第3節　子ども家庭福祉ニーズの諸相 ······································ *60*

1. 子ども家庭福祉ニーズの種類　*60*

2. 顕在化する子育ち・子育てのニーズ　*61*

3. 重なり合うニーズ ── 子ども虐待を例に　*63*

4. 子ども家庭福祉ニーズの諸相　*64*

5. 子ども家庭福祉ニーズの諸相とソーシャルワーク　*66*

### 第4節　子ども家庭福祉ニーズを考える ································· *71*

1. 網野の欲求論について　*71*

2. バイステックに見られるニーズ論と子ども家庭福祉ニーズ　*74*

3. 子ども家庭福祉ニーズ論構築の必要性　*75*

## 第3章　社会福祉の理念と子ども家庭福祉　*76*

### 第1節　福祉的行為を成り立たせる基本原理 ··········*76*

1. 社会福祉の原型としての福祉原理　*76*

2. 人間存在をとらえる原理① —— 主として東洋の視点から　*77*

3. 人間存在をとらえる原理② —— 主として西洋の視点から　*81*

### 第2節　福祉社会を目指す基本理念 ··········*85*

1. 福祉社会づくりの理念　*85*　　2. 共生　*86*

3. ソーシャル・インクルージョン　*87*

4. 仏教社会福祉の視点から見た「共生」　*88*　　5. その他の理念　*90*

6. 子ども家庭福祉理念の理論化に向けて　*93*

## 第4章　子どもの最善の利益　*94*

### 第1節　子どもの最善の利益の系譜 ··········*94*

1. 社会福祉の理念と子どもの最善の利益　*94*

2. 子どもの最善の利益 —— 子どもの権利保障の系譜　*94*

3. 子どもの発見と子ども観の系譜　*99*

### 第2節　わが国における子どもの最善の利益 ··········*99*

1. わが国における子どもの権利保障の系譜
—— 子どもの権利の尊重：「親族の情誼」から「子権のための介入」へ　*99*

2. 2016年改正児童福祉法と子どもの最善の利益　*101*

3. わが国児童福祉法制における子どもの最善の利益の構造　*102*

4. 子どもの最善の利益を考えるいくつかの論点ならびに原理について　*104*

5. 子どもの権利とパターナリズム　*106*

6. 具体的なガイドライン ―― 1989 年英国児童法第 1 条　*107*

7. わが国におけるガイドライン　*108*

## 第 3 節　改めて子どもの最善の利益を考える　*109*

1. 子どもの年齢範囲と権利保障　*109*

2. 子どもの最善の利益を考える ―― 先行研究から　*110*

3. 子どもの最善の利益と自己決定，自律　*111*

4. 子どもの権利条約の子ども観，発達観　*112*

5. 児童相談所における子どもの最善の利益と自己決定　*113*

6. 子どもの最善の利益を子どもの視点から考える

　　―― 子どもの最善の利益を超えて　*115*

7. 子どもの最善の利益と子どもの時間感覚の尊重

　　―― 実践論への新たな課題　*116*

8. 子どもの最善の利益と子どもの視点　*117*

## 第 5 章　子ども家庭福祉供給体制の諸相　*118*

### 第 1 節　子ども家庭福祉供給体制①

　　―― 措置制度から社会福祉基礎構造改革へ　*118*

1. 社会福祉供給体制　*118*　　2. 福祉多元主義　*119*

3. わが国の社会福祉供給体制の推移　*120*

4. 措置委託制度の経緯と概要　*121*　　5. 社会福祉基礎構造改革　*124*

### 第 2 節　子ども家庭福祉供給体制② ―― 供給体制の構造　*127*

1. 対象　*127*　　2. サービス領域　*128*　　3. 給付量の計画化　*128*

4. 給付形態　*129*　　5. 人材　*130*　　6. 財源　*130*　　7. 提供主体　*132*

8. 供給体制全体の構造改革 ―― 地域共生社会の創出　*135*

目　次　*ix*

### 第3節　新たな子ども家庭福祉供給体制を考える論点 ················· *136*

1. 子ども家庭福祉供給体制の基本的視点を考える　*136*

2. 新たな子ども家庭福祉の再構築に向けた論点　*139*

### 第4節　個別の論点 ················································ *145*

1. 児童相談所　*145*　　2. サービスの再編 —— 児童福祉施設機能の再編　*146*

3. 子ども家庭福祉サービスの対象把握の仕組みを考える　*147*

4. サービス供給の仕組みを考える

　　—— 権利主体性と契約主体性とのずれをめぐって　*148*

## 第6章　子ども家庭福祉供給体制と地域包括的・継続的支援　*150*

### 第1節　子ども家庭福祉供給体制の系譜と到達点 ····················· *150*

1. 社会福祉の動向と子ども家庭福祉供給体制　*150*

2. 子ども家庭福祉供給体制の定義　*151*

3. 社会福祉の二大潮流と子ども家庭福祉　*151*

4. 子ども家庭福祉供給体制の特徴　*153*

5. 子ども家庭福祉供給体制の特徴と現在までの到達点　*158*

### 第2節　これからの子ども家庭福祉供給体制 ························· *165*

1. これからの社会福祉実施体制 —— 地域包括的な支援と子ども家庭福祉　*165*

2. 地域における包括的・継続的支援を目指して

　　—— 子ども家庭福祉分野における「地域包括的・継続的支援」の可能性　*167*

3. 今後に向けて　*168*

4. 子ども家庭福祉における地域包括的・継続的支援を導くための論点　*171*

5. 地域包括的・継続的支援システムとサブシステムとしての権利擁護システム

　　—— 児童相談所のあり方　*173*

6. 共生社会の創出と子ども家庭福祉供給体制　*177*

## 第7章　子ども家庭福祉における地域子育て家庭支援の
### 理念と原理　*178*

第1節　地域子育て家庭支援の定義……………………………………………… *178*

　1. 地域子育て家庭支援の登場　*178*　　2. 子育て家庭の定義をめぐって　*179*

　3. 地域子育て家庭支援の定義の検討　*180*

第2節　地域子育て家庭支援の背景 ── 子どもの発達と親の状況から… *183*

　1. 発達とは　*183*　　2. 愛着関係の形成と子育て支援　*184*

　3. 子育てと生活の実情　*186*　　4. 保育・地域子育て家庭支援の系譜　*187*

　5. 子ども・子育て支援制度の創設 ── 利用者の選択と権利の保障　*191*

第3節　地域子育て家庭支援の理念と原理ならびに今後の方向…………… *193*

　1. これからの地域子育て家庭支援の方向性　*193*

　2. 保育所保育指針に見る地域子育て家庭支援の原理　*194*

　3. その他の地域子育て家庭支援の原理　*195*

　4. 子ども家庭福祉における「地域子育て家庭支援」の構造　*197*

　5. 地域子育て家庭支援の新たな可能性　*197*


## 第8章　子ども家庭福祉制度　*199*

第1節　制度と方法の統合についての考察……………………………………… *199*

　1. 制度の特質と子ども家庭福祉　*199*

　2. 制度と方法の統合のための概念的枠組み　*204*

　3. 制度と方法の統合のための方法論　*206*

第2節　子ども家庭福祉制度の枠組み
### ── 私的責任，社会的責任，公的責任……………………… *208*

　1. 子ども家庭福祉制度体系　*208*

　2. 子ども家庭福祉の機能による体系　*210*

　3. 子ども家庭福祉体系の基礎的供給体制からの検討　*212*

4. 子ども家庭福祉における制度体系
　　── 子ども家庭福祉制度の私的責任と社会的責任，公的責任　*213*

5. 基本保育制度構想　*215*

6. 子ども家庭福祉制度を「社会的養育体系」と整理する必要性　*218*

7. 新しい子ども家庭福祉制度体系　*224*

8. 子ども家庭福祉の4つの領域と今後の方向　*225*

## 第3節　子どもの権利擁護 ･････････････････････････････････････････････････････ *226*

1. 児童福祉施設入所児童の権利擁護　*226*　　2. 苦情解決　*229*

3. 第三者評価と自己評価　*233*　　4. 子ども家庭福祉制度の今後　*233*

5. 子ども虐待防止制度に関する具体的提案　*235*


## 第9章　子ども家庭福祉相談援助と専門職　*238*

## 第1節　子ども家庭福祉援助における専門性の諸相 ････････････････････････ *238*

1. 専門性の要件　*238*　　2. 子ども家庭福祉専門職の専門性の構造　*239*

3. 専門性の根幹 ── ケアとは何か　*240*

4. チームワークとネットワーク　*242*

5. 子ども家庭福祉援助の社会性　*244*

6. 子ども家庭福祉援助実践と倫理　*245*

7. 児童相談所における相談援助活動の性格と機能　*247*

8. 子ども家庭福祉事例研究 ──「事例で学ぶ」から「事例に学ぶ」へ　*249*

## 第2節　ソーシャルワークとケアワーク ･････････････････････････････････････ *251*

1. ソーシャルワークとケアワーク　*251*

2. 子ども家庭福祉におけるソーシャルワークとケアワーク　*255*

## 第3節　子ども家庭福祉相談援助の特性と方法，過程 ･･････････････････ *257*

1. 子ども家庭福祉における相談援助活動の特性　*257*

2. 相談援助活動の方法と特徴　*261*

3. 相談援助活動の過程 ── ソーシャルワークを中心に　*264*

4. 相談援助活動の基本原理　*266*

## 第4節　児童福祉施設における子ども家庭福祉援助活動 ……………… *269*

1. 施設における子どもたちの生活の保障　*269*

2. 児童福祉施設における援助活動　*270*

3. 児童福祉施設における援助体系の再構築　*272*

## 第5節　専門職論 ── 保育士の保育相談支援の専門性をめぐって ……… *275*

1. 保育士資格再構築の課題　*275*　　2. 保育相談支援の専門性　*277*

3. 保育相談支援とその他の援助技術　*282*　　4. 保育士の責務と倫理　*282*

5. 子ども家庭福祉相談援助活動の今後の課題　*288*


## 補章　仏教の視点から考える社会福祉の可能性　*290*

## 第1節　はじめに ── 社会福祉の意義と仏教 ……………………………… *290*

1. 社会福祉の定義について　*290*

2. 社会福祉の意義と仏教 ── 本章の意義　*292*

## 第2節　現代の社会福祉が直面している課題 …………………………… *293*

## 第3節　共生について ……………………………………………………… *294*

## 第4節　ソーシャル・インクルージョンと共生 ………………………… *296*

## 第5節　共生社会創出のための「共生」概念の可能性
### 　　　　── 仏教社会福祉の視点から ……………………………… *298*

1. 思想，実践の体系としての仏教と社会福祉　*298*

2. 大乗仏教の登場と浄土教思想，種々の実践方法の開発　*299*

3. 仏教と共生　*300*

## 第6節　仏教の教義と社会福祉の理念 ── 浄土教の教義から ……… *303*

1. 仏教の教義 ── 親鸞の教義を中心として　*303*

2. 対象たる人間に対する視点　*304*

3. 社会のありように対する理念，目的概念
　　—— 浄土とノーマライゼーション　*305*

4. 援助観の根底　*306*　　5. 実践に対する示唆　*308*

## 第7節　仏教から社会福祉を照射する ……………………………………… *309*

## 第8節　「淑徳の福祉」と共生 ………………………………………………… *310*

1. 共生と感恩奉仕，菩薩道　*311*　　2. 実学　*312*

## 第9節　おわりに …………………………………………………………………… *313*


文献　*315*

あとがき　*329*

初出一覧　*333*

人名索引　*335*

事項索引　*337*

# 序章 子ども家庭福祉学とは何か

## 第1節 社会福祉学とは何か

### 1. 社会福祉とは何か

　日本学術会議社会学委員会社会福祉学分野の参照基準検討分科会（2015, p.1）は，社会福祉について，以下のように定義している。

　　人々が抱える様々な生活課題の中で社会的支援が必要な問題を対象とし，その問題の解決に向けた社会資源（モノやサービス）の確保，具体的な改善計画や運営組織などの方策や，その意味付けを含んだ「社会福祉政策」（以下，政策と略す）と，問題を抱えた個人や家族への個別具体的な働きかけと，地域や社会への開発的な働きかけを行う「社会福祉実践」（以下，実践と略す）によって構成される総体である。

　また，古川は，これまでの諸家の多様な社会福祉概念規定を俯瞰し，自身の研究の推移を踏まえたうえで，社会福祉の統合論的規定を A ～ C の3通り提示している。ここでは，最も短く理解しやすい規定として，社会福祉の統合論的規定 A を紹介しておきたい。

　　社会福祉とは，現代社会において，人々の自立生活を支援し，自己実現と社会参加を促進するとともに，社会の統合力を高め，その維持発展

に資することを目的に展開される一定の歴史的，社会的な施策の体系である。その内容をなすものは人々の生活上の一定の困難や障害，すなわちその個別的な表現としての福祉ニーズを充足あるいは軽減，緩和し，最低生活の保障，自立生活の維持，自立生活力の育成，さらには自立生活の援護を図り，またそのために必要とされる社会資源を確保し，開発することを課題に，国・自治体ならびに各種の民間組織によって策定運営されている各種の政策制度ならびにそのもとにおいて展開されている援助の総体である。 (古川，2008，pp.39-40)

「社会の統合力を高め，その維持発展に資する」とは，社会福祉は社会秩序安定のための装置の一つであるとの視点である。貧困層や社会的に排除された層を，国家体制のなかに統合するために「福祉」があるという視点は，時代とともに薄れた感も否めないが，今なお，一定の説得力を持つ視点といえる。

さらに，網野は「福祉」について，日本国憲法において保障される諸権利を踏まえつつ，「人間における尊厳性の原則，無差別平等の原則，自己実現の原則を理念とする健幸[*1]の実現のための実践及び法制度」と規定し，それを受けて網野 (2002，p.28) は，児童福祉を以下のように定義している。

　児童福祉法とは，生存し，発達し，自立しようとする子ども・児童とその環境の接点にあって，人間における尊厳性の原則，無差別平等の原則，自己実現の原則を理念として，子ども・児童の健幸の実現のために，国，地方公共団体，法人，私人等が行う子ども・児童および関係者を対象とする実践および法制度である。 (網野，2002，p.28)

_____

[*1] 網野は，ウエルビーイング（well-being）を「健幸（けんこう）」と訳している。また，後述する国際ソーシャルワーカー連盟のソーシャルワークの定義の翻訳では，「福利」と訳されている。なお，児童の権利に関する条約の外務省訳では，「福祉」と訳されている。このように，ウエルビーイングの訳語はまだ定着していないため，本稿では，「ウエルビーイング」という用語をそのまま用いる。

なお，山縣は，「一般には」としつつ，社会福祉の定義について以下のように述べている。

　　個人が生活をしていく上で遭遇する障害や困難に対して，社会福祉政策，地域社会，個人などが，独自にあるいは相互に協働しながらこれを解決あるいは緩和していくための諸活動の総体。　（山縣，2015a，p.157）

　以上の定義のなかでは，古川のものが最も包括的・網羅的であり，社会福祉の定義には，①人間のありように関しより良い生き方を追求する視点，②社会のありようについて追求する視点，③人と社会の接点に起こる種々の生活課題に介入し，その両方を視野に入れて解決，緩和していく視点，の3つの視点が含まれていなければならないということが理解できる。

## 2. ソーシャルワークとは何か

　一方，社会福祉を定義するためには，その大きな構成要素である「方法」を形作るソーシャルワークの定義を無視するわけにはいかない。ソーシャルワークの定義としては，2000（平成12）年の国際ソーシャルワーカー連盟（IFSW）の以下の定義[2]が，最も浸透している。

　　ソーシャルワークの専門職は，人間の福利（ウェルビーイング）の増進を目指して，社会の変革を進め，人間関係における問題解決を図り，

---

＊2　2014（平成26）年7月，IFSWと国際ソーシャルワーク学校連盟（IASSW）は，ソーシャルワークのグローバル定義を採択している。2015（平成27）年2月に確定した日本語定義は，以下のとおりである。「ソーシャルワークは，社会変革と社会開発，社会的結束，および人々のエンパワメントと解放を促進する，実践に基づいた専門職であり学問である。社会正義，人権，集団的責任，および多様性尊重の諸原理は，ソーシャルワークの中核をなす。ソーシャルワークの理論，社会科学，人文学，および地域・民族固有の知を基盤として，ソーシャルワークは，生活課題に取り組みウエルビーイングを高めるよう，人々やさまざまな構造に働きかける。この定義は，各国及び世界の各地域で展開してもよい」。これに基づき，「グローバル定義の日本における展開」が策定されている。

人々のエンパワメントと解放を促していく。ソーシャルワークは，人間の行動と社会システムに関する理論を利用して，人々がその環境と相互に影響し合う接点に介入する。人権と社会正義の原理は，ソーシャルワークの拠り所とする基盤である。

　ここでは，「人々がその環境と相互に影響し合う接点に介入」する援助技術として規定されている点が，大きな特徴である。社会福祉の援助技術には，直接身体に触れる行為を含む「介護」や「保育」も含まれるが，社会福祉を定義する際には，この視点を無視することはできない。
　なお，社会福祉士及び介護福祉士法第2条第1項は，社会福祉士がソーシャルワークと類似する「相談援助」を行う専門職として規定されているが，その定義は以下のとおりである。

　　（社会福祉士とは）専門的知識及び技術をもって，身体上若しくは精神上の障害があること又は環境上の理由により日常生活を営むのに支障がある者の福祉に関する相談に応じ，助言，指導，福祉サービスを提供する者又は医師その他の保健医療サービスを提供する者その他の関係者との連絡及び調整その他の援助を行うことを業とする者。

　ここでは必ずしも，「生活課題を抱える人と環境との接点に介入する」という視点は明確ではないが，援助にあたっては，そうした視点が必要であることはいうまでもない。そのことは，日本社会福祉士会の倫理綱領前文において，「われわれは，われわれの加盟する国際ソーシャルワーカー連盟が採択した，次の「ソーシャルワークの定義」（2000年7月）を，ソーシャルワーク実践に適用され得るものとして認識し，その実践の拠り所とする」と規定しているところからも明らかである。

## 3. 社会福祉学とは何か

### (1) 社会福祉学の構造

一方，社会福祉学とは何か。日本社会福祉学会ホームページに掲載されている，高校生，一般向けパンフレット『社会福祉学を学ぼう』に提示されている社会福祉学の定義は，以下のとおりである。

> 人々が抱えるさまざまな生活問題の中で，社会的支援が必要な問題に対し，問題解決に向けた「社会福祉政策」を考え，研究し，実際に個々人や地域・社会に働きかける「実践」を推進する学問。言い換えれば，現実の社会を把握し，一人ひとりの尊厳を大切に，誰にとっても生きやすい社会の在り方を探る（学問である）。

また，古川（2008，pp.58-60）は，社会福祉学は学際科学，複合科学，融合科学であるとしている。京極（1998，p.9，11）は，社会福祉学は実践的かつ総合的な学問であるとし，また，学際的科学（ないしは複合的科学）であるとしている。さらに，社会哲学を起点としていると述べる。社会哲学としては，人間の尊厳，社会的正義，社会的公平等の哲学的価値を挙げている。

さらに，古川（2008，p.61）は，社会福祉学研究の位相とレベルについて**表序-1**のようにまとめ，研究の位相として，課題の設定，実態の把握，施策の設計，施策の展開の4つを挙げ，規範科学，分析科学，設計科学，実践科学の4つの研究の性格を提示している。また，研究対象のレベルとしては，政策レベル，制度レベル，援助レベルの，3レベルを提示している。

### (2) 社会福祉学の特徴と構造

これらから，社会福祉学のいくつかの特徴，構造が浮かび上がる。

第一に，社会福祉学は価値志向の側面を持つということである。古川（2004，p.58）は，「社会福祉それ自体が価値的な存在である」こと，したがって社会福祉学の研究は，「価値志向的な性格を前提にしつつ，しかも研

表 序-1　社会福祉学研究の位相とレベル

| 研究の位相 | 研究対象のレベル | | | 研究の性格 |
|---|---|---|---|---|
| | 政策レベル | 制度レベル | 援助レベル | |
| 課題の設定 | 政策課題の設定 | 制度課題の設定 | 援助課題の設定 | 規範科学（べき論） |
| 実態の把握 | 政策課題の実態分析 | 制度課題の実態分析 | 援助課題の実態分析 | 分析科学（ある論） |
| 施策の設計 | 政策の企画と策定 | 制度の設計と構築 | 援助の方針と計画 | 設計科学（できる論） |
| 施策の展開 | 政策の遂行 | 制度の運営 | 援助の展開 | 実践科学（する論） |

（古川，2008，p.61）

究方法論的には自制的，価値禁欲的でなければならない」としている。このような価値志向を持つ社会福祉学は，それゆえに「設計科学」の側面を持つと，古川はいう。

　また，この価値志向は，2つの次元を有する。ひとつは被援助者たる人間のありように関する価値志向であり，もうひとつは，その人間が生活する社会そのもののありように関する価値志向である。前者には個人の尊厳と権利擁護，自己実現保障などがあり，後者には共生社会の実現，ノーマライゼーション，ソーシャル・インクルージョンなどがある。この点は，他の社会科学や人間科学とは，大きな違いであるといえるだろう。筆者は，社会福祉学のこの点に，大きな意義があると考えている。

　第二に，社会福祉学は総合性，学際性が認められる点である。古川や京極も，この点に言及している。さらに，網野はこれらを踏まえ，児童福祉学は「児童福祉に関する学際的人間科学である」としている。このように，社会福祉学は，「相互排除的に固有な研究の対象と方法を持つ既成科学——個別科学（ディシプリン）」（古川，2008，p.58）とは異なる学問であり，かつ，発展途上の学問であるとしている。

　第三に，社会福祉学にはいくつかの構成要素があり，それらが相互に独立しつつ，一定の関係にあるという点である。構成要素は論者によって表現は異なるが，たとえば，現状（環境），理念，制度，方法（経営・運営，援助）

序章　子ども家庭福祉学とは何か　　7

などに分けられる。先の社会福祉の定義に従えば，古川はその構成要素を，福祉ニーズ，人としてのありようと社会のありように関する理念，政策制度，援助，としており，網野の定義の場合は，人としてのありようとそれを保障する社会のありように関する理念・原則，実践，法制度としている。筆者は子ども家庭福祉の構成要素を，環境，理念，制度，方法（経営，援助）とし，その円環的前進を子ども家庭福祉のあるべき姿としている（詳細は第3節参照）。

## 第2節　子ども家庭福祉学とは何か

### 1.　子ども家庭福祉学とは何か

#### (1)　子ども家庭福祉学の定義

　子ども家庭福祉学が個別の学問として成立するかについては，さまざまな見解がありうると考える。しかし，社会福祉学の対象論のなかでも，「子ども」[3]ならびにその子どもが生活する「家庭」の福祉を考えることは，他の利用者が成人であることを考慮すると，個別の視点や配慮が必要とされるという見解も成り立ちうる。筆者はこの点について，別稿[4]にて考察している。ここでは，子ども家庭福祉学が社会福祉学の一分野であり，社会福祉学が有する普遍的な成果が子ども家庭福祉学に適用されることを原則としながら，その固有性にも着目しつつ定義することとしたい。なお，子ども家庭福祉におけるニーズ論については，第1章，第2章をご参照いただきたい。

　筆者（柏女，1995，p.iなど）は，これまでの定義において，子ども家庭福

---

*3　本書においては，「児童」という表現に代えて，「子ども」という表現を用いる。ただし，法令上「児童」と標記することが必要な場合には，「児童」の表現を用いる。児童の定義は法律により異なるが，児童福祉法においては，18歳未満の者に対して用いられる。したがって，本書において「子ども」という場合には，原則として18歳未満の者をいう。

*4　柏女（2017）「子どもの身体的・心理的・社会的特性と子ども家庭福祉ニーズ」『淑徳大学研究紀要（総合福祉学部・コミュニティ政策学部）』第51号　淑徳大学。なお，本書第1章でも考察している。

祉を構成する要素に着目し、「子ども家庭福祉（児童福祉）とは子どもや子育ての置かれた環境全体を視野に入れ、子ども家庭福祉（児童福祉）の理念に基づき、子ども家庭福祉（児童福祉）の目的とその方策を法令等に基づいて制度化し、その運用ルールを示したもの、及びそのルールに基づいた具体的実践行為（方法）の体系である」としている。この定義を踏まえ、福田（1986, p.10）の見解ならびに古川（2008）や網野（2002）の定義を参照しつつ、筆者なりに「子ども家庭福祉学」について、まず子ども家庭福祉を定義したうえで子ども家庭福祉学を包括的に定義すると、以下のようになる。

　　子ども家庭福祉とは、理念的に人格主体として理解されつつ、実際には自己の立場を主張し守り難い子ども、ならびにその子どもが生活する基盤である家庭を対象とし、子どもが生存し、発達し、自立しようとする際に出会うさまざまな困難に対し、子どもや家庭と環境との接点にあって、社会統合や一定の社会的価値、ならびに子ども家庭福祉に関わる根源的な価値追求その他を理念として、子どもならびに家庭のウエルビーイングの実現のために、国、地方公共団体、法人、私人等が行う、子どもや家庭および関係者を対象とする実践および法制度の総体である。

　　子ども家庭福祉は、子どもや子育て家庭の置かれた環境の現状を視野に入れ、子ども家庭福祉の理念に基づき、子ども家庭福祉の目的とその方策を法令等に基づいて制度化し、その運用ルールを示したもの、およびそのルールに基づいた機関・施設の運営や具体的実践行為（方法）の体系である。すなわち、子ども家庭福祉は、社会のありようを基礎として、理念、制度、方法（経営、援助）の３つを構成要素として成り立つ。

　　子ども家庭福祉学とは、社会福祉学を基礎としつつ、子ども家庭福祉における環境、理念、制度、方法（経営、援助）ならびにその展開の特質を分析し、これらの構造の法則性を明らかにし、あるべき方向性を設計していく学際科学、複合科学、融合科学、設計科学である。

序章　子ども家庭福祉学とは何か　　9

　網野の定義が学際性を強調しているのに対し，筆者は，子ども家庭福祉学の社会福祉学との普遍性を重視しつつも，子ども家庭福祉学としての固有性も尊重するという姿勢を有している点に特徴がある。

### (2)　子ども家庭福祉の構成要素──理念，制度，方法の定義

　なお，本定義における社会福祉の「理念」について若干の考察を行えば，以下のとおりである。

　山縣（2015b, p.163）によれば，「価値とは，あらゆる個人・社会を通じて常に承認されるべき絶対性を持った本質的な性質や特性」であり，社会福祉の理念はこの価値を実現することであるという。しかしながら，価値は絶対性を持ったものばかりではない。一定の時代や社会のなかで，特定の人々のなかで共有され，絶対視されている価値も多い。ここでは，平塚（2004, pp.92-93）のいう社会的価値の定義を援用し，社会福祉の理念を，「社会全体において人間福祉に関する価値意識に基づき社会福祉をはじめとするヒューマン・サービス制度全体の基本的な在り方を方向づけ，決定する価値を追求し，実現に向かわせる方向性をもった概念」としておきたい。それは，制度や方法のもとになる政策目標を生み出すもととなる。

　また，方法が新たな価値・政策を生み出し，政策につながっていく理念には，根源的な理念や時代とともに変わる理念，時代とともに生起・消滅あるいは増強・減退する理念などがある。たとえば，「子どもの最善の利益」保障という価値は，平塚[5]のいう社会的価値のなかでも，子ども家庭福祉に根源的な価値であるといえる。子ども家庭福祉の価値・理念については，本書の第1章，第3章，第4章，第7章をご参照いただきたい。

　次に，「制度」とは，「一定の価値の実現，すなわち理念に基づいて政策を形にし，行政システムによってその実行を委ねられているもの」といえ，

---

＊5　平塚（2004, pp.92-93）は，「社会的価値は，社会全体において人間福祉に関する価値意識に基づき社会福祉をはじめとするヒューマン・サービス制度全体の基本的な在り方を方向づけ，決定する価値である」とし，この価値が政策的な価値に影響を与えること，社会的価値の諸価値は相互に矛盾することがあること，生活支援にとって重要な価値は社会的に合意されることが必要であること，などを指摘している。

「法令により規定された社会福祉事業の集積」であるといってよい。なお，古川（2004, p. 32）は，「制度というものを，政策と援助というかたちに媒介し，転化する場所，あるいは政策と援助とがそこで出会い，接合される場所として把握」している。つまり，政策と方法との重なり合うところに制度がある，としているのである。ここでいう政策とは，政府・政党，地方自治体などの施政上の方針や方策をいい，筆者のいう理念に近いものとなる。制度についての検討は，第5章，第6章，第8章をご参照いただきたい。

　第三に「方法」とは，「社会福祉の個別の具体的援助とその援助を支える事業体や行政，地域等の組織の運営や経営をいう」ものと理解したい。すなわち，制度や援助の実施主体や事業主体の運営・経営（アドミニストレーション：administration）と，そのもとで実施される各種の援助を指す。ここで援助は包括的な概念であり，具体的にはソーシャルワークと，いわゆるケアワークとに分けられる。施設における援助では，その両者が統合された援助形態が，レジデンシャルワークと呼ばれることもある。その他，他の専門職により実施されるカウンセリング，心理療法，療育等を含むこともあり，場合によって，それらの機関とのリエゾンや，いわゆる多職種連携により行われる援助も含まれることが多い。これらを総称して「方法」と呼ぶこととする。方法の検討については，第9章をご参照いただきたい。

　このように整理すると，子ども家庭福祉の一つひとつの実践は，子ども・子育てを包む社会のありようを基礎として，理念，制度，方法をその構成要素として成り立つ。たとえば，代表的な子ども家庭福祉サービスである保育所保育を例にとると，保育所における日々の保育は，子育てと仕事の両立を願う人々や，子育ての孤立化などの現状を踏まえ，親の仕事と子育ての両立，育児負担の軽減，子どもの豊かな発達・福祉の保障を理念として，認可保育所制度や保育所保育指針等の法令に基づいて，適切な保育所の経営・運営のもとで，一人ひとりの子どもに対して提供される保育という専門的行為によって成り立っている。したがって，子ども家庭福祉を語る場合には，常にこの4つを視野に入れていくことが必要である。

### (3) 子ども家庭福祉学と周辺領域，学問

　広義の子ども家庭福祉は，制度体系としての母子保健制度や，障害児支援制度（障害者施設給付等制度），ならびに2015（平成27）年度から創設されている子ども・子育て支援制度などを包含するが，それぞれの制度体系と子ども家庭福祉制度体系とは，一部重なり合っている。これは，**図序-1**のように示される。

　この図に見るとおり，子ども家庭福祉は領域，分野ごとに，その基礎構造が分断されていることが大きな特徴である。それぞれの分野ごとに行政実施体制や財源が異なり，全体を統一して語り難いことが，大きな特徴であるといえる*6。

　なお，この点からいえば，今後は子ども家庭福祉学と近接する領域の学問の固有性にも，着目することが必要と考えられる。たとえ

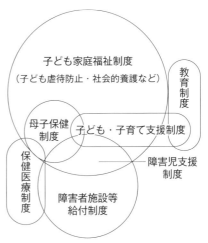

**図序-1　子ども家庭福祉制度体系**

ば，子ども家庭福祉学と教育学，障害者福祉，高齢者福祉，保健学などである。教育学の場合は，基本的理念はいわゆる人づくりといえるが，どうしても社会が必要とする人づくりを念頭に置くこととなり，社会福祉学と同様，「社会」の視点も無視できないと考えられる。一方で，社会のあり方を所与のものとして認めたうえで，それに必要な人材の育成という視点も考えられる。今後の大きな課題としておく必要がある。

---

*6　こうした観点からいえば，内閣府所管の子ども・子育て支援制度が創設されたことは，ようやく定着しつつある「子ども家庭福祉」という用語を，再び「子ども・子育て支援」と「児童福祉」に分断させる危険性をはらむものといえなくもない。

## 2. 児童福祉から子ども家庭福祉へ

### (1) 子ども家庭福祉という用語について

「子ども家庭福祉」の用語は，近年とみに使われるようになったものであり，それまでは「児童福祉」と呼ばれていた。子ども家庭福祉の概念は，子どもを直接のサービスの対象とする児童福祉の視点を超え，子どもが生活し成長する基盤となる家庭をも，福祉サービスの対象として認識していこうとする考え方のもとに，構成された概念である。

政府関係報告書において初めて「児童家庭福祉」が用いられたのは，1981（昭和56）年の中央児童福祉審議会意見具申，『今後のわが国の児童家庭福祉の方向性について（意見具申)』が嚆矢である。しかし，そこでは児童家庭福祉という用語は用いられているものの，その意義や意味内容についての言及はなされていない。

これに対し，1989（平成元）年3月の全国社会福祉協議会児童家庭福祉懇談会の報告書，『提言 あらたな「児童家庭福祉」の推進をめざして』では，その意義についても言及[*7]がなされている。その後，"児童"より権利行使の主体とのニュアンスを持つとされる"子ども"へと表現を変え，「子ども家庭福祉」[*8]と表現されるようになった。

そこには，従来の救貧的な福祉観，すなわちウエルフェアから，権利の保障と自己実現を重視した福祉観，すなわちウエルビーイングへの転換を，象徴的にみてとることができる。また，「家庭」を，児童福祉を担う「主体」

---

[*7] 懇談会の提言は「おわりに」で，児童家庭福祉の用語について，「児童家庭福祉という用語は，本懇談会において，新たな児童福祉の在り方の視点として，子どもの福祉にとって「健康で文化的な家庭機能」が必要不可欠であるという認識に立って用いられたものである。重要なポイントは，この家庭機能の提供を家族にのみ求めるのではなく，家族を中心としつつ社会的に分担・サポートしていこうとするものである」と述べている。

[*8] 現在では，社会福祉士試験受験資格取得のための指定科目は，「児童福祉論」から「児童や家庭に対する支援と児童・家庭福祉制度」と告示され，2011（平成23）年度入学生から導入されている。新保育士養成課程における「児童福祉」も，「子ども家庭福祉」と告示されている。

から，支援の「対象」にしていく必要があるとの視点が読み取れる。こうした観点から，本書においては「児童福祉」に代えて，「子ども家庭福祉」の用語を用いることとする[*9]。

## (2) 子ども家庭福祉の具体的内容

　子ども家庭福祉の対象は大きく，①子ども，②妊産婦や子育て家庭，③子どもと子育て家庭が暮らす地域社会や社会そのもの，の3つである。

　まず，子どもたちが暮らすこの社会のありように，注目しなければならない。現代社会は今，さまざまな価値観のゆらぎ[*10]のなかにある。その社会のなかでの子どもたちや，子育て家庭の暮らしの実情について，正確に理解することが求められる。社会のありようや，社会全体が向かっている方向について，目を配ることが必要とされる。次に，子どもの育ちの実情についての，正確な理解が求められる。つまり，現代社会における子どもの生活の実情や，子どもの発達についての理解である。第三に，地域における子育ての実情，および子育てをしている親たちの生活の実情についての，正確な理解が求められる。そのうえで，前述したとおり，子ども家庭福祉の理念，制度，方法が語られる。

　まずは，「理念」について検討が必要とされる。わが国において具体的には，児童の権利に関する条約，障害者の権利に関する条約や，児童福祉法第1～3条[*11]，児童憲章，少子化社会対策基本法，障害者基本法，子ども・子育て支援法の各規定などがあり，さらには，近年の子ども家庭福祉改革を導

---

[*9]　中村（2009）は，「子ども家庭福祉」概念について，児童福祉法制定時にさかのぼって児童福祉概念に含まれる意味合いを検討し，そこにおける理念と子ども家庭福祉に込められた理念には，大きな違いがないとしている。そのうえで，「家庭」を支援の対象に含めることで陥りやすい危険性についても提示している。傾聴に値する見解である。児童福祉法制定関係者の思いが，社会で子どもを育てる姿勢にあったことは疑いがないが，実際にはいわゆる「児童保護」，すなわち救貧的な福祉を優先せざるを得なかったことは，心しておきたい。

[*10]　わが国社会の価値観の揺らぎについて柏女（1999, pp.10-15）は，①集団から個人へ，②保護から自立へ，③供給者主体から利用者主体へ，④集権から分権へ，⑤公中心から規制緩和へ，⑥隔離からバリアフリーへ，⑦倫理への問いかけ，⑧私物的わが子観から社会的わが子観へ，の8点を提示している。

く理念について把握することが求められる。それは，社会的存在としての子どもの尊厳性および平等，自己実現を理念とするウエルビーイングの実現を目指すこと，切れ目のない支援を目指すソーシャル・インクルージョン（social inclusion：社会的包摂）[*12] や共生の理念であるといえる。また，次世代育成支援施策や子ども・子育て支援制度の創設などを踏まえると，子どもや子育て家庭の福祉を保障する「公的責任」に加えて，人と人との緩やかなつながりを構築する「社会連帯」の視点が重要視されていることが理解できる。

　続いて，「制度」は，これらの理念に基づいて「児童福祉法」を中心とする各種の法令および財政等により構成され，保育，子育て支援（経済的支援を含む），子ども育成，母子保健，障害児童福祉，社会的養護・虐待防止，非行・心理的問題を有する児童[*13] の福祉，ひとり親家庭福祉（寡婦福祉を含む）などの各種サービスが体系化され，市町村，福祉事務所，児童相談所，保健所，市町村保健センター，児童委員・主任児童委員のほか，児童福

---

[*11] 2016（平成28）年，児童福祉法等の一部を改正する法律が成立し，公布されている。そのなかで，児童福祉法第1条，第2条が，法制定以来70年ぶりに改正されている。ただ，その内容は，いわゆる子どもの受動的権利を現代の社会状況に即して表現するものであって，子ども観についての大きな変更はないと考えるべきである。しかしながら，第1条第1項において「全て児童は，児童の権利に関する条約の精神にのつとり，……される権利を有する」と規定され，また第2条第1項において，「……児童の年齢及び発達の程度に応じて，その意見が尊重され，……」と規定されているとおり，いわゆる子どもの能動的権利の保障も包含されるものとなっている。

[*12] イギリス，フランスなどにおける近年の社会福祉再編の基本理念のひとつであり，失業者，ホームレスなど，社会的に排除されている人々の市民権を回復し，公的扶助や就労機会の提供などを通じて，再び社会に参入することを目標とする考え方のことである。わが国では2000（平成12）年，厚生労働省に設置された「社会的な援護を要する人々に対する社会福祉のあり方に関する検討会」において，「包み支え合う（ソーシャル・インクルージョン）ための社会福祉を模索する必要がある」と，新しい社会福祉の考え方として示されている。

[*13] 2016年改正児童福祉法により，これまでの情緒障害児短期治療施設の名称が，2017年度から児童心理治療施設と改称されている。「情緒障害」という用語の定義が，情緒障害児短期治療施設の入所対象とすべき児童とされていたことにかんがみれば，この法改正により，情緒障害ならびに情緒障害児という呼び名は，子ども家庭福祉分野から消失していくこととなる。

祉施設や各種在宅事業がそれらを支えている。

　こうした制度に基づく，多様な供給主体による公的なプログラムのほか，非営利団体等によって提供される自発的なプログラム，地域住民，友人関係等のネットワークによる相互扶助活動，企業等によるビジネスや社会貢献活動なども重要な分野を構成している。

　子ども家庭福祉を支える専門職としては，児童相談所専門職員である児童福祉司や児童心理司のほか，児童指導員，保育士，保育教諭，放課後児童支援員，児童厚生員等の各種の専門職員がある。これらの専門職が，子ども家庭福祉問題の特性ごとに，具体的「援助」，すなわちソーシャルワークやケアワーク，心理学的援助，訓練等を展開しているのである。そして，これらの援助が，それが展開される機関・施設・事業の「運営・経営」とともに，子ども家庭福祉の「方法」を構成している。

## 第3節　子ども家庭福祉の構成要素とその円環的前進

### 1. 子ども家庭福祉の構成要素間のズレ

　現在，子ども家庭福祉分野において制度上，実践上，さまざまな取り組みが行われており，年々進歩してきている。しかし，制度の進歩と実践の場における進歩とは，必ずしもパラレルの状況にあるとはいえない。制度と実践とが切り離された状況にあると感じられることも，稀ではない。また，たとえば児童福祉施設の対象児童の変容，特性に応じた再編成の課題など，制度と実際の援助にズレが生じてきている課題も少なくない。そして，これらの制度と実践とのギャップ，離齬は，子ども家庭福祉の進展にとってかなり本質的な問題をはらんでいる。

　そこで，本章の最後に，子ども家庭福祉の基本構造について改めて整理するとともに，子ども家庭福祉における制度と実践の乖離が発生する要因や，その克服策[*14]を踏まえ，子ども家庭福祉学の可能性について考察することとする。

## 2. 子ども家庭福祉の基本構造

先に述べたとおり，子ども家庭福祉は，子ども・子育ての環境を踏まえたうえで，理念，制度，方法の3つの構成要素からなる。それぞれは次元の異なるいわば関数であると考えられ，これは以下のように公式化[*15]される。

CW = f（I・S・M）

（CW：Child Welfare，I：Idea，S：System，M：Method）

すなわち，援助の場における個々の具体的実践の一つひとつの妥当性は，この3要素をもとに評価されていく必要がある。

たとえば，里親委託という具体的実践が行われる場合，当該援助によりその子どもの福祉がどのように実現されるのか，つまり「子どもの最善の利益」にかなう選択なのかということは，「理念」次元の問題であり，里親制度という枠組みがその子どもの福祉にとってどのように機能するのかということが，「制度」次元の問題である。また，どのように委託し，子どもにそれをどのように告げていくのかということが，「方法」次元の問題である。

このなかで，たとえば当該児童にとっては，里親委託し，そのうえで保育所に通所させることが適切であると，理念および方法の次元から判断されたとしても，制度上はそれが二重措置の問題に抵触する[*16]ということは，「制度」の問題である。また，里親に委託する場合，いかに児童の精神的外傷を少なくした委託を行うかということは，「方法」上の問題である。このように，子ども家庭福祉において制度と方法とは，ときに乖離を生じ，また，相互に葛藤を抱える事態が生ずることとなる。

---

＊14 子ども家庭福祉における理念，制度，方法の特質と構成原理の相違が生み出す問題と，その要因の分析ならびにその克服方策についての提案は，柏女（1995）『現代児童福祉論』「第5章 児童福祉の基本構造とその統合」を参照いただきたい。なお，本書第8章においても取り上げている。

＊15 ちなみに，下平（1986，p.43）は，「児童福祉は，行動・理念・方法の3つの要素の関数である」とし，以下のように公式化している。

CW = f（A・I・M）（CW：Child Welfare，A：Action，I：Idea，M：Method）

序章　子ども家庭福祉学とは何か　　*17*

　このとき，上述した3つの側面から，子ども家庭福祉上の一つひとつの具体的実践について問い直していくことによって，子ども家庭福祉の諸制度，援助・運営の具体的方法も，再構築・改正される可能性が生ずる。たとえば，前述の事例でいえば，里親委託された子どもが保育所に通所できないという問題はすでに解決され，理念や方法が制度の改善を促したといえるのである。

## 3. 子ども家庭福祉の円環的前進
### ——設計科学としての子ども家庭福祉学

　古川（2004, pp. 32-35）は，社会福祉の構成要素を政策，制度，援助とし，それぞれの相互関係について考察している。古川は，「政策，制度，援助という各要素の間には，しばしば切迫したコンフリクトが形成される」と述べ，「こうした政策と援助の乖離が明らかになるのは，政策と援助が出会う場所，すなわち制度の領域においてである。制度の領域では，政策的な基準と援助領域における実態的な要請との乖離をどのように調整し，埋め合わせるかが重要な課題の一つとなり，そこにおける経験が新たな政策的対応（ここでの基準でいえば認定基準の改善）をうみ，また新たな援助方法の開発と展開をもたらす内在的な契機となる」と述べている。

　そのうえで，「社会福祉学を法則定立的な科学から，それを基礎に据えつつも，それを超えて実際的実践的な政策，制度，援助のありようを追求するデザイン（設計）志向の科学——設計科学として展開するという視点」を重視している。

　筆者も基本的にその視点に同感する。ただ，筆者は古川の構成要素のう

---

＊16　この問題は，1998（平成10）年8月の厚生省（現厚生労働省）通知，「里親に委託されている児童が保育所へ入所する場合等の取扱いについて」により，解消されている。通知では，二重措置の問題を国費の二重支弁の問題ととらえ，里親からの費用の徴収を免除する方法で克服されている。この方法により，その後の改正で，児童発達支援センターや障害児通所支援の各事業にも適用され，また，対象が小規模住居型児童養育事業にも拡大されている。理念実現に関連する方法上の問題が，制度改善により克服され，前進した事例といえる。

ち，政策と制度を一体的にとらえ，かつ，社会福祉の理念を重要な構成要素としている。こうしたところから，筆者は社会福祉，子ども家庭福祉の構成要素を，社会のありよう（環境）を基礎とした，理念，制度，方法の3つに整理している。したがって，社会福祉のありようは，社会のありように連動する。また，社会福祉の理念が変われば制度が変わり，制度の変容は方法にも影響をもたらす。

近年の代表的社会福祉制度改革である，社会福祉基礎構造改革を例にとると，これは社会福祉法改正を中心とするいわば"法改正"であり，"制度"の改正である。しかしそれは，社会事象や人々の価値観の変容など，「社会」の変容に対応するものであり，「パターナリズムからパートナーシップへ」とのスローガンに象徴されるように，「理念」の変更を内包している。さらに，それにともない，「方法」も新たな展開を求められることとなる。

すなわち，専門家が各種情報を所有して利用者を支援する時代から，利用者に情報を提示し，利用者や地域社会をエンパワーし，利用者本人の自己決定を支援する方法が，重視されるようになってくることとなる。そして，そうした「方法」による検証は，次なる「制度」改正へと結びつく。これが，理念，制度，方法の円環的前進である。この構造は，**図 序-2** のように示される。

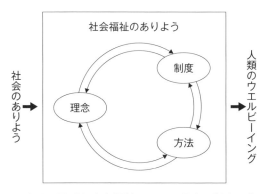

図 序-2　子ども家庭福祉における理念，制度，方法の円環的前進　　（柏女，2002，p.84 など）

つまり，古川（2004，p.35）の述べる「制度の領域では，政策的な基準と援助領域における実態的な要請との乖離をどのように調整し，埋め合わせるかが重要な課題の一つとなり，そこにおける経験が新たな政策的対応（ここでの基準でいえば認定基準の改善）をうみ，また新たな援助方法

の開発と展開をもたらす内在的な契機となる」という視点は，筆者からいえば，社会のありよう，現状を踏まえた理念，制度，方法（機関・施設の運営・経営と具体的援助実践）の円環的前進ということになる。

　すなわち，実践（方法）の集積が，「○○を重視すべき」という理念を生み出し，それが制度を創り出し，その制度のもとでの実践（方法）がまた新たな視点や理念を生み，あるいは制度改正へのインセンティヴとして働くこととなる。こうした円環的構造が，社会のありようの変化に対応するエネルギーを生み出し，かつ，子ども家庭福祉に絶え間ない改善という生成的構造を創り上げていくことになるのである。

　こうした点において，冒頭に述べたように，社会福祉学，子ども家庭福祉学は，こうした理念，制度，方法の一体的検討ならびに円環的前進が強く求められる設計科学の側面を，強く有しているのである。これが，筆者の基本的視点[17]である。

---

＊17　なお，社会福祉や子ども家庭福祉によって，社会のありようや，子どもと子育て家庭を包む環境は，ときとして子ども家庭福祉の変革を導き出す大きなエネルギーとなる。たとえば，2010（平成22）年12月からのいわゆるタイガーマスク運動や，2016（平成28）年の「保育園落ちた。日本死ね！」の匿名ブログが国会や政府を動かし，社会的養護や保育政策を大きく進めたことなどが記憶に新しい。

# 第1章 子どもの特性と子ども家庭福祉における配慮

## 第1節 「子ども」*1 (Child) とは何か*2

### 1. 子ども期と社会

「子どもは，私たちが目にすることのない未来の時代へ私たちが送る，生きたメッセージである」(Postman, 1982, 邦訳 p.5) と言ったのは，アメリカのポストマンである。かつて「子ども」でなかった成人はいない。しかし，「子ども期」(Childhood) という概念が誕生したのは，そう昔のことではない。「子ども」は「成人」との対比において，はじめて意味を持つ。

1989 (平成元) 年11月20日，国際連合において採択された「児童の権利に関する条約」は，第1条において，「児童」の定義を「18歳未満のすべての者」としている。また，わが国の子ども家庭福祉の総合的立法である児童福祉法においても，第4条で「満18歳に満たない者」とされている。

---

*1 本書では，「児童」という表現に代えて，原則として「子ども」という表現を用いている。ただし，法令その他の理由で「児童」と標記することが必要な場合や，心理学でいう児童期など，固有の呼称が肝要となっている場合には，「児童」の表現を用いる。児童の定義は法律により異なるが，児童福祉法においては18歳未満の者に対して用いられる。したがって，本書でも「子ども」という場合には，原則として18歳未満の者をいう。英訳では，Child に相当する。なお，「子ども」に対応する「大人」の表現としては，原則として「成人」の用語を用いる。
*2 子ども，子ども期については，網野 (2002) の「第2章 「子ども」という時期」が詳細な検討，考察を行っている。本書は網野の文献を底流としている。

しかし，その他の法律においては，「児童」の定義は必ずしも18歳で統一されているわけではない。それぞれの法律の精神によって異なっている。このことは，社会において制度として児童期が考慮される場合は，必ずしも発達段階としての児童期と一致しているわけではないことを示している。

子どもについては，身体的・心理的発達を主な視点として，通常，乳児期，幼児期，児童（学童）期，思春期等に細分化されている。それぞれの時期にはそれぞれの発達課題があるが，制度としての児童期は，必ずしもそれと一致しているわけではない。福祉には福祉の立場から見た児童期が，労働には労働の立場から見た児童期が，教育には教育の立場から見た児童期が，それぞれ存在する。また，民法では満20歳未満を未成年と定めているが，2018（平成30）年6月公布の民法の一部を改正する法律において，2022（令和4）年4月1日から成年年齢を18歳とすることが決まっている。それぞれの立場で設定された児童期の根拠となっている視点は，それぞれの立場から見た「保護の必要性」であると考えられる。

児童福祉法制定に携わった松崎は，児童福祉法における「児童」の定義について，以下のように述べている。

> これは，世間普通にいわれる児童という言葉の用例と若干ことなっている。それは，生物学的な心身の発育状況がどうであるかを直接問題としていない。そのことを問題とし考慮にいれて，その結果，ある年齢に満たない者の職業能力に制約をおいた他の法律規範を問題にしている。すなわち，現在の社会経済組織において，その年齢のゆえに経済能力を制限されている者をとらえ，『児童』という言葉を借りて，これを表現したのである。他の法律規範というのは，主として労働基準法，それから船員法である。
> (松崎，1948，p.57)

ここから，児童福祉法における児童期設定の基準を，自活能力の欠如，すなわち「社会的自立」の有無に置いていることが読み取れる。

このように，「子ども期」の設定には，その所属する社会の状況が大きく関与している。したがって，子ども期そのものも，生物学的存在としての子

どもの成熟や発達とは無関係に，社会を構成するメジャーである成人によって創り出され，社会の状況，ひいては成人の都合によって常に変更されていく可能性を持っている概念，ととらえておくことが必要である。

## 2. 子ども期の誕生と消失

### (1) 西欧社会

「子ども」を「成人」と区別する必要がないか，あるいは区別できなかった（つまり，成人と同等に働かなければならなかった）時代や階級等においては，「成人」と区別される社会的存在としての「子ども期」は，なかったといってよい。あったのは，身体的に未自立である，7歳頃までの乳幼児期（infantile）のみである。

アリエス（Aries, 1960，邦訳 p.67）は，西洋における「子ども」に関する歴史的考察を行い，特に中世においては，7〜14歳頃を示すいわゆる「子ども期」は，存在しなかったことを実証している。また，ポストマンは，近代すなわち15世紀半ばのヨーロッパにおける印刷技術の発明，およびその普及が図られた16世紀になって，「成人」に対比される「子ども期」が誕生したと説く。印刷技術の普及により，識字能力を持つ成人が優位に立ち，子どもに秘密を持ち，「学校」において文字等の教育が始められることにより，これまでの徒弟制度時代は7歳までと見なされていた子ども期が，「子どもが大人の領域の要求や責任を負わないですむ期間」（Postman, 1985，邦訳 p.67）として延長されることとなった。

その後，発達段階に添った教育を行うため，子ども期の段階化が実施され，管理の対象となるとともに，「子ども」から隔離された秘密の情報（たとえば「性」に関すること）が徐々に開放されていくことが，「成人」になることとされていったと説く。こうした段階を経て，「子ども」は「成人」とは根本的に違う，という観念が醸成されていったのである。19世紀半ばから20世紀半ば頃までが，このような「保護を受ける対象としての子ども期」の全盛であった。

しかし，ポストマンはさらに続けて，テレビなどの電子メディアが子ども

の世界に無防備に入り込む時代になって，成人の秘密が次々と子どもの目の前に暴かれ，これが成人と子どもとの境界を取り払い，また，別の形で児童期がなくなりつつあることを憂えている。すなわち，ポストマンの考察は，子ども期は，印刷機の発明によって創出され，テレビの発明により消失しつつある，と要約することができよう。

　さらに，マリー・ウィン（Winn, 1981）もその著書『子ども時代を失った子どもたち』において，近年の情報化社会や親子関係の変化等により，子どもに対する成人の秘密がなくなったことが，無邪気な子ども時代を失わせ，これが子どもの成長に影響を与えることを憂えている。

## (2) 日本社会

　一方，わが国においては，「児童」という言葉は古来から存在するものの，明治時代以降，広く用いられるようになってきている。古来，「児」とは，頭蓋骨の固まっていない者，すなわち子どもの形態を表すとされ，「童」は奴隷，しもべ，頭に何もかぶらない者など，一人前の人間と見なされない者を表すとされていた。つまり，「児」は生物学的存在としての子どもを，「童」は社会的存在としての子どもを表している，ということができるであろう。

　網野（1987a, pp. 25-26）は，わが国の児童のとらえ方について過去の文献にあたり，以下のように整理している。すなわち，「古代国家の児童，青少年への配慮は，その後の我が国における児童福祉への歩みと結びついており，……」と述べ，刑事責任年齢の推移について，「7歳までは重大な犯罪の一族的な連帯責任を伴うもの以外は一切の刑罰の対象とはならず，また10歳までは，限られた刑罰のみ対象とされる。しかし，そのような場合でも獄中での首枷，足枷などの刑具は禁止される。13歳になると女児の婚姻が，15歳になると男児の婚姻が認められ，さらに17歳で戸を新設することが認められ，完全な刑事責任能力を持つ」「さらに江戸時代には，いわゆる刑事責任能力を持つとされる年齢は13歳頃からとされ，今日の制度とやや近くなっている」「1900（明治33）年に制定された「感化法」では，いわゆる非行児童の感化事業の対象とされたのは8歳以上16歳未満であり，1922（大正11）年の改正で14歳未満とされ，今日へと引き継がれている」と整理

している。

　また，児童期については，6歳以上になると口分田の対象となった時期を経て，「その後，貴族や武家社会の生活の風習，儀式などが根づく中で，3歳までの時期（嬰児），7歳までの時期（孩児，嬰孩）そして女児の裳着，男児の元服の時期までが幼年あるいは童，童女と呼ばれる時期であった。それが女児では13歳ごろまで，男児では15歳ごろまでであった。それ以後が大人，男成と呼ばれる時期であるが，その後南北朝時代以降，大人になる時期は特に男子ではおくれ，高齢化する傾向がみられる。20歳に元服という例もみられ，今日の成人の時期にあたる」「明治時代に入り1872（明治5）年の学制の公布により，初等教育への入学が満6歳とされた。また1874（明治7）年に「恤救規則」が制定され，身寄りのない幼弱者として保護の対象とされたのは，13歳未満の児童であった」と述べ，児童期の区分も，時代や社会背景などにより異なっていたことを考察している。

　このように，児童期とは，生物学的な概念であると同時に社会的な概念でもあり，常に社会との関係のなかで揺れ動く概念である，ということを理解しておくことが必要であろう。児童期を経ない成人はいない。しかし，その児童期もまた，社会の必要により，大人によって作り出されてきたということを忘れることはできない。その意味で，国際的基準として，児童期を18歳未満とした「児童の権利に関する条約」の意義は，大きいといえよう。

## 3.「子ども」というレトリック

　赤川（1993, p.21）は，「有害環境」取り締まりに関する歴史的経緯を分析し，有害環境を規制する法令・制度の正当性の根拠として，「子ども」というレトリックが持ち出されていることに着目している。つまり，歴史的には，社会のなかの「悪所」（犯罪が多発し，売春などのいかがわしい営業が行われ，人々が常軌を踏み外すような場所），すなわち「道徳性の低い空間」を「囲い込み」することにより，「公共空間」を「健全な場所」として秩序づけ，その正当性の根拠として，「子ども」の健全育成が挙げられていることに着目している。

そして，現在ではこれがメディア環境にまで広がり，いわゆる「有害コミック」規制などにも，「子ども」の健全育成という観点が成人によって意図的に用いられていることを指摘している。こうした観点は，いわゆる青少年健全育成条例に見られる淫行処罰規定をめぐる論議[*3]など，至るところで見られている。

ここに見られる子ども観は，「子どもは心身ともに未成熟であるため環境の影響を受けやすく，したがって，子どもの健全育成に有害と考えられる環境から，子どもを保護しなければならない」というパターナリズム[*4]に基づく子ども観であり，それ自体，一定の正当性を持っていることは事実である。しかしながら，社会がパターナリズムに基づく一定の規制を持ち出す場合に，その目的が別のところにあっても，「子どものため」というレトリックが用いられる可能性があるということに留意が必要である。

永井（1993，p.44）は，「〈傷つきやすい「子ども」〉という観念は，風営法や青少年条例等の法令が「フーゾク産業」や「有害コミック」を攻撃するときの最後の砦なのである」と述べ，社会がパターナリズムの一環として介入を行うための論理として，「子どものため」というレトリックが用いられることを述べている。そして，それを正当化するため，子どもは無垢でなければならず，また，環境に汚染されやすい未熟な存在でなければならないと説く。

---

[*3] 青少年健全育成条例における，いわゆる淫行処罰規定については，これまで，条例自体のない長野県以外では，東京都を除いて他のすべての道府県において設けられていた。それは，保護の必要性という観点からであるが，この是非について検討した東京都青少年問題協議会は，その答申のなかで，この規定が対象にしている 13〜17 歳までの青少年の自己決定能力を信頼することの必要性を訴え，「青少年の「内的な力」を信頼し，またそれを大きく育てることこそが，彼らの身を内側から守るという意味で，性の問題に関して最も有効な方策のように思われる」と述べ，淫行処罰規定を設けることは不適当と結論づけている（東京都生活文化局，1988）。しかし，その東京都も青少年保護の必要性にかんがみ，2005（平成 15）年から淫行処罰規定を条例化することとなった。なお，長野県においても 2016（平成 28）年 11 月から子どもを性被害から守るための条例が施行されている。

[*4] 父親の子どもに対する保護，統制を意味し，また一般に，支配者・経営者と被支配者・被雇用者との庇護，服従の関係において見られる保護，統制の態度をいう。

佐藤 (2012, p.6) もこうした視点に着目し,「社会や大人が何らかの規制の正当化のために「子ども」を引きあいに出し,「子どものために」というレトリックによって,隠された主張や目的とすりかえられる可能性を孕んでいる」と述べている。子どもと社会を考えるとき,成人が「子ども」という存在をレトリックとして利用するために,特定の像を作り上げることがあることにも,留意しなければならない。

## 4. 子どもと成人との関係

社会においては,子どもは成人に対し,絶対的な弱者である。逆にいえば,子どもにとって成人は絶対的な権力者である。子どもの権利を保障する「児童の権利に関する条約」すら,子どもを思う成人によって創られたのであり,子ども自らの力によって勝ち取ったものではない。

高橋 (1984, pp.63, 103-107) は,「人間の赤ちゃんは,他の動物に比べて肉体的に弱く,生理的早産であり大人に依存して初めて生存が可能であるため,人に愛着を持たせるようないくつかの行動が生得的にセットされている」との趣旨を述べ,その例として,①かん高く,大人に聞こえやすい泣き声,②親に喜びを感じさせる生理的微笑,③抱くと抱かれやすい姿勢をとる反射等を挙げている。つまり,絶対的弱者である子どもは,絶対的権力者である成人の保護を得るための手段を,生得的に有しているというのである。このことについて網野 (2002, p.45) は,「この世に誕生した〈子ども〉は,生存し,発達し,適応しようとするエネルギーの一つとして,他者を自らに関心を持たせ,ケアに献身させようとする能力と魅力,つまり有能性を,自然に,無意図的に,無意識的に発揮している」と表現している。

一方,子どもに対して絶対的な権力者である成人は,無意識のうちに優越的な立場に立ってしまうことも多い。心ある成人は子どもの心を慮って対処しようとするが,自分自身に余裕の無いときなどには,つい子どもを意のままに従わせようとすることがあり,無意識のうちに子どもをマイナーと見てしまうことがある。

「そんなに優しくばかりしていたら,子どもをダメにしてしまう」「心配で

とても見ていられない」といった成人からの子どもに対する遠慮のない介入
は，日常至るところで起こる。そして，これらの無遠慮さを正当化する子ど
も観もまた，「パターナリズム」であることに留意しなければならない。「児
童の権利に関する条約」も，成人の気持ちひとつで，すぐにもつぶされてし
まう可能性すら持っている。

　子どもは子どもである前に，人間として生きようとしている存在であり，
絶対的弱者として生まれ，ひとりの人間として育ちゆく存在である。そし
て，永遠に，子どもの人権保障や幸福は，成人の掌のなかにあるという事実
は，決して忘れてはならないであろう。

## 5. 子どもと成人との間

　前述したとおり，子どもという時期を成人が決めるのは，教育，労働，そ
の他，それぞれの領域から見た「保護の必要性」であると考えられる。それ
ゆえ，「保護の必要性」は，時代やその時々の社会状況によって，大きく揺
れ動くことともなる。

　たとえば，2016（平成28）年度から，選挙権が20歳から18歳以上に引き
下げられたが，これは子どもたちが望んだことではない。むしろ，18～19
歳には，選挙年齢引き下げに反対する意見のほうが多いとの調査結果もある
ほどである。若者は，成人年齢が18歳に引き下げられることを，むしろ望
んではいないともいえる。しかし，選挙年齢は引き下げられたのである。そ
れは，成人が子ども世代の自立を促すという社会の必要性，すなわち成人か
ら見た「保護の必要性」，パターナリズムを前面に押し出し，高齢者中心型
社会から全世代型社会への転換，言い換えれば持続可能な社会保障，社会の
活力保持のための方法として取られたものである。そして，子どもに対する
社会人としての自覚を促す「教育」が，成人の手によってなされることにな
るのである。2018（平成30）年6月に成立した民法改正（成年年齢を20歳
から18歳に引き下げる法律）も同様の考え方によると理解できる。

　少年法に関する年齢の改正も，世論，すなわち成人の意見に基づくもので
ある。神戸市で起きた連続児童殺傷事件を契機として実施された，2000（平

成12）年の少年法改正では，刑事処分対象年齢を「16歳以上」から「14歳以上」に引き下げ，16歳以上の少年の重大犯罪の場合は，原則として家庭裁判所から検察に逆送する，「厳罰化」を主とする法改正が行われた。

2000（平成12）年の改正は，もともとは1993（平成11）年1月，山形県内の中学校において，当時中学1年男児が体育館内のマットの中で死亡していた事件に関して補導された13歳少年に対して，児童相談所がとった児童福祉司指導措置に対し，「行政処分無効確認請求事件」が提起されたことを受けたものである。その主旨は，いわゆる家庭裁判所における事実認定の適正化を求める改正であったが，その検討のさなかに神戸市連続児童殺傷事件が起こり，犯人とされた当時14歳の少年に対する世論の批判が高まると，急遽，前述した厳罰化に関する法改正が盛り込まれた経緯を持つ。

その後も，少年院入院可能年齢の引き下げ[*5]なども行われており，このような動向は，従来のパターナリズムに基づく子どもの保護・矯正を尊重する立場から，子どもについても成人と同様の適正手続きを導入する立場への傾斜と見ることができる。つまり，矯正分野における子ども期の縮小といえる。

一方，2016（平成28）年児童福祉法改正においては，児童自立生活援助事業（自立援助ホーム）入所可能年齢が，20歳から22歳の最初の年度末（大学進学等の場合）まで延長されることとなり，また，一定の場合には18歳到達後も新たに施設入所措置ができるようになるなど，社会的養護分野における自立支援においては，保護期間の延長が実施されている。これは，社会的養護のもとにいる青年の厳しい環境に配慮するものであり，「保護の必要性」からくる，子ども期の延長と見ることができる。

このように，子どもと成人との間は，保護の必要性と自立をめぐって，また，縮小か延長かをめぐって，常に揺れ動いているといえる。

---

＊5　2007（平成19）年の少年法等の一部を改正する法律により，触法少年に対する警察官の調査が強化され，また，おおむね12歳以上の少年院入院が可能となった。これは，触法少年による重大事件を受けて世論が高まり，警察の調査権の明確化，14歳未満の少年の保護処分の見直しの視点から，実施されたものである。

第1章　子どもの特性と子ども家庭福祉における配慮　　*29*

# 第2節　子どもの身体的・心理的・社会的特性と 子ども家庭福祉ニーズ

## 1．子どもの身体的・心理的・社会的特性

　「成人」と「子ども」を分節する視点としては，「自立」を挙げることができる。網野（2002, p.56）によれば，「自立」には個人的自立と社会的自立がある。個人的自立には，身体的自立と心理的自立，社会的自立がある。また，社会的自立には，個人としての社会的自立と社会的認知としての社会的自立がある。この子どもの未自立性という特徴は，社会，とりわけ子どもの福祉等に関わる成人に対して，いくつかの配慮を要請する。

　また，子ども期の身体的・心理的・社会的特性について整理すれば，以下の事項を挙げることができる。

　　【低年齢の子どもの特性】
　　①心身の発達が未分化であること。
　　②日々発達する存在であること。
　　③言語による表現が不十分であること。
　　④保護者の監護が必要であること。
　　⑤社会的発言権が乏しいこと。

　　【思春期・青年期の子どもの特性】
　　①身体の発育と変化への対応。
　　②自我同一性の確立。
　　③親からの心理的離乳をめぐる種々の課題に遭遇し，大きく揺れ動く存 在であること。

　そして，上記の特性は，子どもに対する福祉に対し，いくつかの固有の配慮を要請することとなる。ここでは，その代表的な視点について，以下に7

点を取り上げ考察することとする。

## 2. 要監護性

　主として低年齢の子どもの場合に，社会との関連で課題となる。民法第818条第1項に「成年に達しない子は，父母の親権に服する」および第820条に「親権を行う者は，子の利益のために子の監護及び教育をする権利を有し，義務を負う」とあるように，子どもは第一義的には親権者の監護下に置かれる[6]。親権者による監護が不可能または適切でない場合においても，その未自立性のゆえに，他の適当な監護者のもとに置いて養育されることが必要である。

　特に低年齢の子どもについては，たとえ生活保護を支給されても，独立して生活していくことはできない。したがって，里親等の代替ケアの仕組みは絶対的に必要であり，また，その際，子どもの国籍，命名も含め，親権など，子どもの身分に関する各種取り決めが必要となる。子ども家庭福祉の各種サービスは，子どものこの特性に基づき用意されているのである。

　なお，子どもの監護・養育を保障するうえで重要なことは，パーマネンシー（permanency）の保障である。有村（2015, p.28）はパーマネンシーについて，「子どもが育つ環境の安定性，永続性」と規定し，「パーマネンシーは，乳幼児期における特定の大人との安定した関係から，形成される愛着（アタッチメント）や学童期におけるアイデンティティ形成，および子どもの自己肯定感や他人との安定した関係性，健全な家庭イメージの獲得などに重要な役割を果たす」と述べている。パーマネンシーの保障は，子どもが持つ要監護性という特性に配慮するための重要な視点である。

---

[6]　2012（平成24）年度から施行されている民法等の一部を改正する法律により，民法第820条は，「親権を行う者は，子の利益のために子の監護及び教育をする権利を有し，……」と，「子の利益のために」が追加され，第822条の懲戒についても，「第820条の規定による監護及び教育に必要な範囲内で」行うよう改正されている。

## 3. 発達性

　子どもが日々発達する存在であることを念頭に置くとき，子どもの発達に関する理解を抜きに対応することはできない。子どもの発達段階および発達課題に応じた成人の対応が必要である。エリクソン（Erikson, E. H.）は，精神分析学を基礎として，人間の発達は漸成的構造を持ち，ある発達段階の発達課題の克服のうえに次の段階に進んでいくという視点を示し，人間の発達段階と段階ごとの発達課題を提示している。

　子どもに対する成人の対応としては，こうした発達段階，発達課題の理解のうえに，必要な環境を整備していかなければならないし，また，昔から言われていたいわゆる第一，第二反抗期に代表されるように，ある時期には成人に対して自己主張をし，批判的であることが正常な発達段階の過程を踏んでいる証左となる，ということにも留意しなければならない。

　さらに，子ども自身の発達可能性に着目した場合には，子どもの発達を阻害する要因を取り除いたうえで「見守る」という対応も必要であるし，また，社会的学習という考えからは，成人による良きモデルの提示という観点も必要となってくる。

　このように，子どもと関わり，子ども家庭福祉を考える場合には，発達的視点を十分考慮していくことが必要である。

## 4. 専門性

　子どもの福祉ニーズは通常，子どもの関係者，つまり保護者，教師，地域の人々，施設の職員など，子どもと深い関わりを持つ成人の相談・通告という形をとって，子ども家庭福祉の場に持ち込まれる。したがって，そこには第三者のニーズ，つまり，子ども本人の問題や福祉ニーズではない別の問題やニーズが介在することが多く，ときとして，それが子ども本人の問題や福祉ニーズと相反する状況も出現する。

　つまり，相談・通告者が子どもの福祉ニーズの仲介者・代弁者ではなく，

子どもの問題から生じた独自のニーズを持つ主体として関わってくることがよくあり，さらに，子どものニーズと相談・通告者のニーズとが二律背反的であって，しかもその両方のニーズの充足が迫られるという事態も見られる。

したがって，子ども家庭福祉においては，これらの相談・通告を手がかりとしつつも，子ども本人の真の福祉ニーズについて，専門的に探っていくことがどうしても必要となる。特に，子どもは自らの意見を言語で表現する力が弱いため，社会調査などによる社会診断，絵画や遊びの分析などの各種技法を用いての心理診断や医学診断等により，子ども本人の福祉ニーズについて周到に把握していく専門性が必要とされる。

## 5. 代弁性

さらに，4に述べた特性を踏まえ，子ども家庭福祉の機能として，保護者その他の関係者に対し，専門的に把握した子ども本人の福祉ニーズについて，代弁していくことも求められる。この場合，子どもの福祉ニーズと保護者らのニーズが相反しているからといって，保護者らを責めるだけでは何も解決しないばかりか，かえって保護者らの反発や無力感を強め，子どもとの関係をかえって悪化させてしまうことがあることにも，留意しなければならない。子どもの福祉ニーズをしっかりと把握し，それを保護者らにフィードバックしていくことは必要なことではあるが，同時に，保護者らのこうした感情をも十分受容し，保護者らと一緒になって解決策を探っていくことが必要である。

このように，子ども家庭福祉の場においては，子どもの福祉ニーズと保護者・関係者のニーズとの調整作業を行っていくことが求められる。

また，制度においては，子どもの権利擁護のためのアドボカシー（advocacy）も重要である。有村（2015, pp.27-28）はアドボカシーについて，「虐待やネグレクトなどからの保護から，意見の代弁や弁護，ソーシャル・アクション，助言活動，発言権を保障するためのシステム作りまで，子どもの権利を守るための幅広い活動や仕組みを指す」と述べている。子ども

の意見を成人が吸い上げることのできる制度的担保，たとえば，子どもの権利擁護機能や意見聴取のための幅広いアドボカシーの制度を整えることが必要とされる。さらに，子どもが自らの意見を表明することができるよう，支援[*7]していくことも必要とされる。

## 6．要保護性

すでに見てきたように，子どもは心身ともに未自立であるために，前述した「要監護性」以外にも，一定の「保護」を必要とする。この保護は，生活レベルでも制度レベルでも必要とされ，日本国憲法をはじめ各種法令において，各種の児童保護が規定されている。たとえば憲法においては，第26条の能力に応じて教育を受ける権利，および保護する子女に普通教育を受けさせる義務，第27条の児童酷使の禁止などがあり，また，民法や労働基準法等においても，各種の保護規定が設けられている。さらに，児童福祉法など，子どもの保護自体を目的とする法律も定められている。児童の権利に関する条約にも，子どもの保護規定（第3条の子どもの最善の利益の担保など）が置かれている。

このような保護規定については，一方では，当事者の主体的な権利性を阻害する面もあるため，慎重に考える必要がある。とはいえ，子どもに関するこうした保護規定をなくすことは，とうていできない。

## 7．有期性

子ども期は，社会的に有期であるという特性がある。つまり，その始期と終期があるということであり，それぞれの連続性をどのように担保するか，という視点を欠くことはできない。これが，いわゆる「切れ目のない支援」

---

＊7　国際連合が2006（平成18）年12月3日に採択した，国連・障害者の権利に関する条約の第7条（障害のある子）は，障害のある子どもの意見表明を担保するため，障害および年齢に適した支援を確保することを締結国に求めている。わが国はこの条約を，2014（平成26）年1月に批准している。

と結びつく。

　まず，始期については，妊娠期からの切れ目のない支援が必要とされ，要保護児童対策地域協議会も特定妊婦を支援対象とするなど，部分的には支援の幅が広がりつつある。ただ，一般には，母子保健法と児童福祉法の理念や施策に切れ目があり，この点をいかにつなぐかが問われることとなる。2016（平成28）年の母子保健法一部改正において，母子保健法に子ども虐待防止の観点が盛り込まれたこと，母子健康センターを母子健康包括支援センターに改称し，妊娠期からの切れ目のない支援をその機能としたことなどが，それにあたる。

　また，妊婦，女性の尊厳と胎児の権利，望まない妊娠・出産など，特に，緊急下の女性の視点と子どもの権利をめぐる議論も必要とされる。さらに，出生前診断，代理出産など，生命倫理をめぐる課題への対処も必要である。これは主として，胎児の権利と，いわゆるリプロダクティヴ・ヘルス・ライツとの関係により論じられたり，障害者の人権問題として論じられたりしているが，親のケアも含めて議論はあまり進んでいない。

　続いて，終期については，特に社会的養護における18歳の壁問題[8]が課題である。また，発達障害，引きこもり，無職少年など，成人期に引き続いていく課題もある。ところが，子ども・若者育成支援推進法は，それらを十分に引き継ぐ体制にはなってはいない。公職選挙法改正により，2016（平成28）年度から18歳以上に選挙権が与えられているが，それにともなって，民法の契約その他，個の自立を支援する法改正や，特定場面における保護期間の延長に係る法改正なども，検討されなければならない。また，他分野（公的扶助等）との整合性も必要とされる。さらに，特別養子縁組成立後の

---

＊8　児童福祉法においては，施設入所期限が原則として18歳到達後の年度末までとされるのに対して，民法に基づく契約年齢は20歳からとされていることや，18歳を過ぎてからの施設入所措置や，親権者の意に反する施設入所の更新ができないことなど，18歳から20歳の間に制度の切れ目が生じていることをいう。2016（平成28）年改正児童福祉法により，一定の場合，18歳を過ぎての一時保護や児童福祉施設入所措置ができることとなった。また，自立援助ホームは，大学等継続の場合には22歳の最初の年度末までの入所を可能とするなど，切れ目のない支援が一部進められた。一方，前述したとおり，2022年度から民法による成年年齢は18歳からとされる。

支援など，制度が作る終期の延長可能性や妥当性についての議論も必要である。なお，重症心身障害，知的障害，発育全体に遅れのある子どもの，成人期や就学をめぐる連続性の論点も課題である。

## 8．受動性

　子どもは大人に対して受動的な存在である。芹沢（2013，p.75）は，「イノセンス」（innocence：無力，責任がない）という概念を用いて，独自の養育論を作り上げてきた。芹沢（2013，pp.200，203）は，「子どもという存在は，なにひとつ選ぶことができないうちにすべて書き込まれて生まれてきてしまったという意味で，徹底して受身的です」とし，こうした子どものあり方を，「根源的受動性」ないしは「イノセンス」と呼んでいる。そして，ドナルド・ウィニコット（Winnicott, D. W.）の原初的母性的没頭（primary maternal preoccupation）の概念を援用し，「最早期（赤ちゃん，胎児）においては，そのいのちの存続に対し，自分以外の誰かに絶対的依存を余儀なくされているのです。徹底して受け身であり，したがって無力であるゆえに，無条件の受けとめ手（絶対受容者）を不可欠としている」と述べている。そのことは，俗にいう「子どもには罪はない」ということを示しているといえる。

　子ども家庭福祉の目的は，こうした「子どもには罪はない」を前提として，マクロ的には養育，教育その他の社会的機会均等等を図り，かつ，結果の平等に資する方途についても検討すべきである。また，ミクロ的には，子どもの心のなかの「理不尽さ」にしっかりと目を向け，寄り添うことが必要とされる。

## 第3節　子どもの発達と子ども家庭福祉上の配慮

### 1．子どもの発達と子ども家庭福祉

　子ども家庭福祉を考える際，子どもの発達の視点を抜きにすることはでき

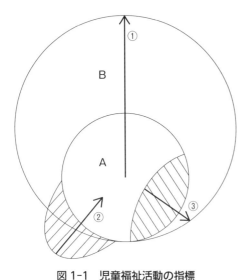

図 1-1 児童福祉活動の指標
（下平，1986，p.50）

ない。そのことは，子どもが日々発達する存在であり，その発達を保障し，持てる力を最大限に発揮できるようにしていくことこそ，子ども家庭福祉の主たる目標であることからも当然のことである。

下平（1986，p.50）は，児童福祉活動の指標を発達の観点から，図 1-1 のようにまとめている。ここで，①は，いわゆる定型的発達を保障する活動であり，②は，いわゆる逸脱行動の心理学的支援，矯正等の活動を言い，③は，いわゆる障害児童等に対する療育・指導訓練活動を言うことができるとしている。そのうえで，こうした活動の方向を見た場合，「その基本にある児童のパースナリティへの志向が重要になってくる」と述べている。さらに，パースナリティは児童の発達段階に応じて成長していくものであるとし，「そのパースナリティに迫ることが児童福祉活動の原点ともいえよう」（下平，1986，p.51）と述べている。

さらに，その構造を図 1-2 のように示している。

そのうえで，「ヒトは受精段階ですでに一定のプログラムが組まれるわけであるが，母体の影響などで出生前に障害が生じることもあり，出生後も乳児期，幼児期，児童期，さらに青年期へと進むにつれて，成長と同時に問題も広がってくる。それも時間という系列のなかで，たとえば幼児期の精神的外傷（trauma）が思春期に発現するということもあるわけで，それらは，医学的，心理学的，社会学的に多方面に考察していかねばならないことである」（下平，1986，pp.51-52）と考察している。

このように，子ども家庭福祉を考える際には，対象論としての子どもの成長・発達をどのようにとらえるか，という視点を欠くことはできない。その

第1章 子どもの特性と子ども家庭福祉における配慮　37

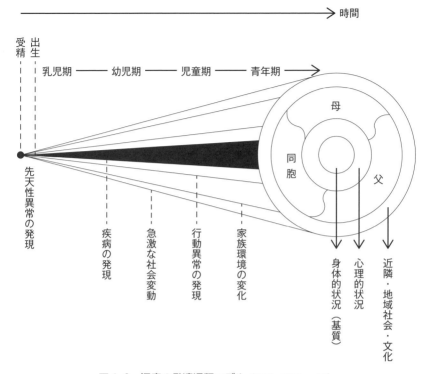

**図1-2　児童の発達過程モデル**（下平，1986, p.51）

ためには，子どもの定型発達を，たとえばエリクソンやピアジェ（Piaget, J.）などのように法則化し，さらに，それに影響を与える因子とその影響を与えやすい時期を特定し，また，その影響が症状等として発現する時期を見定めた支援の方法を攻究するなど，発達と支援との関係を明らかにしていく諸研究が必要とされる。

　さらに，子ども家庭福祉を考える際には，子どもの発達の支援と社会との関係についての攻究を忘れるわけにはいかない。定型発達を保障することも大切であるが，図1-1の②のような，定型発達からはみ出た発達，たとえば不登校や非行などは社会のありようと深く関わっており，社会のありようそのものに働きかけていくという視点も，忘れるわけにはいかない。また，③の領域も同様であり，発達を支援することは，定型発達からずれた子どもを

修理して社会に戻すことではなく，社会のありようそのものへの働きかけを含むものであることを，確認しておかなければならないといえる。ひとりの人間としての尊厳を大切にし，その発達や自己実現を保障する営みである子ども家庭福祉においては，発達と社会との関係をどのように整理するかが問われているのである。本節では，そこまで考察できるには至っておらず，課題提起にとどめざるを得ないことをお断りしておきたい。

## 2. 子どもの発達的特徴

　子ども家庭福祉を考える際，子どもの発達の視点を抜きにすることはできない。そのことは，子どもが日々発達する存在であり，その発達を保障し，持てる力を最大限に発揮できるようにしていくことこそ，子ども家庭福祉の主たる目標であることからも，当然のことである。
　2008（平成20）年3月に厚生労働大臣告示として公布された「保育所保育指針」の第2章は，発達について以下のように定義している。すなわち，「子どもの発達は，子どもがそれまでの体験を基にして，環境に働きかけ，環境との相互作用を通して，豊かな心情，意欲及び態度を身に付け，新たな能力を獲得していく過程である」とし，そのうえで特に大切なこととして，「愛情豊かで思慮深い大人による保護や世話などを通して，大人と子どもとの相互の関わりが十分に行われることが重要である。この関係を起点として，次第に他の子どもとの間でも相互に働きかけ，関わりを深め，人への信頼感と自己への主体性を形成していくのである」と述べている。
　子どもの発達を概観すると，以下のとおりである。

### (1) 乳幼児期
　まず，乳児期においては，歩行や発語，固形の食物の摂取，睡眠リズムの獲得など，人として生きる基本的な技能を獲得し，保護者等の愛情ある接触により，自分や他人に対する基本的信頼感を獲得する時期であるといえる。
　続いて幼児前期（3歳頃まで）は，運動能力，言語能力などの発達が見られ，また，排泄のコントロール，食事，着脱衣など，基本的生活習慣の自立

が始まり，完成に向かう時期である。情緒的には保護者等の愛情ある接触が基礎として必要であり，3歳頃になると，親がいなくても心のなかの親を持つことにより安心できる，いわゆる「親表象の内在化」（情緒的対象恒常性）[*9]が達成される。そして，それとともに自我の芽生えが見られ，自己主張[*10]が強くなる。また，保護者等との安定した関係を基礎として，他の子どもたちとの交流も始まる。

　幼児後期（4〜6歳頃）は，身体発達，運動能力，言語能力，社会性の発達，基本的生活習慣の自立などにより，行動範囲が家族を超えて拡大し，ごっこ遊び，構成遊びを中心として友だちとの交流が広がっていく時期である。また，自我の発達が見られ，自分自身を主張し始める。

## (2)　学童期

　続いて学童期（7〜12歳頃）は，興味，関心が主として外界に向かい，知的活動，友人との種々の遊び，スポーツなどを通じて学力，社会性を発達させるとともに，価値観，他人との相互交流など，社会生活の基礎を学習する時期である。低学年から高学年にかけて，大人の意味，比重が変化していき，他者認識や交渉方略など，対人関係，コミュニケーションの基礎に習熟する時期でもあり，この時期には"遊び込む"ことが必要とされる。また，

---

[*9]　マーラー（Mahler, M.）の提唱した発達上の概念である。乳幼児が母親表象を記憶に内在化していく過程を研究し，乳幼児が，親が目の前にいなくても，親の存在を心のなかに保つことができて安定できる，いわゆる情緒的対象恒常性を獲得していくまでの段階を分離-個体化期と呼び，乳幼児の対象関係の発達を解明した。具体的には，対象関係の発達段階について，正常な自閉段階（生後0〜数週間ないし1カ月），正常な共生段階（2カ月〜5-6カ月），分化期（5-6カ月〜9-10カ月），練習期（9カ月〜14カ月頃），再接近（14カ月〜24カ月），個体性の確立と情緒的対象恒常性の確立（対象恒常性の達成は25カ月〜36カ月頃）の，各段階を提示した（Mahler, 1975）。

[*10]　以前は第一反抗期と呼ばれたが，現在は以下の理由で，あまり使用されていない。網野（2002, p.49）は，反抗期という用語について，子ども中心の視点から自己主張の強さととらえ，「それを主張行動として受け止め，子どもが自己の権利や自己の利益を自ら自覚化する重要な過程として理解するならば，それは主張期と表現するほうが適切である」「自己主張は，まさに重要な生存，発達，適応のニーズ，自己実現のニーズであり，能動的な権利の象徴ともいえるものである」と提言している。傾聴すべき見解である。

親との垂直的な絆をもとにして，友人との水平的な関係を通して社会性を学ぶ時期でもある。この時期の課題が達成されていることが，次の思春期の基礎となる。

### (3)　思春期・青年期

　思春期・青年期は，第二次性徴の始まりとともに衝動の高まりが見られ，これまで外に向かっていた関心が再び内に向けられる。自我による衝動の統制，これまでの依存対象である親からの心理的自立，親友の獲得，自我理想・自我同一性の獲得，異性等に対する愛情の獲得などが課題となる。心理的自立の過程では，第二反抗期といわれる不安定な状態を示すこともある。この時期には，幼児前期までの分離-個体化の過程の仕上げとして，親・家庭への心理的依存からの脱却という，第二の分離-個体化過程[11]の達成が求められている。

## 3. 保護者の生活の実情

　続いて子育て家庭，保護者の生活の現状については，以下の点が指摘できる。まず，社会の格差の進展が指摘されるなかで，女性就労の一般化と父親の長時間就労の実態が指摘できる。さらに，就業形態の多様化も，子育てやそれに対するサービスである子ども家庭福祉に大きな影響を与えている。また，しつけ，子育てに自信がない層が，調査のたびに増加傾向にある。こうした事態が，子ども虐待の増加，社会問題化の背景のひとつとなっている。なお，離婚にともなって，ひとり親世帯も厳しい状況に置かれている。

　こうした現象から，保護者の就労状況の多様化が進み，家庭の養育基盤・機能が弱体化する傾向がみてとれる。加えて，地域のつながりの希薄化などが進行し，地域の安心・安全が阻害されている状況が指摘できる。さらに，

---

＊11　ピーター・ブロス（Blos, P.）は，乳幼児期を通じて獲得した両親への依存関係を少しずつ離れ，新たな家族外の依存対象を獲得することを目指しつつ，親から離れて個を確立していく過程としての思春期を，M.マーラーの分離-個体化段階と比較し，第2の分離-個体化の時期であると主張している（皆川，1980 ほか）。

第1章　子どもの特性と子ども家庭福祉における配慮　*41*

若年層の非正規雇用就労の増加とともに所得格差が大きくなりつつあり，いわゆる子どもの貧困問題も顕在化している。

## 4. 子ども家庭福祉に必要とされる具体的配慮

　以上の子どもの発達と保護者の生活実態を踏まえると，子ども家庭福祉には，以下の配慮が必要とされる。

### (1)　乳幼児期

　まず，乳幼児期には，特に，ライフコース（life-course）[12] に応じた支援の重要性を挙げたい。共働き家庭，非共働き家庭，それぞれの具体的ニーズに応じた支援を，幅広く用意することが求められる。特に，育児休業制度や保育サービスの充実は欠かせない。親になることは喜びである反面，子どもとともに暮らす生活を新たに創りあげる，という危機をはらんでいることにも留意し，たとえば，専門家とともに子育て支援プランを作成するなどの試み[13] も，今後考えられていかねばならない。2012（平成24）年度からは，障害児福祉サービス利用にあたってケアプランの作成が前置とされており，また，新たな母子保健，保育・子育て支援サービスにおいては，利用者支援事業も創設されている。このように，サービス利用支援のあり方は，今後の大きな課題である。

　さらに，子どもの成長をともに喜べる仲間や，気軽に相談に応じられる第三者等の寄り添い型の支援者や，専門職（子育て支援者や保育士）の存在が

---

[12]　家族社会学の概念。家族の周期的な変化によって画一的にモデル化されていた，いわゆるライフサイクルに代わって，個々人の人生の多様性に着目し，災難や病気など予想し得ない出来事にも目配りしつつ，人生行路をとらえる考え方，およびその人生行路そのものをいう。

[13]　石川県においては，これまで全国に先駆けて実施しているマイ保育園登録事業において，著者らの研究班が提唱している基本保育構想を一時保育券として導入し，また，保護者がマイ保育園に配置された子育て支援コーディネーターとともに，子育て支援プランを作成する事業を実施している。子ども・子育て支援制度においても，2014（平成26）年度から，利用者支援事業が創設されている。

必要である。障害や難病，ひとり親家庭など，特別なニーズをもつ親子への支援も必要である。

　続いて，子どもに，多様な大人との，あるいは子ども同士の関わりを保障することが必要である。"子はかすがい"を，生活場面において具現化しなければならない。特に，非共働き家庭や育児休業中の親子に対し，乳幼児の健全な育成のための"基本保育"ともいうべき，新たな保育制度を整備すべきである。

　基本保育制度[14]とは，「就学前児童は，その年齢に応じ，単独でまたは子どもの保護者とともに，一定の時間，基本保育を利用することができる」という構想である。基本的視点は，「子どもは，人と人との関わりのなかでこそ，健全な成長が図られる」である。現代は，そうした関わりを保障する地域におけるつながりが得にくいため，0歳児から，一定時間の保育をすべての子どもに保障していくことが必要とされている。この仕組みに，前述の子育て支援プランづくりを付加すれば，文字どおり，子どもの出産や子育てを契機として，親の新たな人生設計をともに考えることもできる。

## (2)　学童期

　続いて，学童期においては，仲間集団による自由な遊び，スポーツなどを通じて社会性を育てるとともに，教育環境の整備が重要である。また，豊かな放課後生活の保障や，放課後児童クラブの充実も欠かせない。幼児期から子どもに生きた体験を幅広く用意し，生きる力の基礎を培うことも大切である。盗みや万引きなどの過ちが始まる時期でもあり，早期の相談支援体制の充実が望まれる。

## (3)　思春期・青年期

　思春期においては，不安定な時期であるだけに心理・行動上の問題が起こりやすく，専門的な相談支援体制が必要である。また，健全育成サービスがエアポケットとなっている部分でもあり，援助者のもと自由に集える場の確

---

\* 14　基本保育制度の提案とモデル事業の実践については，柏女（2016，2017a）を参照されたい。なお，本書第8章でも考察している。

保や，ボランティア，多様な人と触れ合う体験などの拡充が必要である。性や命を大切にする教育も求められる。

青年期においては，若者に対する就労，自立の支援や出会いの場の確保，施設退所児童の自活や就職，職場定着のための各種支援も欠かせない。

## 第4節　子どもの発達と支援

### 1．保育所保育指針の発達観，保育観

子どもの発達と子ども家庭福祉上の配慮について，保育所における保育を例に考察することとしたい。2008（平成20）年告示の保育所保育指針（以下，旧保育所保育指針）にみる子どもの発達観，保育観について，著者の理解を整理すれば以下のとおりである。

　　特定の大人と子どもとの応答的関係が子どもの基本的信頼感を醸成し，その関係をベースキャンプとして子どもは外の世界と関わりを持つようになる。その際，同年齢との子ども同士のコミュニケーションを通してさまざまな葛藤や感動などの体験を重ねつつ，民主的な関係に気づき，他者とのコミュニケーション能力を身につけていく。そして，他者と共存するためにきまりの大切さに気づき，民主的な人間関係，社会関係をとり結ぶ力を取得していく。これが「生きる力」の基礎を培うことにつながっている。

これを，旧保育所保育指針第2章，第3章から説明すれば，以下のようになる[15]。なお，この発達観，保育観は，2018（平成30）年度から施行された新保育所保育指針においても引き継がれている。

---

\* 15　この部分の初出は柏女霊峰（2011）『子ども家庭福祉・保育の幕開け』（誠信書房）である。

## 2. 子どもの発達と保育者の関わり

### (1) 絆の形成

　旧保育所保育指針第2章は，保育者と子どもとの関わりについて特に大切なことを，「愛情豊かで思慮深い大人による保護や世話などを通して，大人と子どもとの相互の関わりが十分に行われることが重要である。この関係を起点として，次第に他の子どもとの間でも相互に働きかけ，関わりを深め，人への信頼感と自己への主体性を形成していくのである」と表現している。すなわち，大人と子どもとの相互の関わりが十分に行われることによってできあがる関係を起点として，子ども同士の関わりを深め，人への信頼感や自己への主体性を形成していくと述べている。

　この大人と子どもの関係を，指針は「絆」と表現している。それを，子どもの発達過程区分を通して見ていくこととする。また，第3章においては，保育の実施上の配慮事項が発達過程区分ごとに記述されている。この発達過程区分と保育士の配慮事項とを組み合わせながら，子どもの発達と保育士の関わりのあり方，すなわち保育観について見ていくこととしたい。

　まず，おおむね6カ月未満においては，「これに応答的に関わる特定の大人との間に情緒的な絆が形成される」と記述されている。「絆」は糸へんに半分と書く。すなわち，子どもから出される半分の糸に対して，大人が返す半分の糸が，双方向に真っ直ぐに向き合ってはじめてそれが紡がれ，それが繰り返されることによって「絆」ができあがっていくと述べているのである。この時期，保育士は，「一人一人の子どもの生育歴の違いに留意しつつ，欲求を適切に満たし，特定の保育士が応答的に関わるように努めること」とされる。これは，第3章の「保育の実施上の配慮事項」に記述されている，乳児段階の配慮事項に関する一文である。これは，**図1-3**のように示される。

### (2) 親と子の架け橋をつくる

　このことは，なにも乳児に限ったことではない。子どもは迎えに来た親に

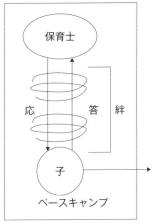 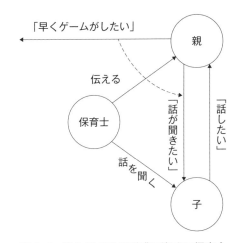

図1-3 子どもとの応答的な関わりによる絆の形成

図1-4 親と子の絆の形成に資する保育士の仲立ち

対して，今日保育所であったことを一生懸命に伝えたいと思っている。しかし，親は仕事を引きずり，たとえば，"今日は腹が立ったから，早く家に帰ってゲームの続きがしたい。子どもの夕食を作るのが面倒"などと思っている。つまり，半分の糸が双方向にならず，ずれているのである。

　その関係に対して，保育士が仲立ちをして，「実は今日，〇〇なことがあってAちゃんはとてもうれしかったので，お母さんにお話したいことがたくさんあると思いますよ」と伝えておけば，帰り道でAちゃんがそのことを言ったら，親はそれに対して応答的な関わりをすることができることとなる。ところが，保育士がそのことを伝えていないと，Aちゃんが伝えても全体の文脈を理解することができず，親はますますイライラして，「うるさいわね。黙ってなさい！」となってしまう。

　保育士には，大人と子どもとのより良い関係を作っていくために仲立ちをする，という立ち位置が大切なのである。これは，**図1-4**のように示される。

**(3) 子ども同士の仲立ちをする──民主的人間関係の育成**

　次に，おおむね6カ月から1歳3カ月未満では，「特定の大人との応答的

な関わりにより，情緒的な絆が深まり，……」とある。この応答的関係が深まって「絆」ができあがったら，子どもはこの関係をベースキャンプにしつつ，外に出て行く。ちょうどその時期に，子どもは発達的に，「歩き始め，手を使い，言葉を話すようになることにより，身近な人や身の回りのものに自発的に働きかけていく」ことができるようになるのである。逆にいえば，子どもは1歳程度まで歩けない，話せないことによって，特定の大人との応答的関係をとり結び，「絆」を形成することができるように，生得的に組み込まれているといってよい。動物の赤ん坊は生まれてすぐに歩けないと命を保てないが，人間の赤ん坊は，ベースキャンプができないと命が保てないといってよいのである。

　3歳未満児では，ベースキャンプを出た子どもに対して保育士は，「探索活動が十分にできるように，事故防止に努めながら活動しやすい環境を整え，全身を使う遊びなどさまざまな遊びを取り入れる」ように配慮する。すなわち，子どもがさまざまな活動が探索的にできる，自由に過ごせる環境を作ることが大切と述べている。そして，不安なことがあったら，またベースキャンプへ戻れるようにすべき，としているのである。

　続いて，「子どもの自我の育ちを見守り，その気持ちを受け止めるとともに，保育士等が仲立ちとなって，友達の気持ちや友達との関わり方を丁寧に伝えていくこと」と記述される。すなわち，別々のベースキャンプから出てきたAちゃんとBちゃんが出会う際の，仲立ちをすることを求めているのである。

　たとえば，以下のような場面が考えられる。

　「Aちゃんがベースキャンプから出てきておもちゃを見つけ手に取った。別のベースキャンプから出てきたBちゃんもこのおもちゃを欲しそうに見ていた。Aちゃんはこのおもちゃを取ったときにBちゃんが自分のことを見ていることに気づき，Aちゃんは，これまでの大人と同様な対応をBちゃんに期待する。しかし，Bちゃんもこのおもちゃで遊びたいので，Aちゃんからおもちゃを取りあげることとなる。これまでの大人との応答的な関係とは違う関係が，ここで生起するのである。Aちゃんは驚いてBちゃんからおもちゃを取り返す。いわゆる物のとりっこであり，2人に葛藤が生じること

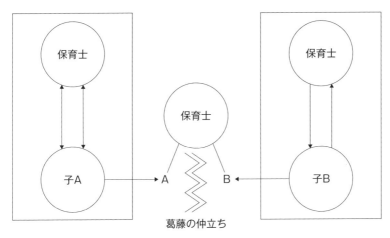

**図 1-5　子ども同士の関わりの仲立ち**

なる」。

　このとき，保育士は，2人の仲立ちをすることが期待されているのである。「Aちゃん，このおもちゃで遊びたいんだよね。でも，Bちゃんもこのおもちゃで遊びたいんだって。どうしようか。Aちゃんが遊んだら，今度はBちゃんに貸してあげようか」という仲立ちもあろうし，「3人で一緒に遊ぼうね」という仲立ちもあろう。

　ここで生起する関係とは，これまでの応答的な関係とは異なり，子ども同士の平等な民主的な関係である。世の中で生きていくためにはこの民主的な人間関係のとり結びが必須となる。この関係づくりを仲立ちしながら進めていくのが，保育士の役割として期待されているのである。これは，**図 1-5**のように示される。

### (4)　見守る

　次に，3歳以上児の配慮事項として，「けんかなど葛藤を経験しながら次第に相手の気持ちを理解し，相互に必要な存在であることを実感できるよう配慮すること」と記述される。すなわち，けんかなど葛藤を経験しながら，「Bと一緒にいると，ゲームで負けたらすごく悔しいけれど，Bと楽しく遊

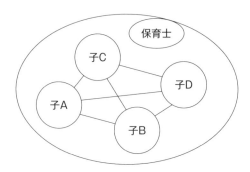

図1-6　子どもの主体性活動の見守り

べたら，こんなおもしろいことはない。先生と遊ぶよりよっぽど楽しい。Bは僕の友だちだ」という感情を育てていくことが，大切と述べているのである。

　そのうえで，「生活や遊びを通して，決まりがあることの大切さに気付き，自ら判断して行動できるよう配慮すること」としている。年長児になれば，保育士の仲立ちがなくとも仲間関係を形成することができ，きまり，ルールを作ることによって，子どもたちは自分たちの世界を作っていく。保育士は，子どもたちが自ら判断して行動できるように見守り，必要に応じて介入することにより，子どもたちの生きる力の基礎を培うことの大切さを述べているのである。これは，図1-6のように示される。

　当初は保育士の仲立ちが必要であったが，年長になれば，順番を守るというきまりを守ることによって皆が共存できることを，子どもたちは知っていく。つまり，きまり，規範意識というものは植え付けるものではなく，AちゃんがBちゃんやCちゃん，Dちゃんと一緒にいたいという気持ちが育つことによって，はじめて達成できると述べているのである。それが就学までにできていることが，民主的な日本で生きていく力の基礎を培うことになるのだ，と述べているのである。こうした保育観は，新システムによって舞台がどのようになろうとも，尊重されなければならない。

## 3．専門職としての保育士

　以上のような関わりを通して，保育者は子どもとの絆を形成し，そこから

の出発を促し，この絆をもとにして，人として生きるのに欠かせない民主的な人間関係の取り結び，生きる力や個の尊重などを培っていくこととなる。以上の保育士の役割は，次の4点に凝縮される。

①親と子の間に介在し，より良い親子関係の形成に寄与する。
②子どもとの応答的な関係をとり結び，子どもの安全基地となる。
③子ども同士の間に介在し，仲立ちをし，子ども同士の民主的な人間関係のとり結びを支援する。
④子ども同士がきまりを守りつつ自主的に活動する場を見守り，必要に応じて介入する。

　子どもの発達を明確にとらえ，それに即した関わりを取ることは，子ども家庭福祉の基本となる。それは，社会のありようなどとともに，子ども家庭福祉における理念，制度，方法の円環的前進を進めるための，基礎的事項となるものである。

# 第2章 社会のありようと子ども家庭福祉ニーズ

## 第1節 社会のありよう

### 1. 福祉国家の成立と見直し

古川（2008, pp. 48-49）は，第二次世界大戦後，英国をはじめとする先進資本主義諸国がたどった福祉国家の必要条件として，以下の5点を挙げている。

①資本主義を前提とすること。
②民主主義が成熟していること。
③初等・中等教育が普及していること。
④雇用政策が成熟していること。
⑤国民の社会権的生存権の保障を目的とする所得保障，保健医療サービス，社会福祉サービス，青少年サービス，住宅政策，まちづくり政策等の各種の社会サービスの提供が，国政の中心的な課題として位置づけられていること。

特にイギリスは，福祉国家の青写真となったベヴァリッジ報告（1942年）に基づき，1970年代にかけて福祉国家を創り上げていく。

わが国においても，第二次世界大戦後の占領下にあって，いわゆる戦後福祉改革が進められ，福祉国家への道を歩んでいくこととなった。その原点

は，古川（2008, p.52）によると，占領軍総司令部（GHQ）がわが国に提示した，①無差別平等の原則，②国家責任の原則，③公私分離の原則，④必要十分の原則，を理念とする戦後社会福祉の基本的な骨格であった。こうしてわが国は，1970年代に向けて，福祉国家への道筋をたどっていくこととなる。

　ところが，福祉国家の建設は，資本主義の停滞を招いたとの批判にさらされ，1970年代後半から新自由主義あるいは新保守主義と呼ばれる思潮が台頭し，福祉国家見直し論議が進んでいくこととなった。わが国においても1980年代になって，いわゆる福祉見直し論議が進んでいくこととなる。

　こうした社会変動の背景として，私たち一人ひとりの価値観の変容も影響していることは間違いがない。実際，近年，社会が激動し，価値観の流動化が進んでいる。これらは，1990年代以降に顕著である。政府においても，制度疲労と限界が目立つ各種のシステム・制度の「変革と創造」を目指し，1990年代から，地方分権と規制緩和を車の両輪とする行政改革，財政構造改革，社会保障構造改革，教育改革等を進めてきた。その根底には，社会全体および我々一人ひとりの価値観の変容がある。しかし，こうした価値観の変化は一方通行で起こるものではなく，行きつ戻りつし，また，揺らぎをともないつつ進行する。現代社会における価値観の揺らぎを整理すると，次項のようになる。

## 2. 現代社会における価値観の揺らぎ

### (1) 「集団」から「個人」へ

　第一に，「世帯」「集団」中心から，「個人」中心へと向かう価値観の流れを挙げることができる。もともとわが国は，個人の自立より集団の秩序維持を優先する国民性を有しており，家族制度や社会保障制度も，集団や秩序の維持を優先させてきた。こうした仕組みは，反面において，特に女性や子どもの個としての自立を阻む働きをしている。

　これに対し，個人の尊厳や人権を第一に考える価値観，思想が広がるにつれ，制度においても，家族制度における選択的夫婦別姓に関する論議，離婚

における破綻主義の導入，社会保障制度における世帯中心から個人中心への移行などに関する論議が展開されている。しかし，また一方で，集団の秩序維持を優先する考え方も根強いのが現状である。

こうした「集団」中心か「個人」中心かという論議は，次に述べる「保護」か「自立」かといった価値論議とも複雑に絡まっている。

### (2) 「保護」から「自立」へ

次に，「保護」から「自立」への価値観の揺らぎが挙げられる。社会福祉においては，弱者を「保護」するという，いわゆるパターナリズムに基づく考え方から，利用者を自立した人間として適正手続き，社会的平等（機会および結果の平等）を保障していこうとする価値観への揺らぎである。制度面では，神戸市で起きた一連の連続児童殺傷事件を契機に実施された，少年法改正をはじめとするその後の厳罰化に係る法改正，労働基準法改正に見られる女性労働保護規定の撤廃などが，この流れに該当する。こうした動向は，その後も続いている。

そもそもパターナリズムは，その人にとって有益であるという理由をもって，その人の行為の自由に干渉することを正当化する側面を持つ。その意味では，「保護」と「規制」はコインの裏表の関係にある。社会保障，子ども家庭福祉の仕組みも，この価値観の揺らぎのただなかにある。

### (3) 「供給者主体」から「利用者主体」へ

個人の尊厳重視の価値観は，当然のごとく，社会福祉全体における利用者主体への転換論議をもたらす。医師-患者関係では，インフォームド・コンセント（十分に説明されたうえでの同意），チョイス（十分に知らされたうえでの選択）が重視されるようになり，いわゆるセカンド・オピニオンや本人への病名の告知等も進みつつある。また，その他の分野でも，カルテやケース記録，指導要録の開示等が進みつつある。

制度面では，社会福祉基礎構造改革や公的介護保険導入の前提として利用者の権利性が重要視されているし，企業の福利厚生制度でも，いわゆるカフェテリアプラン等の選択制も進んでいる。

措置制度の見直しも進んだ。子ども家庭福祉分野では，1998（平成10）年の児童福祉法改正による保育所入所方式の変更や，2015（平成27）年度の子ども・子育て支援制度創設も，この流れに沿うものである。サービス利用にあたって利用者の選択性をさらに進める，バウチャー方式導入に関する論議も，この考え方に立っている。しかし，まだまだ供給者主体の考え方も根強い。「先生におまかせします」という言葉に代表されるように，利用者自身にも戸惑いがある。

さらに，利用者主体は，適切な情報の提供と利用者の自己決定を基本としているが，情報提示の方法，利用者の特性，利用者と情報を仲立ちし，利用者の自己決定力をエンパワーしていく手法と専門職論議等が十分に進まないなかで，こうした制度が進められていくことに対する危惧も無視できない。権利擁護システムなどの補完システムが機能しないと，弱者が切り捨てられることにもつながりかねない。

### (4)　「集権」から「分権」，そして「公」中心から「規制緩和」へ

利用者主体の価値観が広がりを見せ，時代の変化，価値観の多様化が進行するにつれ，中央集権のデメリットがメリットを超えて顕在化しており，国から県へ，県から市町村へといった分権が進んでいる。また，公中心に進められてきた各種サービスの供給主体の多様化も進められている。制度面においても，各種の権限移譲や規制緩和が進められているし，認可外保育サービスやいわゆるフリースクールの認知も進んできている。いわゆるNPO法も定着し，供給主体の多元化が進みつつある。しかし，その一方で，子ども家庭福祉分野では，サービス供給主体が，今なお都道府県と市町村に2元化されたままとなっている。また，サービスの質の確保や公的関与のあり方，公的責任の果たし方に懸念も示されている。

### (5)　「隔離」から「バリアフリー」へ

ノーマライゼーションの理念の普及にともない，バリアフリーも注目され，物理的，制度的，心理的，情報的バリア解消に向けての改善も求められている。制度的には，いわゆるハートビル法の制定，知的障害者についても

法定雇用率に参入する制度改正などが実施された。手話通訳，要約筆記，点訳など，情報的バリア解消に向けての努力も進められている。また，近年ではユニバーサル・デザインも普及している。2016（平成28）年のいわゆる障害者差別解消法の施行に基づく，「障害のある人に対する不当な差別的取扱いの禁止」ならびに「合理的配慮の提供」が開始されている。

　しかし，いわゆる迷惑施設反対論議に見られるように，その根底となる心理的バリアに関してはまだまだ課題も多く残され，統合教育その他，児童期からのインテグレーションが求められている現状である。


## (6)　「倫理」への問いかけ

　一方，脳死や尊厳死，出生前診断や代理出産，クローンなど，近年の生と死をめぐる，いわゆる生命倫理の諸問題も顕在化している。こうした問題に対して，私たちはいまだに明確な解答を持ち得ないまま，その事実の前にたじろいでいる。


## (7)　「私物的わが子観」から「社会的わが子観」へ

　子ども家庭福祉に目を転ずれば，出生率の継続的低下や子育ての孤立化，育児と就労の両立困難，子ども虐待の顕在化などの問題は，子育てに対する社会的支援の必要性を惹起させている。ともすると，子どもを産み育てることは私的な出来事とされ，高齢者や障害者の介護ほどには公的・社会的支援は行われていない。このため，インフォーマル・ネットワークの弱体化とともに，子育ての孤立化，負担の増大化が進行し，そのことが親による子どもの私物化をさらに進め，また，結果的に出生率の低下をもたらすこととなった。子育てに対して公的な支援が行われないことと同様に，子どもの福祉を保障するために本来必要とされる家庭への介入も抑制的となり，このことが多くの子どもの犠牲を生み続けている。

　こうした動向を受け，近年は子ども家庭福祉政策において，家庭に対する子育ての支援と介入の強化をセットとする改革が，進められている。最近では子ども虐待死亡事例を受けて家庭への強制介入政策の強化がが顕著であり，2019（令和元）年の体罰禁止の法定化（児童虐待の防止等に関する法律）

と民法における懲戒権のあり方検討規定にみられる国民の意見など，支援と
介入をめぐる揺らぎも指摘されている。

## 3. 価値観の揺らぎと福祉ニーズ
### ──子ども家庭福祉の普遍化と専門化

　少子・高齢社会の到来にともない，多くの人が当たり前のように福祉サー
ビスを利用し，また，多くの人がこれまた当たり前のように福祉サービスの
担い手となることのできる，福祉の「普遍化」が求められている。一方で，
困難な生活問題を抱える利用者を長期にわたって支え，あるいはケアし，さ
らには専門的に支援する専門システムの確立，すなわち福祉の「専門化」も
求められている。

　多くの先達の命がけの実践と祈りを福祉マインドとして引き継ぎ，さらに
利用者に対するスティグマ性を払拭していく努力が求められている。この福
祉の「普遍化」と「専門化」という二つの命題を，前述した価値観の揺ら
ぎ，社会状況のなかで，どのように実現していくかが問われている。また，
価値の流動化のなかで生じてきた各種の生活課題と，現行サービス提供シス
テムおよび具体的サービスとの乖離を埋める作業が，求められているのであ
る。

## ‖ 第2節　福祉ニーズとは何か

## 1. 福祉ニードの定義

　社会福祉において利用者支援を図るためには，生活課題から福祉ニーズの
把握が必要条件となる。ニーズ（needs）はニード（need）の複数形である
が，津田（2005, p. 59）によると，「「ニード」は集合的抽象的に用いられ，
「ニーズ」は個別的にとらえ」られている。津田（2005, p. 61）によると，福
祉ニードとは，「人間が生活を営むうえでなくてはならないもの，欠かすこ
とのできない基本要件を欠く状態をさす」としている。また，三浦（1985,

p. 59）は，社会福祉政策の視点から要援護性に着目し，「社会的ニードとは，ある種の状態が一定の目標なり，基準からみて乖離の状態にあり，そしてその状態の回復・改善等を行う必要があると社会的に認められたもの」と定義している。

　さらに，網野（2002, p. 70）は，人間の権利としての観点から福祉ニーズを，「個人の主張の有無や如何にかかわらず生物的・心理的・社会的な必然性と必要性を帯びて他者にその実行を求めている欲求」ととらえている。そして，それは「意識化され，主張されなければ，その欲求は顕在化されにくい」と述べ，「desire, wish, demand, requirement を通じて，それを求め，それを充足させようとする人々の主張，行為によって，顕在化することが多い」と述べている。

　このように，ニードは多義的であるが，社会福祉におけるニードとは，人々の生活上の必要を満たすために，社会福祉というツールによって満たされるものを要求している状態といえる。

## 2. 福祉ニードの根源

　マズロー（Maslow, A. H.）は人間のニーズを階層的にとらえ，人間欲求の5段階説を示している（Goble, 1970）。すなわち，基本的なニーズとしての生理的ニーズをその根底とし，安定・安全のニーズ，所属と愛のニーズ，承認と自尊のニーズを挙げ，これらが欠損することによって個人は心身の健康を損うが，充足されることによって，さらに成長する動機づけが促されると主張している。さらに，これらの欠乏ニーズ，欠乏動機が充足されたとしても，人間には，真・善・美などの価値を求め，自己自身の可能性を最大限に発揮しようとする「自己実現」[*1]のニーズ，成長動機があることを示したのである。

　また，津田（2005, p. 62）は，ヘップワース（Hepworth, D. H.）らの人間のニーズ（Human Needs）を引用し，①肯定的な自己概念，②大切にされ

---

　*1　自己実現とは，個人が本来持っている自己の能力を最大限発揮し，それを実現したいという要求を完遂させる活動，ないしは，それに向かっている状態をいう。

たい・帰属意識などの情緒的なもの，③教養，レクリエーションなどの自己実現・個人的な達成，④衣食住などの物理的なものの4点を挙げている。

津田（2005, p.63）はこれらに加え，岩田正美や岡村重夫らの福祉ニードの概念を整理したうえで，いくつかの共通点が見られるとして，以下のことが満たされないときに福祉ニードが生じるとしている。すなわち，「①自己が肯定され，社会に受け入れられていること，②自らの生活を主体的に行えること，またはそれが認められていること，③主体的に生活していくうえでの衣・食・住等のさまざまな生活環境が整っていること」の3点である。

このことは，後述する子ども家庭福祉ニードを考えていく際に，「生存・保護・発達の保障」といった子どもの基本的ニード（Basic Human Needs）の充足のみならず，子どもの「生活の質」（Quality of Life：QOL）の充足が必要であることを物語っている。

## 3. ニードとディマンド

ニードは，社会によって満たされなければならない，根源的なものである。これに対し，ディマンド（demand：欲求，要望・要求）は，日々の生活のなかでの欲求や要望を指す。ディマンドがニードの表明であるとは限らない。人間は，生活のなかでさまざまな欲求を持つが，それがそのまま福祉ニードになるとは限らない。たとえば，以下の例が挙げられる。

最近離婚した母子家庭の母Aさんは，やっと採用された会社の事務職員として，5歳のBくんを保育所に預けつつ懸命に生きている。その日は伝票整理を間違って上司に叱られ，同僚からも嫌味を言われて，疲れ果ててBくんの保育園に向かった。仕事を辞めたいと思っても，その後の生活を思うと踏み切れない。Aさんは，自分がこの社会で，まったく端役でしかないと思わざるを得なかった。

その道すがらAさんは，昨夜Bくんが「僕，今度の発表会で，嵐で揺れる『木』の役をやるんだよ」とうれしそうに言っていたことが，どうにも納得できないことのように思えてきた。保育所に着く頃にはその思いが我慢で

きなくなり，主任保育士にきつい表情で，「ちょっと相談があります」と告げた。穏やかに応対した主任に対して A さんは，「今度の生活発表会で劇をするそうですが，B はどうして木の役なのですか。納得できません。理由を教えてください」と，怒声を交えながら詰め寄った。

　この事例の場合，A さんの主任保育士に対する訴え，苦情は，B くんの生活発表会における配役に対する不満であり，説明を求めるものである。それは A さんのディマンドであるが，決して福祉ニードではない。クレームの後ろに隠れた福祉ニードは，「B くんと同じ社会の端役でしかない私の気持ちを，誰かわかってほしい」という切なる願いであり，かつ，母子家庭が置かれている厳しい現実，福祉ニードであるのである。

　このことを理解するためには，A さんの置かれている現実に耳を傾け，傾聴し，共感していく支援者の役割が欠かせない。支援者と A さんとの共同作業により，A さんはやがて自らの思いに気づき，「今日は感情的になってごめんなさい。B も喜んでいたし，これでいいですよ。私もできる限り時間を取って，見に来たいと思います。これからもよろしくお願いいたします」との言葉を残していくこととなる。この現実に隠された福祉ニードこそ，社会福祉が扱わなければならない真のニードなのである。

　弘中（1997, p.31）は，英国の児童精神科医カナーの言葉を引用し，「子どもの症状は医師の目からすると興味ある入場券のようなものである」と述べている。主訴は入場券にすぎない。また，弘中（1997, p.34）は，「親，家族は，子どもの問題を入場券としながら，実は自分たちの問題の解決を求めているところがある」と述べ，したがって，「親面接が親自身の問題を扱う場に進展する可能性は十分にありうることである」と考察している。このことについては筆者も，児童相談所における自らの体験から同感である。

## 4. 潜在的ニードと顕在的ニード

　三浦（1985, p.64）は，ニードには潜在的ニードと顕在的ニードがあるとする。潜在的（客観的）ニードとは，「ニードを有する人びとに自覚あるい

は感得されていないが，ある一定の基準に則して乖離を示し，かつその状態の解決が「社会的」に必要であるとみなされている状態」をいう。また，顕在的（主観的）ニードとは，「その依存的状態およびその解決の必要性が本人にも自覚，あるいは感得されている場合」をいう，とされている。そのうえで，「無告の民」[2]の声に耳を傾けるため，「代弁的機能」が重視される必要性を述べている。

　なお，新保（2016, p.2）のまとめによると，ブラッドショー（Bradshaw, J.）のニーズ論では，顕在的ニードと呼ばれているものについては，感得されたニード（felt need）と表明されたニード（expressed need）に分けて論じられている。そして，専門家，援助者によって判断されたニードを，規範的ニード（normative need）と呼んでいる。

## 5. ニードの基準的指標

　津田（2005, pp.66-67）は，ニードの基準に関する代表的な小澤温の分類を引用し，以下のようにまとめている。

> ①規範的なニード[3]——社会によって広く受け入れられている規範から見て，援助対象の水準が下回っている場合。
> ②最低基準ニード——生活維持に必要な最低限の基準を下回っている場合。
> ③比較ニード——援助対象者の生活している地域の平均水準を基準にし，その基準から下回っている場合。
> ④感じるニード——前項の「感得されたニード」であり，援助対象者自身が援助の必要性を感じている場合。

---

＊2　1874年の太政官達の「恤救規則」の言葉である。規則は，貧窮者の救済は，本来人民相互の情誼によるべきであるが，見ていられないほど困窮している「無告の民」（寄る辺のない者）に限って，生活費を与えることとした。

＊3　津田は小澤の表現をそのまま引用して「ニーズ」としているが，ここでは，三浦（1985）の用法や，これまでとの整合性から，「ニード」の用語を用いる。

⑤専門的基準によるニード——前項の潜在的（客観的）ニードであり，専門的知識から見た基準を設け，専門家から見てその基準を下回っていると判断された場合。

そのうえで津田は，三浦のニードの判断に関する考察を踏まえつつ，以下のように整理している。

これらの社会的な判断基準に則して利用者の置かれている状態を測定し，基準から逸脱していたり乖離しており，かつ，そのような状態が解決・軽減（改善）されることが社会的に必要であるという認識（社会的判断・社会的認識）が強く働いたときに，初めてその状態をニードとみることができる。そして，この社会的判断・社会的認識を妥当なものとするために，利用者，学識経験者，福祉サービス提供者に参加を求め，コンセンサスを得る必要がある。 (津田，2005, pp.66-67)

## 第3節　子ども家庭福祉ニーズ[*4]の諸相

### 1. 子ども家庭福祉ニーズの種類

子ども家庭福祉の具体的援助，サービスは，社会的存在である子どもや，子どもを養育・育成する営みである子育てを主として担う親（保護者）の具体的生活，福祉ニーズから始まる。それはまた大きく，①子ども自身の特性から生ずるニーズ，②親（保護者）の特性から生ずるニーズ，③親と子，家族の関係から生ずるニーズ，④子どもの生活環境から生ずるニーズ，⑤子育て環境から生ずるニーズ，⑥親子と地域との関係から生ずるニーズ，に大別

---

*4　前節においては，原則として集合的抽象的概念としてのニードについて解説，考察したため「ニード」を用いたが，本節では子どもや保護者等の具体的ニーズを扱うため，ここからはその複数形である「ニーズ」の用語を用いる。実際，社会福祉援助を必要としている利用者のニーズは単一のものではなく，いくつかのニードが複雑に入り組んでいるのが普通であるからである。

される。また，このようなニーズは，①時代が変わっても続いていくものと，②時代とともにその態様が変わっていくもの，③時代の変化とともに新たに生ずるものとがあり，社会全体の変容について常に視野に入れておくことが必要である。

　近年の社会における人々の人間関係に対する態度をひとことで表現すると，つながり，ソーシャルキャピタル（social capital：社会関係資本）の喪失，ということになるだろう。こうした現代日本が抱える病は，出生率の継続的低下や，子ども虐待の社会問題化に象徴される子どもを生み育てにくい社会をもたらし，保育所入所児童数，放課後児童クラブ登録児童数の激増，放課後子どもプラン，放課後子ども総合プランの相次ぐ提唱といった，子どもの抱え込み*5にもつながりかねない現象を生み出している。これらの一つひとつが，子ども家庭福祉ニーズを形作る。このほかにも，子どもの発達，保護者の生活状況を踏まえ，さまざまな福祉ニーズが発生してくることとなる。

　子どもが成長，発達していく途上や，子育ての途上で顕在化する可能性のある子ども家庭福祉ニーズの種類をまとめると，**表 2-1** のようになる。なお，これらの状態がすべてそのまま福祉ニーズにつながるわけでなく，それらの状態と環境との相互作用によって，福祉ニーズとして顕在化することになることに留意が必要である。

## 2. 顕在化する子育ち・子育てのニーズ

　障害，疾病，心理・行動上の問題といった子どもの発達，成長にまつわる

---

＊5　放課後子ども総合プランは，2014（平成 26）年度から 2019 年度末を達成年度とする閣議決定であり，5 年間で放課後児童クラブ定員を新たに 30 万人分整備して 120 万人とすること，新規開設分の 8 割を小学校内実施とし，全小学校区（2 万カ所）で放課後子供教室と一体的にまたは連携して実施，そのうち 1 万カ所は一体型で設置することを目指すものである。その後，整備目標定員の増加（122 万人）と，達成年度の 1 年前倒しが行われ，2018（平成 30）年には，2019（令和元）年度からの 5 年間で，さらに 30 万人分増やす新プランも決定されている。これにより，子どもたちは長期休暇も含め，その昼間生活のほとんどを学校内で過ごすこととなる。

## 表2-1 子ども家庭福祉ニーズの種類

| 領　域 | 問　題　の　種　類 |
|---|---|
| 身体的障害 | ● 肢体不自由（脳性麻痺，進行性筋ジストロフィー症，重症心身障害等）<br>● 視覚障害（盲，弱視，色弱等）<br>● 聴覚障害（ろう，難聴等）<br>● 平衡機能障害<br>● 音声・言語機能障害（失語，吃音，構音障害，音声障害等）<br>● 臓器機能障害（心臓，呼吸器等）等 |
| 知的障害・<br>発達障害等 | ● 知的障害<br>● 精神障害（統合失調症，うつ病，境界例等）<br>● 自閉症スペクトラム障害，注意欠陥/多動性障害，学習障害等 |
| 神経症，心身症，<br>難病 | ● 睡眠障害（不眠，夜驚，過眠等）<br>● 摂食障害（小食，過食，拒食，異食等）<br>● 神経性習癖（指しゃぶり，爪噛み，チック，抜毛等）<br>● 夜尿，頻尿，遺尿等<br>● 頻脈，心悸亢進等<br>● 強迫神経症・不安神経症等の神経症，ヒステリー，心気症等<br>● 学校恐怖<br>● 小児慢性特定疾病等難病 |
| 心理・行動上の<br>問題 | ● 不登校，緘黙，家庭内暴力等<br>● 引っ込み思案，分離不安，孤立等<br>● 非行，怠学，家出，校内暴力等<br>● 反抗，乱暴，かんしゃく，嘘言等 |
| 子どもの育ち，<br>子育て環境上の<br>問題 | ● 虐待，放任，遺棄等養育上の問題<br>● 子育て不安，育児と就労の両立困難等子育て環境上の問題<br>● 有害環境，遊び場不足，交通事故等地域環境上の問題<br>● いじめ，受験競争等児童の生活環境上の問題<br>● 子育てに対する経済的支援等社会環境上の問題 |

具体的ニーズが顕在化している。また，家庭や学校，地域の大人による子どもへの不適切な養育・関わり，体罰，子どもの遊び場の不足，有害なチラシの配布や第三者による子どもへの暴行，交通事故などが，子どもの豊かな生活を阻害している。さらには，子どもを消費者と見なすコマーシャルも氾濫し，子どもの心を蝕んでいっている。また，さまざまな事情で親と一緒に暮

らせず，施設や里親のもとで生活せざるを得ない子どもたちも，増加の傾向
にある。

　一方，現代の親は，今までの羅針盤が効かなくなった船の船長を演じざる
を得ない状況に置かれている。十分な準備もなく，いきなり子育ての海に船
出する親の不安はかき立てられ，しかも，船長役はまだまだその多くが母親
であり，不慣れな航海を助けるべきパートナーの父親も，多忙な仕事をその
ままにしながら育児参加を求められる社会のなかで疲れきっている。

　子育て航海の責任を，不慣れで不安な船長だけに押しつけていては，子育
て航海に旅立つ人はますます少なくなっていく。働きながら子育て航海に旅
立つ母親も，根強く広がる3歳児神話といった，いささか古めかしい羅針盤
の存在に迷いを深め，葛藤に悩まされることとなる。

　大人が大人中心に創り上げてきた効率優先社会は，子どもの存在や子育て
を，ともすると“足かせ”ととらえるようになり，「子どもの存在を許さな
い」少子社会を進行させ，また，この社会に生きている子ども，子どもを育
む営みである子育てをますます孤立させ，困難な状況に追い込んでいってい
る。まさに，子育て航海の行く手は波高し，といった状況である。

## 3. 重なり合うニーズ——子ども虐待を例に

　子ども家庭福祉ニーズは，いくつかの要因が重なり合うことにより生ず
る。たとえば，子ども虐待を例に考えてみる。子ども虐待は，通常，①親の
成育歴を含めた親自身の問題，②夫婦関係や家族の病気，単身赴任などのス
トレスに満ちた家庭状況，③近隣や親族を含めた社会からの孤立状況，④よ
く泣く，なだめにくい，その他いわゆる手のかかる子，育てにくい子など，
子ども自身の要因，⑤母子分離体験，相性の悪さなど，親と子どもとの関係
をめぐる状況など，さまざまな要因が複雑に絡まりあって発生する。

　子どもとの関係が確立する大切な時期に，父親が失職して家庭がピリピリ
していたり，3番目の子どもが生まれて大変な時期に母が入院せざるを得な
かったり，引っ越ししたばかりで友人がおらず孤立してイライラしていたり
など，さまざまな要因が重なって，子育てが追いつめられていくこともあ

る。

　もちろん，これらの要因のすべてが虐待を誘発する要因となるわけではないし，困難な状況下にあっても健康な親子のほうが多いのが実情である。これらは，虐待を生み出す可能性のあるリスク要因であり，リスクは適切な援助や本人の自覚などにより，回避できるものと考えなければならない。

　したがって，子ども虐待に関しては，特定の原因を捜して悪者探しをするような援助方法は，あまり有効ではないといえる。このことが原因でこのような結果になったといういわゆる因果関係は，たいてい本人もわからず，また，そもそもそのような原因に対して支援が困難であることも多い。それより，子ども虐待はさまざまな要因，すなわち“縁”が重なって生じている[*6]ととらえ，家族を含む全体的環境のなかで最も鍵となりそうな環境・人に働きかけ，行動の改善を図ろうとすることが，有効である場合が多い。

## 4. 子ども家庭福祉ニーズの諸相

### (1)　子どものニーズと保護者のニーズ

　子ども家庭福祉の援助活動は通常，主訴と呼ばれる子ども家庭福祉ニーズが持ち込まれることによって開始される。主訴を持ち込む利用者は，通常は子どもの親または親に代わる保護者である場合も多い。しかし，その主訴は，必ずしも保護者本人あるいは子どもの真のニーズを正確には反映していない。主訴は，保護者の意識や感情などのフィルターを通じて，たまたま表面に顕在化したニーズもしくはディマンドであり，その陰に別の真のニーズが隠されている場合も少なくない。つまり，保護者は，子どもの潜在化されたニーズに気づくことなく，また，自らの潜在化されたニーズにも気づくことなく，主訴，すなわち感得されたニーズもしくはディマンドとして表明する場合も，多く見られるのである。

　たとえば，「わが子に落ち着きがないので何とかしてほしい」との主訴で

---

[*6]　物事の成り立ちには，原因があって結果があるとする因果律と，種々の要因が一定の布置を形成することにより生ずるとする縁起律とがあり，子ども虐待や不登校，非行といった行動は，縁起律により説明するほうが適していると考えられる。

表 2-2　子ども家庭福祉において表明されるニーズの 4 種

| | 子どもの症状・感得されたニーズ | 隠されたニーズ |
|---|---|---|
| 子どものニーズ | ・盗みが止まらない | ・お母さん，もっと僕を見て！ |
| 保護者のニーズ | ・子どもを施設で治してほしい | ・もうこの子の養育はできない |

来談した利用者の真のニーズが，「わが子を好きになれず，このままでは虐待してしまいそうなので何とかしてほしい」という救助信号であったといったことは，よく見られることである。わが子の盗みを矯正するべく施設入所を希望したが，その子どもは，親に満たされない愛情欲求を，「盗み」という行動でサインとして表現していたといったことも見られる。

　この場合の親の主訴と子どものニーズは，逆方向である。このことから，子ども家庭福祉における福祉ニーズの表明には，①子どものニーズ，②親のニーズ，③子どもの症状・感得されたニーズ，④隠されたニーズの 4 類型があることがわかる。先の事例で説明すると，**表 2-2** のようになる。子どもの援助に関わるソーシャルワーカーは，この基本的視点に立って，子どもの症状や行動を手掛かりとして「隠されたニーズ」を探り，支援していかなければならないのである。

## (2)　ニーズの変容

　このことは子ども家庭福祉にとどまらないが，利用者のニーズは変容する可能性があるということにも，留意しなければならない。人間は固定的な存在ではなく，環境に自分自身を合わせ，また，環境を自分自身に合わせて変えていくなど，常に変化している存在である。したがって，初期のニーズは，状況により，また，自分自身や他者に対する気づきなどにより，変容していく可能性を持っている。わが子の問題に関する相談が，いつの間にか親自身の生き方に関する相談に変わっていくことも，よく見られることである。

　すなわち，相談として持ち込まれる子どもの福祉ニーズは，そのなかに存在する真のニーズ（潜在化されたニーズ，ないし保護者のニーズ）をつかむための，また，その後に展開するニーズの変容に向き合うための，いわば入

場券としての役割を果たしていると考えられる。このことは，先に述べたとおりである。子ども家庭福祉援助活動を行う者は，この入場券を手がかりとして，子どもと保護者，および彼らが関わりを持っている全体的環境のドラマに，参加していくことになるのである。

## 5. 子ども家庭福祉ニーズの諸相とソーシャルワーク

これらのことを踏まえ，子ども家庭福祉相談を例に取り上げ，子ども家庭福祉ニーズの諸相とソーシャルワークのあり方について考えてみることとする。

### (1) ニーズの把握について

前述したとおり，子ども家庭福祉において福祉ニーズを持つのは子ども本人であるが，しかし相談を持ち込む当事者は，福祉ニーズを持つ子ども本人とは限らない。それは，ひとくちに子どもといっても，そこには新生児から青年にまで至る幅広い年齢層が含まれ，子ども本人が自分の問題を認識して，その解決のために自発的に相談にくる場合ばかりではないからである。むしろ，子ども本人からの相談は少数であり，多くの場合，子どもの関係者つまり保護者，教師，地域の人々，施設の職員など，子どもと深い関わりを持つ人が問題や悩みを持ち込むことから，関わりが始まるといってよい。

したがって，そこには第三者の福祉ニーズ，つまり，子ども本人の問題や福祉ニーズではない，別の問題やニーズが介在することが多く，時としてそれが子ども本人の問題やニーズと相反する状況も出現する。つまり，相談に来た人が子どもの福祉ニーズの仲介者・代弁者ではなく，ニーズを持つ子どもに関わる者としての悩みや問題を持つ，独自の福祉ニーズ主体として担当者に関わってくることがよくあり，さらに，子どものニーズを持ち込んだ人のニーズとが二律背反的であって，しかも，その両方のニーズの充足を迫ってくる，という事態もよく見られる。

たとえば，前述した事例のように万引きを重ねる子どもの施設入所に関する相談を保護者が持ち込んでくる場合，保護者の顕在的ニーズは，「もう家

庭では面倒をみることができず，施設で矯正してほしい」というものである。しかし，その裏には，「もうこの子のために親戚や地域で肩身の狭い思いをしたくない」といった当該児童に対するネガティブな思い，潜在的ニーズが隠されている可能性もある。この場合，保護者の福祉ニーズは極論すれば，「もうこの子の養育はできない」ということになる。

　一方，当該児童がなぜ万引きを行うかということについて，子どもの身になって十分調査してみると，子どもの弟が病弱で自分には保護者の愛情を十分向けてもらえず，そのため，子どもは万引きをして，それを学校の友だちに配ることにより，自分の満たされない承認欲求を満たしていたことが明らかになることもある。この場合の子どもの潜在的ニーズは，「お父さん，お母さん，もっと僕のほうにも目を向けてよ」ということであり，そのニーズを子どもなりに精一杯全身で表現していることになる。この二つのニーズは，方向がまったく相反している。

　この場合，「保護者が悪い」と正邪の判断を下すことは容易である。しかし，それでは問題は何も解決しない。保護者に対して，「あなたの関わり方に問題がある」とワーカーが言い，具体的関わり方について助言したとしても，保護者がそれを受け入れることができなければ，「この子がいるために，私は苦労しなければならない」といったネガティブな感情をかえって増幅させ，子どもとの関係がかえって悪化し，子どもの行動障害を定着させる結果を招くことになってしまうかもしれない。

　子ども家庭福祉における援助活動においては，子どものこうした福祉ニーズを十分受け止め，それを当該児童の保護者にフィードバックしていくことは必要なことであるが，同時に，保護者のこうした感情をも十分受容し，保護者と一緒になって解決策を探っていくことが必要とされる。この過程で，保護者は自分自身にも目を向けることができるようになり，自分が子どもの頃やはり病弱で，元気な子どもが羨ましくてならず，そのことが，弟に対する過度の同情と当該児童に対する潜在的な敵意を生んでいたことを，洞察することができるようになっていくのである。

　その洞察の結果，当該児童に対する無意識の敵意は氷解し，同時に弟に対して取られていた過度の保護も是正され，自然な親子関係が再構築されてい

くことになる。こうした過程のなかで子どもの万引きもだんだん治まっていく。子ども家庭福祉援助とは，この過程を子ども，保護者とともに歩むことをいうのである。この例からもわかるように，子ども家庭福祉援助においては，子ども，保護者のそれぞれの福祉ニーズの調整が必要になる。ここに子ども家庭福祉ニーズの特性があるといえる。

## (2) 子どもの身体的・心理的・社会的特性と子ども家庭相談

　このような事態が起きる背景として，子どもの身体的・心理的・社会的特性を考えておく必要がある。たとえば，子どもの示す問題には，①特定の状況に誘発された一時的なもの，②ある発達段階に現れ，発達を適切に援助することにより解消するもの，③解消は困難であるが，適切な援助により軽減されるもの，などの質の差が見られるが，これらは大人と異なる児童の発達上の特性を反映している特徴である。

　また，特に低年齢の子どもは，①心身の発達が未分化であること，②日々発達する存在であること，③言語による自己表現が不十分であることなどの，身体的・心理的・社会的特性を有している。このため，これらの児童に対する相談援助活動を展開するにあたっては，①福祉分野のみならず，保健・医療その他の分野からの総合的援助が必要であること，②子どもの発達，学習の力を信頼すること，③言語以外の多様な手段を用いて子どもの真のニーズを把握し，場合によってはそれを代弁すること，などの視点がどうしても必要になる。たとえば，先述の例においても，子どもの真の相談ニーズを把握するためには，子どもの言葉のみに耳を傾けるだけでなく，子どもが万引きという行動で表現していることを共感的に理解すること，あるいは描画や自由な遊びを一緒にすることによって，子どもの絵や遊びの内容から真のニーズを理解する試みが必要不可欠になってくる。子ども家庭相談を行うにあたって，たとえばプレイルームなどが不可欠である理由の一つが，ここにある。

## (3) 顕在化されたニーズと「隠されたニーズ」

　子ども家庭福祉においては，他の領域と同様，利用者（この場合は保護

者）の主訴，ディマンドや顕在的ニーズを取りかかりとして，相談を開始することになる。しかし，その主訴は必ずしも，保護者ならびに子ども本人の福祉ニーズを正確に反映してはいない。主訴は，保護者の意識や感情などのフィルターを通してたまたま表面に出されたものであり，その陰に別の真のニーズが隠されている場合もあることに，留意しなければならない。つまり，主訴という顕在化されたニーズの裏に，「隠されたニーズ」があるかもしれないのである。

　それは，専門家によって把握，判断される「潜在的ニーズ」とも関連するが，それと同一ではない。「隠されたニーズ」は，子ども家庭相談を持ち込む保護者にも子どもにも存在しうる。また，それぞれ本人自身がそれとなく気づいている場合もあれば，まったく気づいていない場合もある。

　前述した万引きによる施設入所の相談事例でいえば，保護者の顕在化されたニーズは「子どもの万引きを施設で矯正してほしい」というものであり，その裏に隠されたニーズは，「この子の面倒はもうみたくない」「世間体が悪いので何とかしてもらいたい」ということであり，さらに，「この子をどうしても好きになれない私を何とかしてほしい」というものである。子ども家庭福祉の援助を展開していくにあたっては，このように主訴という顕在化されたニーズに引きずられず，利用者の真のニーズはどこにあるのかということについて，利用者との信頼関係を築き上げていくなかで，ともに探っていくことが必要である。

## (4) 主観的ニーズと客観的ニーズ

　利用者が訴えてくるニーズは通常主観的なものであり，専門家が客観的に見たニーズとは，必ずしも一致しないこともある。たとえば，「友だちにいじめられてつらい」という主訴に基づき調査しても，いじめの実態はなく，むしろ子ども自身が被害的になっているという事実に対する援助が必要，というような場合である。しかし，この場合においても，当該児童にとってはいじめられているということが主観的には事実であり，子ども家庭福祉においては，このニーズに十分着目することも必要である。

　また，主観的ニーズ，すなわち顕在的ニーズのみに拘泥することも適切で

はない。専門職のアセスメントにより，本人が気づいていない潜在的ニーズに結び付けていくことも必要とされる。その場合は，各種アセスメントツールに基づく客観性も必要とされ，いわゆる事例性（caseness）とともに，疾病性（illness）の視点も必要とされる。

## (5)　ニーズの変容

　利用者のニーズは前述したとおり，変容していく可能性があるということにも，留意しなければならない。人間は固定的なものではなく，常に変化している存在である。したがって，初期のニーズは状況により，また，自分自身や他者に対する気づきにより，変容していく可能性を持っている。先の例でいえば，保護者の相談ニーズは，初期の「子どもの施設入所」が，子どもの万引きの本当の意味を理解することにより，自分自身の精神的問題に直面し，「自分自身の生き方を考える」ニーズへと変容してきている。子どものことというよりは，自分自身の課題の解決に目が向いてきているのである。子ども家庭相談はこのように，必ずしも子どもに焦点を当てた援助を中心として展開するわけではない。むしろ，子どもに関する相談を契機として，親の課題解決に向けての援助に展開していくことのほうが多いといっても，過言ではないであろう。

　すなわち，相談として持ち込まれる子どもの問題は，これまで述べてきたとおり，子どもにとっては危機を訴える信号であり，自己表現の手段であり，あるいは第三者にとっての問題であったりし，そのなかに存在する真の問題をつかむための，いわば入場券のようなものである。相談を受ける者は，この入場券を手掛かりとして，子どもとその家庭を含む全体的環境のドラマに参加していくことになるのである。したがって，子ども家庭相談においては，主訴すなわち表面の問題やニーズに拘泥することなく，その本質を見抜いて，いつ，誰に，どういう対応をすることが最も適切なのか，常に判断していくことが求められる。

　たとえば，「落ち着きがない」という行動一つをとっても，①多動症候群や注意集中障害といった中枢神経系の器質，機能障害による場合，②家庭内葛藤や愛情欲求の不充足などにともなう注意引きなど，いわゆる情動不適応

の所産である場合，③①が基底にあって②を二次的に持っている場合，④いわゆるノーマルな活動性を親や教師等，まわりの人が受け止めきれず厄介に思っている場合など，種々の要因が考えられ，それぞれの場合において対応の方法は異なってくることに留意しなければならない。

## 第4節　子ども家庭福祉ニーズを考える

　ここで再び，子ども家庭福祉におけるニーズとは何かについて，2人の論者の考察を通して向き合うこととする。

### 1. 網野の欲求論について

#### （1）　発達の視点から見るニーズ論

　網野（2002, pp.15-16）は「欲求」を，「一人ひとりの生存および発達・適応の生物的，心理的エネルギー」ととらえる。そして，「そのエネルギーが行動として具現化される」ととらえている。そのうえで，行動する主体の基礎にある，欲求の2つの原理を提唱している。それは，「第一に，一人ひとりの人間に生起するいかなる欲求も生存および適応・発達上必然的な意義を持つ。第二に，一人ひとりの人間にとって充足されたいかなる欲求も，必然的に価値あるものと受け止められる」というものである。つまり，網野にとって，「欲求は必然的なものであり，それは意義があり，満たされた欲求は価値あるものとして，深くその生命に刻み込まれる」こととなるのである。そのうえで網野は，「社会福祉，児童福祉の原点，出発点は，この連続性のなかで生じる命〈いのち〉への畏敬であり，命〈いのち〉への価値的思考である」と述べている。

　こうした観点は，子ども家庭福祉におけるニーズ論を考えるうえで，極めて重要である。通常子どもは，親に向かう愛着形成という心的エネルギーが満たされることにより，基本的信頼感を心のうちに育むことができる。そして，そのうえに立って，子どもは社会関係を取り結ぶべく，社会にエネルギーを向かわせる。つまり，「一人ひとりの人間に生起するいかなる欲求も

生存および適応・発達上必然的な意義を持つ」のであり，「一人ひとりの人間にとって充足されたいかなる欲求も，必然的に価値あるもの」となるのである。そして，次の段階の欲求が生じることとなる。つまり，ある欲求が充足されると，次の欲求が生じることとなる。エリクソン（Erikson, E. H.）は精神分析学を基礎として，人間の発達は漸成的構造を持ち，ある発達段階の発達課題の克服のうえに次の段階に進んでいく，という視点を提示しているが，網野の視点はまさにこの観点に立つといってよい。

　なお，図式的にいえば，この基本的信頼感を得ることのできなかった子どもは，そこに向かうエネルギーを別の方向に向けることとなる。被虐待児童の確かめ（試し）行動，非行児童の非行文化感染なども，そのエネルギーが別の方向に向いたときに出現する行動であると考えられる。これは，愛着形成という方向に向かうエネルギーが不充足状態にあると，続く社会関係の形成に向かうエネルギーも不充足状態になるという，二重の不充足をもたらすことにもつながる。網野は，こうした行動の底にあるニーズについても，「一人ひとりの人間に生起するいかなる欲求も生存および適応・発達上必然的な意義を持つ」ものととらえ，かつ，「一人ひとりの人間にとって充足されたいかなる欲求も，必然的に価値あるもの」ととらえるのである。こうした視点は，子ども一人ひとりの行動（たとえそれが，社会的に是認されにくい行動であったとしても）の意義を，子ども一人ひとりの生活史を通して福祉ニーズとしてとらえ，そこに隠された欲求を必然的な意義，価値を持つものとしてとらえる姿勢につながる。子ども家庭福祉における福祉的援助を進めるうえで，最も重視しなければならない視点といえる。

## (2)　欲求の態様とニーズ論

　続いて網野（2002, pp.17-19）は，欲求の態様，分類について，「自己の行動と他者の行動をそれぞれ生起させる欲求を，両者の相互性を通じてとらえる必要がある」とし，以下の4つの態様を提示している。

　①生理学的欲求あるいは欠乏欲求に見られる want の要素。
　②達成欲求あるいは成長的欲求に見られる desire, wish の要素。

③社会的欲求として行為や態度等に示される demand, requirement の
要素。
④対人的, 社会的欲求をある結果にまで到達させようとする necessity,
need の要素。


そして,「人間における欲求は, これらの4つの態様が, 個別的にかつ統
合的, 総合的に示されているといえる」としている。
そのうえで, 福祉ニーズは, このいずれの要素とも深く関わるが, とりわ
け,「第四の要素, つまりある結果にまで到達させようとする necessity,
need の要素と最も密接に関連している」と考察している。この要素の特徴
は, 網野によれば,「自己の意識化の有無にかかわらず, その主張の有無や
如何にかかわらず, 生物的・心理的・社会的な必然性と必要性を帯びて他者
にその実行を求めている欲求」であるとする。そして, これを福祉ニーズと
定義している。その欲求は, 2つの方向性をもって充足されるとする。「1つ
は, 他者がその個人の欲求を継続的に肯定し受容する方向」(福祉マイン
ド・技術) であり,「もう1つは, 社会がシステムとして個々人の欲求を継
続的に肯定し受容する方向」(制度・権利) であるとしている。
これらは, 筆者が第2節で整理してきた, いわゆる教科書的なニーズ論と
も重なるところが多い。しかし, 網野のニーズ論の特徴は, その方法論と不
可分に考察されている点が特徴である。網野はこうしたニーズを需要ととら
えて, 福祉サービスを供給としてとらえる経済学の視点や, いわゆる政策論
としてのニーズ論を肯定しつつも,「主として人間としてのニーズという観
点から論述するので, 基本的欲求および発達欲求を個人的ないし社会的シス
テムとして肯定し受容する方向で受け止められるニーズについて論じる」と
している。この点は, 網野が福祉ニーズを, 先述した社会がシステムとして
肯定し受容する, いわゆる制度政策論としての福祉ニーズと, 他者が個別に
肯定し受容する, 臨床論としての福祉ニーズとに分類している点からも, う
なずけるところである。
こうしたニーズ論は, とかく分断されがちな社会福祉における制度論と臨
床論とを統合させるために欠かせないものといえ, 子ども家庭福祉における

福祉ニーズ論は，特に発達的視点を除外するわけにはいかないだけに，この
ような視点は重要とされる。

## 2. バイステックに見られるニーズ論と子ども家庭福祉ニーズ

　ソーシャルワークにおける援助関係の重要性を指摘したバイステック
（Felix P. Biestek）（1957／邦訳 2006，p. 17）は，ケースワークにおける援助関
係について以下のように定義している。

　　　援助関係とは，ケースワーカーとクライエントとのあいだで生まれる
　　態度と情緒による力動的な相互作用である。そして，この援助関係は，
　　クライエントが彼と環境とのあいだにより良い適応を実現してゆく過程
　　を援助する目的をもっている。　　　　　　　　（Biestek，1957，邦訳 p. 17）

　この定義は，先に A さんとその息子 B くんの事例を通して筆者が考察し
た福祉ニーズの真実を見事に示している。つまり，支援者である主任保育士
が A さんの置かれている現実に耳を傾け，傾聴し，共感していくことによ
り，支援者と A さんとの共同作業が始まり，その結果，A さんはやがて自
らの思いに気づいていくことになるのである。そして，A さんのより良い
適応が実現していくこととなる。
　バイステック（1957／邦訳 2006，p. 52）は，人間が持つ基本的な心理的ニー
ズについて「情愛，安全感，地位，自己表現，達成感，自立，そして新たな
体験などを求めることである」とし，続けて，「人間の心理・社会的ニーズ
は，参加すること，他者と経験を分かち合うこと，集団の規範に適応するこ
と，あるいは社会的承認や認知を得ることなどである」と述べ，「これらの
ニーズが否定されれば，欲求不満が生じることとなる」と述べている。これ
らは，マズローの自己実現論にも通ずるものがある。
　そして，バイステック（1957／邦訳 2006，p. 73）は，原則 2 の「クライエン
トの感情表現を大切にする」の説明のなかで，「結局，感情表出は，クライ
エントが彼の問題を自ら解決する原動力であるといってよい」「ケースワー

カーがクライエントの敵意や否定的感情をしっかりと受けとめる態度は，クライエントが自分を一人の個人として，また価値のある人間として感じられるようになる基礎である。この体験が，クライエントが自ら変化を成し遂げ，問題を解決しようとする最初の動機となるのである」と述べている。

この最初の動機をもたらすのが，先に述べた「入場券」なのである。バイステックの著作から読み取れるニーズ論は，援助関係に支持されながら，自らの隠されたニーズに気づくなど，ニーズを変容させながら自己実現に向かうクライエントの姿を映し出している。

## 3．子ども家庭福祉ニーズ論構築の必要性

ここまで，子ども家庭福祉における子どもの特性と福祉ニーズの特徴について考察を進めてきた。子ども家庭福祉では，主訴を持ち込むのはほとんどが保護者であり，場合によっては教師等の通告者，支援者である。子ども自身は，自身の福祉ニーズにさえ気づいていないこともある。

そのため，子どもの福祉ニーズは，前述したとおり通常，保護者のフィルターを通して顕在化することとなる。そして，保護者，子ども，通告者それぞれの福祉ニーズは，援助関係のなかで顕在化し，変容していく。子ども家庭福祉の福祉ニーズ論は，その基本構造の複雑さ，その変容のプロセスの複雑性とととともに，整理されていかねばならない。子ども家庭福祉ニーズの特性を踏まえたニーズ論の検討が，求められているのである。

# 第3章 社会福祉の理念と子ども家庭福祉

## 第1節 福祉的行為を成り立たせる基本原理

### 1. 社会福祉の原型としての福祉原理

　子ども家庭福祉の原理，理念を整理するうえでは，以下の３つの次元について考えることが必要である。

　第一が，福祉的行為を成り立たせる基本原理である。これには，人間をどのような存在と見るかという人間観なども含まれる。そこには，大きく，西洋的な存在論と東洋的な存在論とがある。ここでは，東洋的な存在論にも焦点を当てて論じる。第二が，福祉社会を目指す基本理念である。この分野は，主として西欧の人権思想や福祉国家論などが中心となる。第三が，主として子ども家庭福祉に固有に必要とされる原理，理念である。ここでは，子ども家庭福祉を念頭に置きながら，第一，第二の社会福祉の理念について検討を進める。

　福祉的行為とは，一般に，生活課題を有する人々に対する個人的，社会的な援助行為といえる。こうした行為は洋の東西を問わず昔から存在し，特に，宗教関係者によって語られ，実践されてきた。

　網野（2002, p.24）や小田（1993, pp.98-99）は，柴田善守の３つの類型を引用している。第一は，ギリシャのポリスにおける特定集団内の相互扶助であるアルムス（alms），第二は，ローマ帝国の社会体制の維持を究極目標とするアリメンタ（alimenta），第三が，キリスト教の神の愛の実践ともいう

第3章　社会福祉の理念と子ども家庭福祉　　77

べき，個人の自己否定から出発するカリタス（caritas）である。

　これらは西洋古代国家のありようを象徴するものであり，小田は，それら
は「現代にあっても，相互扶助型（アルムス），政策・計画型（アリメン
タ），神の愛の実践（カリタス）の3類型は，方法，手段，対象，呼称は異
なっても存在することはいうまでもない」としている。そして現代では，そ
れらの3類型が重層化して，展開されているとしている。いわば，相互扶
助，社会防衛，愛他主義の3つとして，福祉の規範原理を形成している。

## 2. 人間存在をとらえる原理①——主として東洋の視点から

### (1)　仁——儒教
#### ①仁
　一方，東洋においても，いくつかの福祉原理が認められる。友枝（1970,
pp. 342-343）は仁について，孔子（前551-前479）の理想的人間像を示す言
葉とし，仁の意義は多様であるが，仁愛と仁徳に分けて考えられるという。
ここで取り上げるのは「仁愛」としての仁であり，仁愛について友枝は，
「愛の仁は家族の孝弟にその端を発し，人間一般の愛に展開し，この仁愛の
体得者が君子であり，仁は君子の徳とされる」と述べている。いわば，人間
が有している人間愛ともいうべきものであるといえる。また，孟子は，人間
の本性たる仁義礼智を善として，性善説を打ち出した。また，いわゆる「惻
隠の心」*1を例に出して，愛の仁の先天性を説いている。
#### ②仁愛のメカニズム——網野試論から
　「仁」は，その語源をたどると，人を横から見た「イ」と「二」から成る。
つまり，人間が合い親しむ姿を示しており，「親しみ」「思いやり」の意とい
える。すなわち，「仁愛」としての「仁」である。
　福祉心理学，保育心理学を専門とする網野（2002, p. 194）は，「仁」の姿
に係る心理的メカニズムとして，「3つの感覚的協応」を挙げる。網野は，

───────
＊1　孟子の四端説（心の4つの作用）のうちの1つに，「惻隠の心」がある。その例と
　　して，今まさに井戸に落ちようとしている幼児を見つけたら，誰しも助けようとする
　　だろう。その心を「惻隠の心」と呼び，「仁」につながるとしている。

「その第一は，視覚的協応，つまり両者が眼と眼を見つめ合う関係である。その第二は，聴覚的協応，つまり両者がその声（子どもや言語表現にハンディキャップのある人の場合には声なき声も含まれる。）を通じて語ろうとし聞こうとする関係である。その第三は，つまり両者が肌を触れ合わせようとする（いわゆるスキンシップ）関係である。これらは，多くの場合密接に重なり合い，調和的な感覚的協応として，展開される」と述べる。さらに，「こうした調和的な感覚的協応が人間の基本的な生命エネルギーを育む」としている。そして，網野はこの視点を，いわゆる福祉マインド考察の根底に据えている。

　ところで，こうした調和的な感覚的協応は，子ども家庭福祉学における福祉原理，つまり，「育つ」力と「育てる」力に深く関わっているといえる。網野（2002, pp.195-196）は，こころ豊かな人間的相互作用に基づく福祉マインドという専門性が，人間，特に子どもの心に「3つの安全基地」を形成していくと述べる。

　すなわち，その第一は，中核的養育者との愛着（アタッチメント）の形成，第二が，子育て環境のなかで関わりを持つ，特定の人物（多くは社会的親）との関係，そして，第三の安全基地が自分自身であるとする。「多くの他者との共通性，共存性のなかに存在している私，そしてこの世で唯一無二の私という自我意識」により，価値ある私の存在に確信を持つことができ，また，それが「すべての他者の自律性や自立性，能動性や個性を尊重する意識を豊かに育ませること」を成り立たせる。そうした，2種のアイデンティティの確立が図られていき，それが第三の安全基地となると述べている。

　こうした人間観は，後述する福祉マインドを考えるにおいても，さらに，人間として育つプロセスを応援する子ども家庭福祉にとって，その対象たる子どもや人間存在をどのようなものとしてとらえるかについても，深く関わってくることとなる。福祉原理の重要な視点と考えられる。

## (2) 菩薩道——仏教

### ① 菩薩道

　仏教社会福祉の基本原理[*2]としては，まず，菩薩道を挙げることができ

る。菩薩とは，仏になろうと志し，修行する人をいう。菩薩は，自ら仏になろうとするとともに，他の人々を教化して仏になってもらおうという願いをおこし，長い期間にわたって修行を積み，ついに仏となる。その菩薩の修める道が，菩薩道といわれる。それは，自利利他の二行を完備する修行をいう。自利利他とは，自らの修行により得た功徳を，自分のものとすると同時に，他者の利益を図るために活用することをいう。

この視点は，親鸞が説いた往相回向および還相回向の二種回向の思想と連なる。往相とは，自らの積んだ善根を人々に振り向け，それが与えられることによって浄土に往生することをいう。また，還相とは，浄土に往生して，再びこの世界に入り来たって人々を救う働きのことをいう。この二つの働きは，ともに阿弥陀如来の本願力に拠っていると，親鸞は明らかにしている。

心の狭い自分に一切衆生とともに浄土に生まれたいという心が起こり，また，再び煩悩の満ちたこの世界に戻って衆生を教化したいと願う心が生じるのは，阿弥陀如来のはたらきによっているのだと，親鸞は語る。この働きに対する恩を実感するとき，人はそれを返す実践に歩みだす。これが「奉仕」であり，その道を菩薩道と呼ぶ。菩薩は，自利利他の二行を完備する修行を行う道を歩む。仏教社会福祉の拠って立つ援助観といってよいであろう。

なお，ここで述べられている仏教社会福祉の視点は，援助者からの視点であり，本来は受け手，利用者の視点から福祉原理が考えられるべきであろうという指摘には，謙虚に耳を傾けなければならない。そのためには，利用者が仏に出遭うことによってどのような宗教的新生を図るのか，いわば，仏教における自己実現論について考察する必要がある。この点については今後の課題としておきたいが，一つだけ例を挙げるとするならば，いくつかの経典に描かれている「縁起」を中心とする人間観，宗教的新生を，挙げることができるだろう。

### ② 縁起

仏教の根本的な社会観，人間観は，「縁起」であるといってよい。縁起とは，「これあるによりてこれあり，これ生ずるによりてこれ生ず。これなき

---

＊2　仏教における社会福祉の原理を主として共生の視点から考察した筆者の論文に，柏女（2016）がある。本書では，補章として採録している。

によりてこれなく，これ滅すればこれ滅す」という考え方をいう。物事はさまざまな「縁」「要因」が重なって生じている，と考えるのである。それはまた，因と果の縁をも包み込む概念として規定される。

　この考え方に従えば，人間とは固定的な存在ではなく，縁によってさまざまに変化する存在ととらえられる。その個人の生活課題は，人生におけるある特定の「縁」によって生ずるのであり，決して固定的なものではないととらえる考え方である。したがって，問題の原因を捜して，結局はその問題に最も苦しんでいる本人自身を追い込んでしまいがちな因果を乗り越え，その人を含む環境のなかで最もキーとなりそうな環境に働きかけ，そこを変えることにより全体を変化させ，ひいてはその人の問題をも変化させようとする方向を目指すことができる。それが，縁起の人間観，援助観であるということができる。

　万華鏡は，その模様を構成する細片はまったく変わらないが，一振りでまったく違った模様を形作る。むろん，人間やその環境はそんなに簡単に変われるものではないが，考え方としては，縁起に基づく人間理解が根底に必要である。臨床心理学的援助における家族療法や，ソーシャルワークにおけるエコロジカル・アプローチにも通ずる援助観であり，人間観，社会観である。

　なお，縁起による宗教的新生を経典から挙げるならば，観無量寿経における「王舎城の悲劇」*3 の物語のなかの韋提希夫人，仏説鬼子母経，法華経等における鬼子母神*4 などが挙げられる。いずれも，これまでの生き様が根底にあったうえで，釈尊との縁を契機に宗教的新生を図った物語である。社会福祉，子ども家庭福祉における原理として，人間をどのような存在とし

---

＊3　浄土三部経のひとつである観無量寿経が説かれた機縁となった物語である。マガダ国ビンバサラ国王とイダイケ（韋提希）夫人との子・アジャセが，出生の秘密を知って父母を幽閉し，父王の死，母イダイケの苦しみ，アジャセの懺悔などのエピソードが語られ，それが釈尊の機縁を得て，イダイケ，アジャセそれぞれが宗教的新生を図ったとする物語である。

＊4　仏教の伝説による。この鬼女が王舎城に出現して，民衆の子どもを奪い食ったが，釈尊に教導され，五戒を受け，以後王舎城の守護神となったといわれる。育児の神として信仰されている。経典にも取り上げられている。

て見るかという視点は，福祉の理念に大きくつながるテーマであるといえる。

## 3. 人間存在をとらえる原理②——主として西洋の視点から

### (1)　人権，個人の尊厳

坏（2017, p.223）は，福祉の原理を，存立原理と規範原理とに分けて論じている。そして，規範原理について，「何らかの行為や活動に方向性を与える根本的な指針」と定義している。そのうえで，福祉について，「「人間の尊厳」や「基本的人権」の尊重といった，普遍的価値の実現を究極の目的としている」（坏，2017, p.227）と述べている。

また，網野（2002, p.12）も「福祉」について，日本国憲法において保障される諸権利を踏まえつつ，「人間における尊厳性の原則，無差別平等の原則，自己実現の原則を理念とする健幸の実現のための実践及び法制度」と規定している。

こうした価値，原理について，平塚（2004, pp.92-93）は社会的価値と呼び，「社会的価値は，社会全体において人間福祉に関する価値意識に基づき社会福祉をはじめとするヒューマン・サービス制度全体の基本的な在り方を方向づけ，決定する価値である」とする。そして，この価値が政策的な価値に影響を与えること，社会的価値の諸価値は相互に矛盾することがあること，生活支援にとって重要な価値は社会的に合意されることが必要であること，などを指摘している。

このように，社会福祉においては，個人の尊厳，基本的人権の保障と権利擁護，自己実現などが，基本的な原理として描かれることとなる。いわば，人権思想の系譜ならびにその行きつく先に，こうした理念が存するのである。

なお，このような上位の目的を追求するため，坏（2017, p.228）は，そのための手段に関する原理があるとする。その例として坏は，供給原理（選別主義・普遍主義，必要原理・貢献原理），給付原理（保険・扶助），負担原理（応益・応能），援助原理（自立支援，ノーマライゼーション）などの個別原

理を挙げる。そして，福祉政策の規範原理は，「このような目的—手段連鎖の全体として了解され得る」と主張する。ただし，筆者の実践的考察によれば，これらの原理は相補的であると同時に相互浸食的でもあり，ひとつの原理の適用が別の原理を毀損する可能性があることにも，留意が必要である。

## (2)　自己実現

　自己実現とは，総括的にいえば，個人が本来持っている自己の能力を最大限発揮し，それを実現したいという要求を完遂させる活動，ないしはそれに向かっている状態をいう。自己実現という用語が初めて用いられたのは，網野（2002, p. 20）によれば，ゴールドシュタイン（Goldstein, K.）によってであるという。網野によるとゴールドシュタインは，「食，性等の動因による欲求やその他すべての動機が，生命の至高の目標，すなわち自己実現の顕在化された，明示化された姿であると考え，欲求が補充され，十分に充足されている状態を自己実現として意味づけていた」としている。

　続いて，人間性心理学の立場に立つマズロー（Maslow, A. H.）は，人間のニーズを階層的にとらえ，人間欲求の5段階説を示している（Goble, 1970）。すなわち，基本的なニーズとしての生理的ニーズをその根底とし，安定・安全のニーズ，所属と愛のニーズ，承認と自尊のニーズを挙げ，これらが欠損することによって個人は心身の健康を損ない，充足されることにより，さらに成長する動機づけが促されると主張している。さらに，これらの欠乏ニーズ，欠乏動機が充足されたとしても，人間には，真・善・美などの価値を求め，自己自身の可能性を最大限に発揮しようとする自己実現のニーズ，成長動機があることを示したのである。

　網野（2002, pp. 21-22）はマズローの成長動機について，「欠乏動機が相応にないし十分に充足されることにより，徐々に成長動機による欲求の充足にエネルギーが注がれていく。欠乏動機による欲求が充足されない状況にあると，成長動機へのエネルギーの発露に支障を来す」と述べ，続いて，「欠乏動機による欲求の充足は成長動機を高めるうえでも不可欠なものである」と述べている。そして，自身の視点について次のように提示している。「この段階においては，能動的な欲求，つまり他者を安全の下に保護し，承認し，

第3章　社会福祉の理念と子ども家庭福祉　　*83*

所属させ，愛するという欲求が，欠乏動機と成長動機と重なり合って発露されることである」と述べている。「……されたい」という欲求の裏には，「……したい」という欲求が隠されているという見解である。そして，欠乏動機が十分に満たされることが，相手の欠乏動機を満たしたいという心を発露させると考えるのである。

　網野は，ゴールドシュタインの基本的見解の重要性を支持し，「個性をもった各人が，その生命を全うするうえで必要な欲求が十分に充足される状態を自己実現と理解する。生命ある各人の欲求の意義と価値を確認することによって，自らのそして他者の欲求が十全に充足されていく過程，つまり自己実現を真に意義づけることができる」と述べている。そして，「とりわけ自己実現の欲求というのは，一人ひとりの人間が，統合的，全体的に自己の生存にとって有利な方向を志向しているということ，不快を回避することができ，より快適で幸福と感じる方向を志向していること，そして自己の利益になる方向を志向していることを洞察し，心に深く刻むこと」が重要であるとしている。そして，このことが他者にも当てはまるということを理解できるとき，次項で述べる「福祉マインド」の発露を促していくこととなると述べる。この，福祉マインドは自己実現の過程で生じるものであるともとれる理解は，傾聴に値する。

## (3)　福祉マインド

　いわゆる「福祉マインド」という用語は，日常用語，福祉教育分野の用語としては多用されているが，いまだに社会福祉関係の事典，辞典には掲載されていない。したがって，定義も確定していない。新野（2011，p.80）によると，福祉分野において「福祉マインド」の用語が初めて使用されたのは，1987年版『厚生白書』とされている。その他，1993年の厚生省告示「国民の社会福祉に関する活動への参加の促進を図るための措置に関する基本的な指針」においても触れられている。それらには，いわゆる福祉教育の視点が言及されているのみで，その定義などは規定されていない。福祉マインドが語られるときは，福祉教育分野におけるいわゆる「福祉の心」といった意味で用いられていることが多い。

ところで，新野は，福祉専門職にこそ福祉マインドの醸成が必要とし，その要件としての「福祉マインド」を，4概念に分けて提示している。すなわち，①価値／倫理としての福祉マインド，②援助実践の姿勢としての福祉マインド，③専門職の条件としての福祉マインド，④援助実践の契機（＝大義）としての福祉マインド，である。

　これに類する定義としては，日本学術会議社会学委員会社会福祉分野の参照基準検討分科会報告書「大学教育の分野別質保証のための教育課程編成上の参照基準——社会福祉学分野」（2015，pp.4-5）の「社会福祉学における福祉マインドは，人間の尊厳などの価値を踏まえて自らが社会的役割を実行するために必要な素養である」がある。さらに同報告書は，福祉マインドとは，社会福祉学を学ぶ学生が身につけるべきことであるとし，それは「個人と社会の幸福を追求し，それらが相互に連関していることを理解し，個人の問題解決と社会の連帯をどのように実現するかを俯瞰的にとらえることである。そして，そのことを説明できる力が「福祉マインド」である」ととらえられている。いわゆる「福祉の心」や「思いやりの心」とは，明確に一線を引いているといえる。しかし，その養成のあり方までは十分に踏み込んでいない。

　続いて，福祉心理学の確立を目指す視点から網野（1996，p.7）は，福祉心理学を「人間における尊厳性，平等，自己実現に関わる理念，実践及び法制度に関する心理学」と規定し，その理念のキーワードを「福祉マインド」としたうえで，「ヒトが自己の人間としての尊厳性，無差別平等，自己実現を求め，他者の人間としての尊厳性，無差別平等，自己実現を受容しようとする心理的機制」（網野，1996，p.8）としている。そして，福祉マインドについてその源流，すなわち，正義としての福祉マインド，徳性としての福祉マインド，愛としての福祉マインドをそれぞれ考察したうえで，福祉マインドの形成を，前述した自己愛と他者愛の均衡のとれた発達過程としてとらえなおすことにより，「従来のウエルフェアとしての福祉の限界，つまり「自己を犠牲にした」あるいは「自己の優位性を前提とした」他者への絶対愛を条件とする福祉の限界を超え，ウエルビーイングとしての福祉，つまり自ら及び他者のホールサムな自己実現を指向する福祉を展望することができる」（網

野，1996，p. 20）としている。

　続いて，網野（2002，pp. 22-23）は福祉マインドについて，「人間としての
ニーズと自己実現の意義を理解することにより，われわれは，福祉の基本的
理念をより深く洞察し，認識し，それに基づいた福祉を実践することができ
る」とする。そのうえで，人間におけるいかなる欲求も必然的なものであ
り，価値あるものであるという前提に立つことにより，「それぞれの人々の
欲求を福祉ニーズとして肯定し，受容する基本的態度とマインドを形成する
ことができる。そして，それ自身の「最善の利益」を求めて行動する自己を
受容し，他者を受容する福祉マインドともいうべき心の働きを促していくこ
とができる」とする。

　そして，「「私」がこれほどに強い自己実現の欲求をもっているならば「他
者」もそうであろうと，価値や主観を超えて受容し，配意することが，人間
における権利と義務の意識を醸成し，相互の権利と義務の調整に意を注ぐこ
とを促進する」と述べる。これがシステムを形作るとしているのである。そ
して，キリスト教や仏教などの宗教の教義にも触れつつ，「他者もそうであ
るがゆえに自己を愛することと他者を愛することとが連なるのであろうと，
認識するのである。ここに，他者の欲求を人間としてのニーズとして包括的
に受容し，自己と他者の権利，義務を調整する心の働き」が生まれるとして
いる。

　網野の福祉マインドに関する福祉心理学的考察は意義深いものがあり，前
述の福祉的行為を成り立たせる基本原理の一端をも，説明しているといえる
だろう。

## 第2節　福祉社会を目指す基本理念

### 1. 福祉社会づくりの理念

　社会のありよう，さらには，目指すべき社会についての社会福祉の原理，
理念としては，「共生」「ソーシャル・インクルージョン」「社会連帯」「公的
責任」などが挙げられる。ここでは，「共生」概念と，それを実現する政策

運動論とでもいうべき「ソーシャル・インクルージョン」を中心に考えてみる。その他，福祉社会づくりにおける重要な概念である「インディペンデント・リビング（自立生活運動）」「ノーマライゼーション」「インクルージョン」についても，その系譜と意義を述べておくこととしたい。なお，「共生」「ソーシャル・インクルージョン」の検討については，拙稿（柏女，2016）からの引用をもとにしている。

## 2. 共生

「共生」とは，『現代国語辞典』によれば，異種類の生物が同じところに棲み，互いに利害をともにしている生活様式をいう。また，共生とは，人間社会における各種の営みを「関係を生きる」共生の視点からとらえることであり，また，「共生」を形作ることのできる社会の仕組みや土壌を構築する営みを考えることである。さらに，対人援助や社会福祉における共生論とは，援助関係や社会福祉という事象を共生の視点から考えることをいう。

「共生」の喪失を取り戻すかのように，「共生」は一種の流行語のように，近年では生活や政策を語るときの常套句として使用される。内閣府の部署名や，障害者の日常生活及び社会生活を総合的に支援するための法律第1条の2など，法律用語として使用されたりもしている。各種報告書にも使用されている。

しかし，その定義は定まったものがなく，諸書においても，明確な定義のもとに使用されているわけではない。ここでは，内閣府の研究会[5]が引用した代表的な定義である寺田（2003, p.60）の「人々が文化的に対等な立場であることを前提とし，その上で，相互理解と尊重に基づき，自–他の相互関係を再構築するプロセスであり，それと同時に，双方のアイデンティティを再編するプロセスである」を提示しておきたい。

阿部は，ボランタリズムの存在理由について，聖書の「1匹の迷える羊」

---

*5　内閣府・共生社会形成促進のための政策研究会（2005）『「ともに生きる新たな結び合い」の提唱』p.13。

のたとえ話から次のように述べている。

　　　今までの福祉は1匹の羊を守ることに特別の使命を感じ，1匹の幸せ
　　を追い求めてきた。しかし，新しい福祉は，99匹に1匹のもつ価値と
　　社会的意味を訴え，参加を促そうとする。そして，1匹が99匹ととも
　　に役割をもつことを願う。なぜならば，1匹の問題は，100匹全体の問
　　題だからだ。1匹と99匹は不可分で，1匹の幸せが100匹全体の幸せを
　　高めるとの認識に基づく。……この1匹と99匹を結びつける絆を「連
　　帯」とよぶ。連帯とは，100匹全体のなかで，それを構成する1匹と1
　　匹とが協同する精神をいう。　　　　　　　　　　　（阿部，1997，p. 88）

　共生の理念は，社会連帯*6の理念とも深く結びつくのである。

## 3. ソーシャル・インクルージョン

　ソーシャル・インクルージョン（social inclusion：社会的包摂）とは，も
ともと1980年代にイギリスやフランスで起きた，移民労働者や少数民族へ
の排斥運動が発端となっている。住民票がない，貧困，障害など，複数の問
題を抱え，社会的に排除される人がいる状況に対して，社会の構成員として
包み支え合う多様な社会を目指そうと，90年代から政策運動が広がった。
いわば，ソーシャル・イクスクルージョン（social exclusion：社会的排除）
との対抗理念として登場した理念である。

---

＊6　社会福祉基礎構造改革について（中間まとめ）（1998）は，「これからの社会福祉の
　　目的は，従来のような限られた者の保護・救済にとどまらず，国民全体を対象とし
　　て，このような問題が発生した場合に社会連帯の考え方に立った支援を行い，個人が
　　人としての尊厳をもって，家庭や地域の中で，障害の有無や年齢にかかわらず，その
　　人らしい安心のある生活が送れるよう自立を支援することにある」と述べ，「社会連
　　帯」の考え方をその理念としている。なお，その後の「追加意見」にも，「個人の責
　　任に帰することのできない事柄を社会全体で包み支え合う」ことをいうと，同様の記
　　述が見られる。また，林（2014，p. 30）は社会連帯を，「社会を構成する個々の
　　人々に対する『人間としての責任』を強調する道徳的行動原理である」としている。

わが国では，2000（平成12）年，厚生労働省に設置された「社会的な援護を要する人々に対する社会福祉のあり方に関する検討会」において，「包み支え合う（ソーシャル・インクルージョン）ための社会福祉を模索する必要がある」と，新しい社会福祉の考え方が示された。従来は，戦後の混乱した社会を背景に社会福祉が構築されてきたが，現代ではストレスなどを含めた「心身の障害・不安」，外国籍などの「社会的排除や摩擦」，虐待などの「社会的孤立や孤独」などの問題が重複・複合化しており，これらの問題が社会的孤立や排除のなかで表面化しないため，複眼的な取り組みの必要性を指摘している。そのうえで，地域社会のつながりの強化などが求められたのである。

その後，貧困，虐待，孤独死など，社会福祉のひずみが増大しており，全国社会福祉協議会（2010, pp. ii, 2）が2010（平成22）年12月にまとめた『全社協・福祉ビジョン2011』では，「さまざまな福祉課題・生活課題の多くは，家庭機能の低下，地域社会の機能の脆弱化と深く関わっている」と指摘し，また，特に「子どもの貧困，虐待などについては，世代間を連鎖するという深刻な問題」でもあると指摘している。さらに，そのような社会における生活問題の解決にあたっては，「現在の福祉課題・生活課題の多くは，つながりの喪失と社会的孤立といったことと関わりが深く……」と認識し，制度内の福祉サービスの改革とともに，制度外の福祉サービス・活動の開発・展開を主張している。

このように，ソーシャル・インクルージョンは，失われ，やせ細りつつある「共生」を政策的に解消しようとする概念であり，方向性であるといえる。今後は，共生社会を創出するためのソーシャル・インクルージョンが，強調されなければならない。

## 4. 仏教社会福祉の視点から見た「共生」

ところで，起源や意味内容は異なるが，仏教においてもソーシャル・インクルージョンにつながる思想は見られる。それは，「一切衆生悉有仏性」（すべての存在ことごとく仏性を有している）といった考え方や，椎尾弁匡の

「共生（ともいき，ぐしょう）」の提唱，歎異抄の「悪人正機」にも通ずるものである。後述するノーマライゼーションにしても同じである。

　仏教は，「共生」の生き方を強調する。共生（仏教では，「ともいき」「ぐしょう」と読むことが多い）とは，縁起思想に基づく自他の関係を表す概念であり，人々が構成する社会のありようと生き方を示す概念であるといえる。縁起とは，物事はそれ自体として存在しているわけではなく，種々の要因（縁）が相互に関連しあうことによってのみ存在する，という考え方である。

　中国の善導大師は，『往生礼讃』のなかで，「願共諸衆生／往生安楽国」（願わくは諸の衆生と共に／安楽国に往生せむ）と語る。これが，椎尾弁匡[7]によって共生（ともいき，ぐしょう）として提起され，仏教社会福祉における独自の共生概念を形作ることとなる。それは，同時代の人々が共に生きるという横軸の共生だけではなく，過去から未来へつながる「いのち」の共生，つまり縦軸の共に生きる意味も有していると考えられる。私たちの命は，はるか昔から綿々と伝えられているのと同時に，子や孫といった未来へとつながっていく命でもあるという意であり，過去から未来へつながっていく多くの命と共に生かされていることも含まれている。

　藤森（2006，p.79）は，椎尾の言葉を取り上げつつ，「「往生」の生は，共に生きるということ」と述べるとともに，「人間が本当に生き，心の人生を全うすること（真生）こそ，「縁起を認識すること」であるとして，「縁起」をいいかえ，より近代的な意味づけを果たす概念として「共生＝ともいき」と表現したのであった」と述べている。そのうえで，「「自他不二」の縁起的相関関係を基盤にもつ「共生」は，現代社会に対応する仏教の社会的役割を根拠づけ，相互の交流と連帯を強化しながら，みんなのためのみんなの福祉を具現化する仏教社会福祉の重要な価値概念になっている」と主張する。

　ちなみに，「自他不二」とは，自己と他者が一体であることを指す。自分も他者も関係のなかの存在であり，自分を愛することは，他者と不可分の関

---

＊7　椎尾弁匡（1876-1971）は，「共生：ともいき」を提唱した浄土宗僧侶。大正大学学長。椎尾は，「社会的に解脱し真の共生を完うすべきである」とし，諸縁和合による仏教の社会化を求める共生運動を主唱し参画した（池田，2006，p.127）。

係にある自分，すなわち他者を愛することにもつながるとの視点である。それは，自と他は本質的に分けられないという，いわば「無の哲学」（佐伯，2014，p. 26）ともいうべき思想体系に通ずるものである。そこから，自と他も一体として生かされている感覚が生まれる。「共生」は「生かされている」感覚から生じ，生かされている命を他者のために使うという「利他共生」につながり，社会福祉の理念としての意義を持つこととなる。

## 5．その他の理念

### (1)　インディペンデント・リビング

　京極（2017，p. 235）によると，1960 年代後半のアメリカで，障害者の自立生活運動が盛んになり，わが国の「自立生活を支援するという理念」にも影響を与えている。京極は自立生活運動について，「それは，障害者を国や地方行政による単なる社会的保護の対象とだけ見るのではなく，障害者の潜在能力を発揮させて自助努力や相互扶助を強調し，それに足らないものに必要な公的支援を求める」（筆者一部改変）というものであるとする。完全参加と平等（full participation and equality）や，「私たちのことを私たち抜きに決めないで」（nothing about us without us）にもつながる理念であるといえる。子ども家庭福祉分野においても，社会的養護のもとを巣立った人たちの自立支援や当事者運動の支援は，大きな課題とされている。

### (2)　ノーマライゼーション

　1960 年代，北欧では，ノーマライゼーション（normalization）が障害福祉の理念となった。京極（2017，pp. 235-236）は，デンマークにおけるバンク-ミケルセン（Bank-Mikkelsen, N. E.）らによる「1959 年法」に見る，「知的障害者が可能な限り普通の生活状態に近い生活を創造すべきである」を紹介している。さらに，スウェーデンのニイリエ（Nirje, B.）やアメリカのヴォルフェンスベルガー（Wolfensberger, W.）らの原理を紹介しつつ，ノーマライゼーションの原理の重要性を指摘している。そのなかで京極は，以下に示すニイリエの 8 つの具体的原理を紹介している。

①1日のノーマルなリズム。

②1週間のノーマルなリズム。

③1年間のノーマルなリズム。

④ライフサイクルでのノーマルな経験。

⑤ノーマルな要求の尊重。

⑥異性との生活。

⑦ノーマルな経済的基準。

⑧ノーマルな環境基準。

これらは，具体的で示唆に富む。

筆者なりにノーマライゼーションを簡潔に規定すれば，以下のようになる。

　　障害のある人もない人も，大人も子どもも高齢者も，すなわち，いろんな人々がともに暮らせる社会こそがノーマルな社会である。

従来，障害を有する人々を社会から隔離して処遇してきたことが，必ずしも障害者本人の思いから出発したものではなかった，という反省から編まれた考え方である。いわば，「あたりまえの生活」ということになる。

あたりまえの生活の保障は，各種の生活課題を有する人々を支援する際に，最も当てはまる。筆者は 2011（平成23）年度，社会的養護関係5施設種別の運営指針を策定する検討会の座長を務め，5施設種別運営指針に共通の総則に「あたりまえの生活」の保障を原理として記述[8]した。社会的養護のもとにいる子どもたちに「あたりまえの生活」を保障することは，社会的養護にとっても最大の課題といえるだろう。

---

[8]　社会的養護関係5施設種別の運営指針の第Ⅰ部総則においては，社会的養護の原理の第一に「家庭的養護と個別化」を置き，「社会的養護を必要とする子どもたちに「あたりまえの生活」を保障していくことが重要であり」と記述した。ただ，あたりまえの生活を具体的に表現することはせず，現場の議論に委ねることにした。そのことが，議論の広がりと深まりを生み出すと判断したためである。

なお，網野（2002, pp. 147-148）は，ノーマライゼーションとインテグレーション（integration）の関係について，「ノーマライゼーションとともにインテグレーションの理念も，保護・扶助としての福祉を通じた結果の平等の実現に欠かせない理念となっている。それは共に〈同等に，平等に〉という主旨を基本としているが，インテグレーションは，ノーマライゼーションが示す〈普通の，当たり前の〉という理念を，〈共に，一緒に〉という主旨で具体的に実現する方法として促進されてきた」と述べる。これは，メインストリーミングといった用語ともほぼ同義である。そして，「ノーマライゼーションやインテグレーションは，保護・扶助としての福祉の発展の一つの究極的状況であり，健幸としての福祉[*9]への確かな第一歩を定位している」と述べている。

## (3) インクルージョン

インクルージョン（inclusion）の理念は，前述したソーシャル・インクルージョンとは別の経緯を持つ理念であり，教育や福祉の領域においては，「障害があっても地域で社会資源を利用し，地域社会に包容されることを目指す」理念である。インクルージョンが注目された契機としては，1994年にスペイン・サラマンカで開催された，ユネスコの「特別ニーズ教育世界会議」で採択し宣言された，「サラマンカ声明」によるところが大きい。そのため，障害児教育分野において，「インクルーシヴ教育」などとして用いられることが多くなっている。障害児教育における，いわゆる統合（インテグレーション：integration）による教育の考え方をさらに進め，共生教育の理念を基盤にしているといえる。これらを踏まえ，網野（2002, p. 149）は，「結果の平等を具現化するノーマライゼーションやインテグレーションに対し，インクルージョンは機会の平等の具現化を保障する理念であり原則であると考える」と述べている。

---

＊9　網野（2002, pp. 30-35）は，福祉を保護・扶助としての福祉と健幸としての福祉に二分し，前者を「問題が発生してから機能する保護・扶助としての福祉（welfare）である」とし，後者を「保護・扶助としての福祉を超えた積極的，育成的な健幸としての福祉（well-being）である」としている。

なお，障害者の権利に関する条約第19条は，地域社会への包容（インクルージョン）・参加について，以下のように既定している。

> 「この条約の締約国は，全ての障害者が他の者と平等の選択の機会をもって地域社会で生活する平等の権利を有することを認めるものとし，障害者が，この権利を完全に享受し，並びに地域社会に完全に包容され，及び参加すること（full inclusion and participation in the community）を容易にするための効果的かつ適当な措置をとる」

## 6. 子ども家庭福祉理念の理論化に向けて

子ども家庭福祉を展開していくうえで最も重要なのは，その理念であり原理である。そのためには，社会福祉全体の理念や原理から学ぶ必要がある。本章は，その部分について検討を行ったものである。仏教社会福祉の原理や共生については，筆者のこれまでの論考から引用しつつ取りまとめている。それらについては，本書補章をご参照いただきたい。

このほか，子ども家庭福祉に固有とされる原理の検討を進めていくことが必要である。たとえば，子どもの最善の利益をどう考えるか，地域子育て家庭支援の原理，理念をどう整理するか，それらは子どもの特性を踏まえた公，共，私の相互関係としてとらえられることとなる。その考察は，第4章，第7章において考察を進めている。子ども家庭福祉の実践にはどのような原理が通底していなければならないのか，その理論化が必要とされる。

# 第4章 子どもの最善の利益

## 第1節 子どもの最善の利益の系譜

### 1. 社会福祉の理念と子どもの最善の利益

　社会福祉の理念は，一人ひとりの人間を個人として尊重し，その権利を擁護し，自己実現を可能な限り支援していくことである。子ども家庭福祉の理念もこれと本質的に異なるものではないが，子どもの場合，心身ともに未成熟であることをもって，成人の側の「子どもの最善の利益」を図る義務が，歴史的に強調されてきた。本章では，子どもの権利，さらには子ども家庭福祉の理念の歴史的系譜についてたどるとともに，子ども家庭福祉展開上の理念として最も重要な概念である，子どもの最善の利益の諸相について，考察を進める。

### 2. 子どもの最善の利益──子どもの権利保障の系譜

　杉田（1991, pp.16-20）は，児童の権利に関する条約（以下「子どもの権利条約」）の思想的背景について歴史的経緯をたどりつつ考察している。また，森田（1986, pp.13-21；1991, pp.607-633；1992, pp.22-28）は，少年司法における保護と適正手続きの関係について，法思想史的に考察している。さらに，福田（1992, p.75）も児童人権思想の系譜をたどりつつ，子どもの権利条約の意義について考察している。

第4章　子どもの最善の利益　　*95*

ここでは，これらを踏まえ，世界的に見た子どもの権利保障の系譜を俯瞰し，それがわが国にもたらす影響について考察することとする。

## (1)　パレンス・パトリエ

19世紀以前の英国に見る「子どもの権利」概念として，パレンス・パトリエ（parens patriae：国親）の概念がある。これは，「本人にとって利益であることをもって，行為の自由に干渉することを正当化する」という，いわゆるパターナリズムの考え方に基づくものであり，親によって保護と救済が十分に受けられない子どもを，国家が親に代わって保護と救済を行うという考え方である。

## (2)　子どもの最善の利益

この思想に従えば，必然的に親の権利という「私権」と，国家の後見という「公権」との対立を含むことになり，これを解決する概念として，「子どもの最善の利益」（the Best Interest of the Child）という概念が導入された。

この概念を最初に用いたのはエグランティン・ジェブ（Jebb, E.）[1] で，彼女が中心となって当時の国際連盟に提案した児童権利宣言の草案（1922年）のなかに，初めて見られている。これが，1924年の国際連盟の「児童の権利に関するジュネーブ宣言」や，国際連合の「児童の権利に関する宣言」（1959年）に，次のように引き継がれていき，子どもの権利を構成する主要な概念となっていったのである[2]。

すなわち，「児童の権利に関するジュネーブ宣言」前文（福田，1992，p.75）における「……すべての国の男女は，児童に最善のものを与えるべき責を負うことを認識しつつ，……」という文言や，「児童の権利に関する宣言」前文における「……人類は，児童に対し，最善のものを与える義務を負うものであるので，……」といった文言が，このことを示している。そして，この

---

[1]　1919年にイギリスで組織された児童救済協会（後に国際組織に発展して，国際児童救済基金連合となる）の指導者。
[2]　これらの経緯については，山縣（2013，pp.2-3）も簡潔にまとめている。

概念は 1989 (平成元) 年に国際連合で採択された児童の権利に関する条約
(子どもの権利条約) にも引き継がれ, たとえば, 第 3 条の「児童に関する
すべての措置をとるに当たっては, ……児童の最善の利益が主として考慮さ
れるものとする」などの表現として見られている。

### (3) 受動的権利

　この場合の子どもの権利とは, 「子どもの最善の利益」に対応する「保護
を受ける権利」, すなわち受動的権利[*3]であるといえる。この権利概念は,
すでに見てきたように子どもの権利概念として国際的に定着しており, わが
国の児童福祉法, 児童憲章等に見られる子どもの権利概念も, 主としてこの
考え方によっている。すなわち, 2016 (平成 28) 年改正児童福祉法までの児
童福祉法第 1 条第 1 項, 第 2 項, 「①すべて国民は, 児童が心身ともに健や
かに生まれ, 且つ, 育成されるよう努めなければならない。②すべて児童
は, ひとしくその生活を保障され, 愛護されなければならない」, および児
童憲章前文の, 「児童は, 人として尊ばれる。／児童は, 社会の一員として
重んぜられる。／児童は, 良い環境の中で育てられる」という表現, および
本文の「すべての児童は……」に始まり, 「……れる」に終わる表現に代表
される受動態の記述が, このことを物語っている[*4]。

### (4) 能動的権利

　しかるに, 1948 (昭和 23) 年の「世界人権宣言」国際連合採択を経て,
1960 年代からのアメリカにおける差別撤廃運動が, 1966 年の「世界人権規
約」国際連合採択として実を結び (わが国は 1979 年に批准), それが性差に
よる差別撤廃としての「女子差別撤廃条約」の国際連合採択 (1974〈昭和
49〉年, わが国は 1985〈昭和 60〉年に批准) に引き継がれ, 第三の波として

---

[*3]　受動的権利, 能動的権利の用語を初めて定義して用いたのは, 網野武博 (2002 ほ
　か) である。網野 (2002, p.74) は, 受動的権利について説明ののち, 「これら義務
　を負うべき者から保護や援助を受けることによって効力を持つ権利である」としてい
　る。また, これに対する能動的権利について, 「人間として主張し行使する自由を得
　ることによって効力を持つ権利である」としている。

年齢による差別の撤廃を引き起こすこととなった。

　ここにおいて子どもの権利は，従来の「保護を受ける権利」から「人権としての権利」すなわち，成人とほぼ同質の権利を保障する能動的権利にも，その比重が置かれることとなっていったのである。

## （5）　子どもの能動的権利の保障

　ところで，1989（平成元）年11月に，国際連合が採択した子どもの権利条約は，子ども家庭福祉の基本的考え方を受け継ぎつつも，子どもも主体的に自分の人生を精一杯生きようとしている存在であるという，権利行使の主体としての子ども観を鮮明に打ち出した点において，画期的なものとなっている。すなわち，子どもの意見表明，思想・良心の自由など，成人と同様の権利を保障しようとし，成人の義務から派生する受動態の権利のみならず，子どもの能動的権利をも保障しようとするものである。わが国はこの条約を，1994（平成6）年に締結している。ユニセフ（UNICEF：国際連合児童基金）は，本条約が定める権利を，生きる権利，育つ権利，守られる権利，参加する権利の4種に整理している。

　さらに，国際連合が2006（平成18）年に採決した障害者の権利に関する条約[*5]も，その第7条（障害のある児童）において，子どもの権利条約の趣旨を引き継ぐとともに，意見を表明するために支援を提供される権利を有することを言明している。わが国はこの条約を，2014（平成26）年1月に締結

---

*4　2016（平成28）年改正児童福祉法によって，約70年ぶりに児童福祉法第1条，第2条が以下のとおり改正された。その文言は現代にマッチした表現になっており，「権利を有する」と表現されているが，子どもから見た権利の記述が，受動態であることは変わっていない。

　第1条　全て児童は，児童の権利に関する条約の精神にのっとり，適切に養育されること，その生活を保障されること，愛され，保護されること，その心身の健やかな成長及び発達並びにその自立が図られることその他の福祉を等しく保障される権利を有する。

　第2条第1項　全て国民は，児童が良好な環境において生まれ，かつ，社会のあらゆる分野において，児童の年齢及び発達の程度に応じて，その意見が尊重され，その最善の利益が優先して考慮され，心身ともに健やかに育成されるよう努めなければならない。

している。

## (6) 受動的権利と能動的権利の併存

　しかしながら，子どもは成人に比し，心理的・社会的に未成熟であるため，親等による保護・指導の必要性を消し去ることはできず，結果として，子どもの権利条約においては，この両方の権利概念が併存するという結果になったのである。そして，そのことを象徴している条文が，第3条の「児童の最善の利益」や，第5条「親の指導」，第18条（児童養育に係る親の第一義的責任），および第37条，第40条の刑罰に関する保護規定等の子どもの保護に関する規定と，第12条「児童の意見尊重」，およびそれ以下の自由権規定であると考えられる。ちなみに，この両方の子どもの権利概念，子ども観の併存については，杉田（1991, p.20）も，「『条約』の児童観の中には『依存』と『自律』という2つの異なる要素が整合化されないまま併存している」と考察している。

　子どもは，他の成人の少数グループのように，力，ソーシャル・アクションによって権利を勝ち取っていくことはできない。そういう意味では，子どもの権利保障の系譜は，子どもの権利は常に成人の掌の中にあるということを物語っている。これらの系譜を通し，現在の子ども家庭福祉の理念は，子どもを受身的存在として保護するだけでなく，子どもの意見を聴き，それを尊重しつつ，また，子どもの生存，発達および自立に関する固有の権利を，積極的に保障することにあるといえる。

---

＊5　国際連合が採択した障害者の権利に関する条約第7条（障害のある児童）は，以下のとおりである（政府訳）。
　1　締約国は，障害のある児童が他の児童との平等を基礎として全ての人権及び基本的自由を完全に享有することを確保するための全ての必要な措置をとる。
　2　障害のある児童に関する全ての措置をとるに当たっては，児童の最善の利益が主として考慮されるものとする。
　3　締約国は，障害のある児童が，自己に影響を及ぼす全ての事項について自由に自己の意見を表明する権利並びにこの権利を実現するための障害及び年齢に適した支援を提供される権利を有することを確保する。この場合において，障害のある児童の意見は，他の児童との平等を基礎として，その児童の年齢及び成熟度に従って相応に考慮されるものとする。

## 3. 子どもの発見と子ども観の系譜

こうした流れを創り出してきた根幹として忘れてはならない子ども観の系譜として，ルソー（Rousseau, J. J.）やエレン・ケイ（Key, E.）らの西欧思想史を形成した人々がある。西欧において，これまで「小さな大人」ととらえられていた子どもについて，子どもも自由な人権の主体であると主張したのがルソーであった。大人と異なる存在としての「子どもの発見」として，その後知られることとなった。この視点は，「20世紀は児童の世紀」としたエレン・ケイに引き継がれる。

ケイはスウェーデンの女性評論家，女性・児童の人権運動家であり，『児童の世紀』（1900年）を著して，20世紀初頭の児童中心主義教育運動を導いた。ルソーに引き続いて家庭教育を重視し，また，子どもの人権を広く社会問題としても論じた人物として著名である。子ども主体の思想と実践を展開したコルチャック（Korczak, J.）の影響も大きい。

また，イギリスにおける幼児学校の創始者であるオウエン（Owen, R.）は，労働者の子弟の教育に尽力し，幼児学校ではのびのびとした環境のなかで，幼児の自発的で自由な活動を重視した。このほかにも19～20世紀にかけて，スイスの教育思想家，実践家であるペスタロッチ（Pestalozzi, J. H.），ドイツの教育者で世界初の幼稚園創始者のフレーベル（Froebel, F.）らがおり，デューイ（Dewey, J.）やモンテッソーリ（Montessori, M.）らとともに，子ども中心の教育を生み出していくこととなる。こうした教育思想や実践の系譜も，子どもの権利や子ども中心の考え方として重要である。

## 第2節　わが国における子どもの最善の利益

### 1. わが国における子どもの権利保障の系譜──子どもの権利の尊重：「親族の情誼」から「子権のための介入」へ

子どもの権利を尊重することは，後述するように，親の利益と子どもの権

利が対立する場合に，どのような原理で親権に介入すべきかという視点が重要とされる。具体的には，子どもの利益と親の利益が対立する，たとえば親権をはさんだ対立が生じたような場合に，どのようにしてその調整を図っていくかといったことについても，検討が必要である。すなわち，典型的には子ども虐待の事例に現われるが，子どもの援助をめぐる「親権」と「子権」の相克，「子どもの最善の利益」のために介入しようとする「公権」と，家庭・保護者の養育・監護の権利やプライバシーの尊重などの「私権」との相克の問題について，調整する仕組み・プログラムを考えていくことが必要である。

　この点に関し，高橋（1994, pp.33-35）は，わが国の法制度は親権の伝統的な強さともあいまって，国（行政・司法），親，子の3者関係が欧米諸国に比してあいまいであり，「公権」が「親権」や「私権」に対して，「子権」確保のために介入する思想や手段が限定的であると指摘している。高橋は，児童と親（家族），国の三者の関係について，英米法およびローマ法の枠組みとわが国のそれとを図4-1のように図示したうえで比較を行い，「親権を絶対視した日本の枠組みは，3つの枠組みの中で最も国（state）または公（public），社会（society）からの児童に対する保護や家族への介入が消極的な枠組みではないだろうか」と考察している。

　実際わが国においては，たとえば，児童福祉法第30条の同居児童の届出，同法第34条第1項第9号の有害支配の禁止規定*6が，4親等内の者を除外していることの厚生省児童家庭局（1991, p.237）による理由が，「親族の情誼に委ねる」とされていたことに代表されるように，親権や親族にかなりの信頼を置いていたのが歴史的経緯である。平成期に公権介入システムの強化が図られているが，わが国においても，欧米のように，「親権や私権に公権が介入することにより生ずる問題よりも，子権を守ることのほうが重要」（柏女ら，1992, p.9）という思想を定着させていくための努力を続けることが必要である。

———————————

＊6　本条文については，その後「4親等以外の」という文言は削除されている。

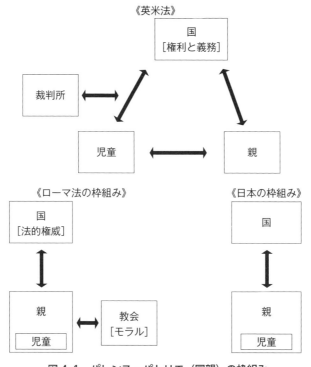

図4-1　パレンス・パトリエ（国親）の枠組み
（髙橋，1994，pp.33-35の図をもとに著者作成）

## 2．2016年改正児童福祉法と子どもの最善の利益

　こうしたことから，わが国が子どもの権利条約を締結するにあたって国内法制を改正しないとしていても，国連・子どもの権利委員会からは，わが国に対して勧告が続けられることとなる。特に，山縣（2013）も述べているとおり，第3回日本政府報告審査後の国連・子どもの権利委員会の最終見解（2010）においては，前述したとおり，受動態の規定しか整備されていない児童福祉法自体の課題が，指摘されているのである。

　こうした指摘を受け，わが国は，2016（平成28）年，児童福祉法の大改正を行い，児童福祉法第1条以下に「児童の権利に関する条約の精神にのつと

り，適切に養育されること，……」(児童福祉法第1条)，「児童の年齢及び発達の程度に応じて，その意見が尊重され，その最善の利益が優先して考慮され，……」(同第2条)として，「児童の権利に関する条約」「児童の最善の利益」の用語を盛り込んだのである．

## 3. わが国児童福祉法制における子どもの最善の利益の構造

図4-2は，2016(平成28)年児童福祉法改正後の，わが国の子ども家庭福祉における子，親，公，社会の関係を整理したものである．この図に基づき，子どもの最善の利益について考えてみたい．

まず，子どもの権利条約第5条や，児童福祉法第2条第2項に，親・保護者の子どもの養育に関する第一義的責任が規定され，民法第820条には，親について，子の利益のための養育義務を排他的に果たす権利が規定されている．そして，この養育義務が適切に果たせるよう，親・保護者に対する国・地方公共団体の子育て家庭支援義務(児童福祉法第2条第3項，第3条の

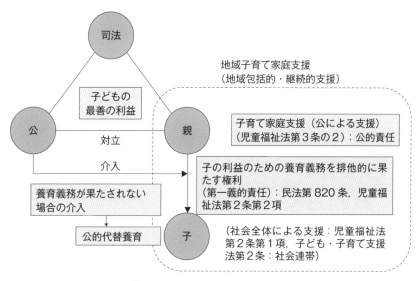

図4-2　子ども家庭福祉における子，親，公，社会の関係

2), 国民全体の努力義務（同第2条第1項）が規定されている。

　そのうえで，親や保護者が，子の利益のための養育義務を支援によっても適切に行使することができないと，公（国・地方公共団体）が判断した場合には，公的介入を親子関係に対して行うこととなる。この場合の介入を正当化する原理が，「子どもの最善の利益」（子どもの権利条約第3条，児童福祉法第1条）であり，この介入によって親による養育が不適当と判断されれば，公が用意した代替養育のもとに子どもが入ることとなる。こうした公の介入と，排他的に養育義務を果たす権利を有する親・保護者の意向とが相容れない場合には，司法が「子どもの最善の利益」を判断基準として審判を行うこととなる。これが，子ども家庭福祉供給体制の基本構造であるといえる。

　これに加え，「公」を中心とした子育て家庭支援に対し，地域を中心とする子育て家庭支援は，こうした「公」による支援に加えて，児童福祉法第2条第1項に規定する国民，言い換えれば，社会全体による支援[7]を要請する。それは，子ども・子育て支援法第2条にも通ずるものである。そして，その組み合わせによる重層的支援の仕組みが展開されるのである。

　この場合，子どもの最善の利益は，①親子の支援における子どもの最善の利益（図4-2右側），②親子関係に介入するための原理としての子どもの最善の利益（図4-2左側），③親子関係を再構築するための子どもの最善の利益（図4-2，左から右へ）など，いくつかの次元で考えられなければならないといえる。その際には，たとえば，④親の利益か子の利益かといった論点（この論点の立て方が妥当か否かも含めて）についても，検討しなければならない。

─────────────

＊7　「社会」の概念については，今後，十分な論考が必要とされる。2008（平成20）年2月27日付で厚生労働省が公表した「『新待機児童ゼロ作戦』について」によると，財源論ではあるが，「……，国・地方・事業主・個人の負担・拠出の組合せにより支える「新たな次世代育成支援の枠組み」の構築に向け，その具体的な制度設計の検討を速やかに進める」との記載がある。子ども・子育て支援制度はこの点の検討がまだ不足しており，今後，「社会で育てる」「社会的養育」の意味について，十分な議論と社会的合意が必要とされる。

## 4. 子どもの最善の利益を考えるいくつかの論点ならびに原理について

　前述したとおり，子どもの最善の利益を具体的に考える際には，まずは，図 4-2 の右側の親に対する支援構造のもとでの最善の利益と，左側の親子関係に対する介入・親子分離構造のもとでの最善の利益とは，ひとまず分けて考えることが適当ではないかと考えられる。ここでは，前者で機能すべき子どもの最善の利益の内容を「支援原理」と呼び，後者のそれを「介入原理」と呼ぶこととする。さらに，親子の再統合を支援する場面における子どもの最善の利益も，考えなければならない。その内容を「再統合原理」と呼ぶこととする。それらを整理すると，以下のとおりになる。

### (1)　子どもの最善の利益原理の活用場面における原理
　① 支援原理──親子の支援における原理としての，子どもの最善の利益
　親子の支援における子どもの最善の利益を考える際には，まずは，親が子どもの最善の利益を考えて行動することを最大限尊重し，それができるよう支援することが重要である。この場合，親の自由度を尊重しつつ，親の気持ちをしっかりと「受け止めること」が重要である。そのことにより，親が自己の養育観を振り返ることを助けるからである。そのうえで，情報提供を行って親の判断を促していく支援が必要とされる。
　② 介入原理──親子関係に介入するための原理としての，子どもの最善の利益
　親の行為や養育観が「養育義務を果たしていない」と考えられ，そのことを親に説明しても改善されない場合には，公が考える「子どもの最善の利益」をもとに，親子分離するなど，親子関係に対して強制的に介入を行うことができる。これが，親の養育に対する強制介入の原理となる。この場合，最終的には，公の考える「子どもの最善の利益」は，司法によって確認されなければならない。

③ 再統合原理——親子再統合を行うための原理としての，子どもの最善
　の利益

　この場合，親の行為や養育実践が子の利益を侵害していないか，子が希望
しているか，里親のもとで暮らすより実親のもとで暮らすことが子どもに
とって利益となるか，などの基準が満たされているかが判断基準となる。子
の意向や希望も大きな判断基準となる。


## (2)　親の利益か子の利益か

　これらの場合，通常，親の利益か子の利益かという二元論でとらえられる
可能性がある。このことについて平野（2013, pp. 11-12）は，国連・子ども
の権利委員会（2013a）『「自己の最善の利益を第一次的に考慮される子どもの
権利（第3条第1項）」に関する一般的意見14号』（パラ37-40）を踏まえ，
子どもの最善の利益を主として考慮する義務とは，「子ども（たち）になん
らかの影響を与えるすべての決定において，関係するさまざまな利益（他者
の利益や社会的利益など）のなかで子どもの利益を独立した要素として位置
づけ，できるかぎり子どもの利益を積極的に優先させようと努めながら諸利
益との比較衡量を図らなければならないということである」と述べている。
つまり，二元論としてとらえるのではなく，あくまで子どもの最善の利益を
優先して考慮し，それを成立させることを目指して比較衡量すべきことを指
摘している。

　つまり，逆に言えば，親子が置かれた「状況」により，子どもの最善の利
益は変わりうることも考慮しなければならない。たとえば，「緊急状況下」
の母子の「こうのとりのゆりかご」への預け入れなども，一例として考えら
れる。ただし，その場合も，子どもの利益を守るための最低限の行為（たと
えば，預け入れる子どもについての情報の提供など）は，必要ということで
あろう。

　なお，後述する専門職のパターナリズムという観点からは，専門職の判断
のレトリック，免罪符として子どもの最善の利益が使われる可能性もあり，
子どもの意向を諦めさせる手段として用いられる可能性があることにも，留
意が必要であろう。

こうしたことを勘案すると，親子の置かれた状況を類型化しつつ，「子ども
の最善の利益」を判断し，かつ，それに基づいて実際の支援を行っていく
ためのガイドラインづくりが，必要ではないかと思われる。

## 5. 子どもの権利とパターナリズム

こうした見解に一定の回答を与えるのが，平野の考察である。平野
(2013, p.12) は，国連・子どもの権利委員会 (2013a)『「自己の最善の利益を
第一次的に考慮される子どもの権利（第3条第1項)」に関する一般的意見
14号』(パラ 52-79) を踏まえ，子どもの最善の利益の認定においては，「と
くに，a子どもの意見，b子どものアイデンティティ，c家庭環境の保全お
よび関係の維持，d子どものケア，保護および安全，e脆弱な状況，f健康
に対する子どもの権利，g教育に対する子どもの権利が考慮されなければな
らないとされる」と整理している。

さらに，このことを法廷児童精神医学の分野から整理し，提言したもの
に，寺嶋の文献がある。寺嶋 (1988, pp.2-5) は，子どもの権利とパターナ
リズムの相克について，英米の「児童精神医学と法律」の領域に関する文献
を整理・考察し，法廷児童精神医学における法理として以下の7点を挙げ，
それぞれ考察を行っている。

① Due Process of Law（適法手続き）
② Paternalism（パターナリズム）
③ Parents Patriae Doctrine（パレンス・パトリエ・ドクトリン）
④ Informed Consent Doctrine（説明・承諾原則）
⑤ Competency（理解能力）
⑥ In-the-best-interest-of-the-child Standard（子どもの最善の利益の
ために）
⑦ Beyond the best interest of the child : the least detrimental
available alternative for safeguarding the child's growth and
development（子どもの最善の利益を超えて——子どもの成長，発達

を守るために，その子を傷つけ害を与えることの最も少ないその他
の方策）

　これを子ども観との関連で筆者なりに整理すれば，「保護を受ける主体と
しての子ども」観は，「パターナリズム」および「パレンス・パトリエ・ド
クトリン」から必然的にもたらされる「子どもの最善の利益」を図る成人の
義務を強調し，一方，「権利行使の主体としての子ども」観からは，子ども
の「理解能力」に配慮しつつ，「適法手続き」および「説明・承諾原則」の
重視が導き出されることとなる。そして，「子どもの最善の利益」の漠然性
が成人の子どもに対する不当な介入をもたらすことを防止するために，「子
どもの成長，発達を守るためにその子を傷つけ害を与えることの最も少ない
その他の方策」を，具体的ガイドラインとして提示することが必要としてい
る。

## 6. 具体的なガイドライン──1989 年英国児童法第 1 条

　ガイドラインは，ひとつには，親子関係への介入を正当化する原理として
の子どもの最善の利益であり，それは以下のように考えられる。
　親・保護者が，子の利益のための養育義務を，支援によっても適切に行使
することができないと公（国・地方公共団体）が判断した場合に，公的介入
を親子関係に対して行うこととなるが，この場合の介入を正当化する原理
が，「子どもの最善の利益」（子どもの権利条約第 3 条，児童福祉法第 1 条）
である。そして，そのための条件を具現化したもののうち代表的な法令とし
ては，1989 年英国児童法第 1 条が提示したガイドラインがある。
　英国では，1989 年児童法第 1 条第 3 項において，「子どもの最善の利益」
の判断基準を示している。同条は，裁判所が子どもの養育や財産に関する問
題を判断する場合には，「子の福祉」が至高の考慮事項であるとし，その際
に考慮すべき具体的内容について，以下の 7 点（柏女，1997，pp. 51-52）[8]を

---

＊8　英訳については，許末恵（1995）「1989 年英国児童法」による。

提示している。

①当該の子の確かめ得る希望と感情
②子の身体的，情緒的及び教育的ニーズ
③子の状況の変化が子に及ぼすおそれのある効果
④子の年齢，性別，背景，及び裁判所が関連すると考える子の特徴
⑤子の受けた害若しくは受ける危険のある害
⑥子の父母，及び，その問題が関連すると裁判所が考える者が，子のニーズをどのくらい満たす能力があるか
⑦問題の手続きにおいて，本法に基づいて裁判所が利用できる権限の範囲

## 7．わが国におけるガイドライン

　わが国においては，こうしたガイドラインは定められていない。なお，行政文書としては，英国児童法の基準を例として取り上げた保育所保育指針解説書（2008）がある。ここには，児童の最善の利益の判断基準として，以下のコラムが掲載されている。

　【コラム：子どもの最善の利益を考慮する基準例】
　　イギリスの児童法（1989 年）第 1 条第 3 項の「子の福祉」の判断基準を参考にして考慮すべき内容を例にあげると，以下の通りです。
　　「子どもの年齢，性別，背景その他の特徴」，「子どもの確かめ得る意見と感情」，「子どもの身体的，心理的，教育的及び社会的ニーズ」，「保護者支援のために子どもに対してとられた決定の結果，子どもを支援することとなる者（保護者や保育士等の専門職など）が，子どものニーズを満たすことのできる可能性」，「保護者に対してとられた支援の結果，子どもの状況の変化が子どもに及ぼす影響」

　　　　　　　　（厚生労働省編〈2008〉『保育所保育指針解説書』pp. 177-178)

その他のガイドラインとしては，主として児童虐待防止に関する通知として，たとえば，以下のような指針，ガイドラインが定められている。

『法令・通知等による特定分野ごとのガイドライン（例）』
- 児童相談所運営指針
- 子ども虐待対応の手引き
- 市町村子ども家庭支援指針（ガイドライン），（旧）市町村子ども家庭相談援助指針
- 児童相談所長又は施設長等による監護措置と親権者等との関係に関するガイドライン
- 医療ネグレクトにより児童の生命・身体に重大な影響がある場合の対応について
- 社会的養護関係施設における親子関係再構築支援ガイドライン
- 被措置児童等虐待対応ガイドライン
- 一時保護ガイドライン

現在は，こうした個別の分野ごとの判断基準がガイドラインとして定められており，それらは一定の効果を発揮している。しかし，今後は，こうした個別分野ごとに規定されている，子どもの最善の利益を判断するためのガイドラインについて，全体を整合化させる観点からも共通するガイドラインが必要ではないかと考えられる。むしろそれが先であり，それをもとに個別のガイドラインが定められるべきであろう。

## 第3節　改めて子どもの最善の利益を考える

### 1. 子どもの年齢範囲と権利保障

まず，子どもの年齢範囲をめぐる議論である。網野（2006，p.18）は，子どもの権利保障の視点から，子ども期および未成年期の年齢範囲に関する考察を進めている。そして，「第一に，胎児期を子どもの権利保障の視点から

意義付け，制度的保障を図る。第二に，子ども期全般にわたる受動的権利保障の真の意義を確認し，制度と実践の統合を図る。第三に，子どもの能動的権利の保障の見直しと制度的仕組みの構築を図り，児童を満18歳未満とし，公法，私法における成年を満18歳以上とする」ことを提言している。

現在，18歳をもって成年とするという提言については，公職選挙法改正によって一部実現し，成年年齢を20歳から18歳に引き下げる民法改正ならびに消費者契約法など，これに関連する法律も成立している。これにより，「成年」「未成年」で区別が定められている約130の法律の適用年齢も，一様に18歳となる。しかし，少年法の適用範囲については保護か自立かの議論が続けられ，飲酒，喫煙等の健康リスクや，ギャンブルなどの非行リスクについては，20歳に留め置かれた。つまり，一部については子どもの保護，つまりパターナリズムの観点から，成人と同様の権利を与えることを否定している。

「子どもの最善の利益」原理に基づき，子どもの自由権規定の制限は必要な範囲で行うことが許され，子どもの権利は，個々の事項ごとに議論されるべきであるとの考えが通底している。こうしたパターナリズムをめぐる論議は，社会のありようによって大きな影響を受けることも忘れてはならない。

## 2. 子どもの最善の利益を考える──先行研究から

平野（2013, p.12）は，子どもの最善の利益を主として考慮する義務とは，「……子どもの利益を独立した要素として位置付け，できるかぎり子どもの利益を積極的に優先させようと努めながら諸利益との比較衡量を図らなければならないということである」と述べている。このように，子どもの最善の利益の実現は，実践論としても語られなければならない。

また，平野は，「第12条の要素が満たされなければ，第3条の正しい適用はありえない」というのが，「自己の最善の利益を第一次的に考慮される子どもの権利（第3条第1項）」に関する一般的意見14号（2013年，国連文書番号CRC/C/GC/14）のパラ43の規定の意味であるとし，「当事者である子ども（たち）の意見に耳を傾けずしてBIC（子どもの最善の利益：筆者

注）を的確に判断することは決してできない……」と述べる。また，「意見を聞かれる子どもの権利」に関する一般的意見 12 号（2009 年，国連文書番号 CRC/C/GC/12）についても，併せて紹介している。つまり，原理論や援助論としても理解できるということである。

　また，林（2013，p.16）は，国親思想（パレンス・パトリエ思想）や，パターナリズム（父権主義，父権的干渉主義）思想に基づく，「子どもの最善の利益の決定は子どもの意向や意識とは無関係に，子ども不在のまま公的機関の専門職が行うものである」という考え方が，子どもの自由権の尊重により，子どもの自立やオートノミー（自律性）の方向へ動いたと指摘している。そのうえで，「子どもの最善の利益に適った決定は子ども不在のままなされるのではなく，子ども自身が決定過程に参画することでなされるという考え方が認められたといえる」と述べている。

　さらに林は，自尊心の構成要素を，①自己受容感，②自己達成感，③自己有用感ととらえ，「それらは，①他者による無条件の受容や言い分を聞いてもらえたという体験，②何かを成し遂げたという体験，③社会において自己効用を実感できる体験の積み重ねにより育まれると考えられる」と述べている。この点も，子どもの権利条約第 3 条と第 12 条との関係を整理するうえで，重要な視点であるといえる。

　なお，前述した国連の子どもの権利委員会・一般的意見 14 号によると，「子どもの最善の利益は動的な概念であり，常に変化しつつあるさまざまな問題を包含するものである」と述べ，時代のなかで，または子どもの発達にともない，常に見直されていくことの必要性を指摘している。これらのことは，実践論，援助原理からもいえることである。以下に，そのことを筆者なりに整理してみたい。

## 3. 子どもの最善の利益と自己決定，自律

　具体例として，第 3 条と第 12 条との関係について考えてみる。条約第 3 条は，子どもの最善の利益を保障しようとする大人の責務を強調する。一方で第 12 条は，「子どもの年齢に応じて」子どもの意見を尊重すべきとしてお

り，そのことは条約の発達的視点を意味する。それは，主体的に生きる子ども
の「自己決定力」の育成と尊重である。子どもが自己の意見を持つことが
できるよう成長するためには，幼少期から自分で考え，自分で決定するとい
う訓練がなされている必要がある。つまり，自己決定力を育むこと，換言す
れば，子どもの年齢に応じて決定への参加を促していくことを求めていると
いえる。

また，ソーシャルワークやカウンセリングの原理にみるとおり，人は他者
から十分に聴かれる（傾聴される）ことにより，自己の見解や心を整理して
いくことができる。その意味では，第12条が十分に満たされることによっ
て，人ははじめて自己にとって最も良い決定を行うことができるといえる。
第12条が十分に保障されてはじめて，第3条が達成されるのである。また，
第3条による「受容」と「傾聴」により，第12条が達成されるのである。

バイステック（Biestek, 1957, 邦訳 p.73）は，原則2の「クライエントの
感情表現を大切にする」の説明のなかで，「結局，感情表出は，クライエン
トが彼の問題を自ら解決する原動力であるといってよい」と述べている。こ
の原理は，子どもであっても適用される。子どもが自らの問題について最善
の決定をしていくためには，十分に聴く支援者の存在が必要とされる。そし
て，そのことによって，子どもは自らの最善の利益に近づいていくのであ
る。

さらに，子どもの意見は，Opinion（意見）も含めた View（意向）とと
らえ，言葉で自己の見解を伝えられない子どもや障害児童の意向を汲み取る
専門性が，必要とされる。また，自己の意見を発信することができるよう，
支援されること（障害者の権利条約第7条）が望まれる。

このように，子どもの権利に関する考え方の再検討や新たな意義づけは，
必須のことである。時代や社会のありように沿い，子どもの権利概念につい
ても不断に検討していかなければならない。


## 4. 子どもの権利条約の子ども観，発達観

子どもの権利条約の子ども観，発達観は，子どもの自己決定力の育成と尊

重という視点である。子どもが自己の意見を持てるように成長するために
は，幼少期から自分で考え，自分で決定するという体験が必要とされる。つ
まり，主体性，自己決定力を育むことが，条約の精神から見た育成観とな
る。

　また，前項で述べたとおり，子どもは第12条が十分に保障されてはじめ
て，自らにとって最も良い結論に導かれる。つまり，第3条が達成されるこ
ととなる。また，その意味では，第3条が満たされることにより，第12条
が達成されるのである。子どもの最善の利益を保障しようとする大人の責務
と，子どもの主体性，自己決定，自律の育成とは，コインの裏表でもある。
そして，そのことが，子どもの自己肯定感を高めていくことに資するのであ
る。

　子どもは，自ら自己の可能性を最大限に発揮しようとする主体的存在であ
り，それを支え，保障する支援者の関わりがあることで，自己の意見を持つ
ことができるなど，主体的に生きることができるよう成長するとともに，他
者の存在をも尊重することができるようになる。

　一人ひとりの子どもの尊厳を大切にし，一人ひとりの子どもが今このとき
を主体的に生き生きと過ごすことを目指し，一人ひとりの可能性が最大限に
発揮できるよう側面的に支援し，また，子どもたちに寄り添うことを大切に
する育成が，福祉の視点から見た育成観である。それは決して「指導」では
なく，「支援」「援助」というべき営みである。つまり，こうした支援者の関
わりが子どもの主体性を育て，また，ほかの子どもの主体性をも尊重する，
「共生」を育んでいくのである。

## 5. 児童相談所における子どもの最善の利益と自己決定

　ここで，子どもの最善の利益判断に最も重要な役割，機能を果たしてい
る，児童相談所における行政処分決定を例に，子どもの最善の利益と子ども
の自己決定との関係について考えてみたい。

　児童相談所において子どもの最善の利益を保障するためには，前述の図
4-2に示した，左右2つの側面について考慮する必要がある。それは，前述

した右側における「支援原理」と，左側における介入・分離場面における専門職意思決定の「判断基準」である。

　第一の支援場面において最善の利益に近づくためには，子ども本人が真の自己に近づいていくことを支援することが，最大の課題となる。いわゆる障害者福祉などにおける「意思決定」支援と，ほぼ同様の原理が重要とされる。子どもが真の自己に近づいていくためには，支援者の伴走者としての視点のみならず，専門的な関わりも必要とされる。描画の解釈やプレイセラピーなどが一例である。また，親の影響や親というフィルターをどのようにとらえるかも大きな課題である。これらを踏まえ，「時」の流れにともなう真の自己の変化に気づいていくことも，必要とされる。

　続いて，介入・分離場面で子どもの最善の利益が問われるのは，児童相談所や家庭裁判所における「意思決定」場面である。意思決定・判断場面において子どもの最善の利益に近づくためには，2つの基準が必要とされる。

　1つが「適正手続き」である。たとえば，行政手続法に規定する，不利益処分のためにとられる手続きがある。ここには聴聞手続きなどが規定されているが，行政機関たる児童相談所におけるソーシャルワークは，こうした行政処分決定の事前手続きであるといえ，行政手続法に期待される諸手続きが担保されていることが必要とされる。このため，政省令や児童相談所運営指針に規定される手続きの担保が必要とされる。明文化が困難な「措置基準」のかわりに，「手続き」を標準化することにより，その結果の正当性を担保しているのである。

　2つ目に，「判断基準」が挙げられる。特に，判断のために考慮すべき「要素」が重要である。具体的には，英国児童法第1条に規定される7要素が挙げられるが，わが国においても，児童相談所運営指針やその他のガイドラインに部分的に規定されている。「時」「自己決定」との関連でいえば，この2種の判断のための手続き基準と判断要素の基準に，「時」の要素を含めていくことが必要とされる。いわゆる，養子縁組あっせん法に基づく複数回の実親の意思確認が一例である。

　児童相談所における子どもの最善の利益を論じるためには，こうした支援の類型ごとに，細かく考察していくことが必要とされる。

## 6. 子どもの最善の利益を子どもの視点から考える
### ——子どもの最善の利益を超えて

　考察のまとめにあたり，子どもの最善の利益について，子どもの発達特性から考える議論に触れておきたい。

　ゴールドスティンらは，主として子どもの養育付託における子どもの最善の利益の判断基準について，「子どもの考え方で考え，子どもの感じ方で感じ，そのうえで，子の福祉のためになされた提言」(ゴールドスティンら，1990, p. ⅲ) を行っている。それは，以下の3つのガイドラインから成る。

　　①養育付託の決定は，情緒関係の継続性に対する子どものニーズを保障
　　　するものでなければならない。
　　②養育付託の決定は，おとなの時間感覚ではなく子どもの時間感覚にあ
　　　わせるべきである。
　　③養育付託の決定をする際には，法には情緒関係を規制する力がないこ
　　　とおよびわれわれの知識では長期的予測を立てることができないこと
　　　を考慮すべきである。　　　　　　(ゴールドスティンら，1990, pp. 33-49)

　その結果，子どもの養育付託に関する一般的なガイドラインとして，以下の提案を行っている。

　　　養育付託にさいしては，いくつかの選択肢のなかから子どもの成長と
　　発達に対する害を最小限に食い止める活用可能な選択肢を選ばなければ
　　ならない。　　　　　　　　　　　　　(ゴールドスティンら，1990, p. 63)

　そのうえで，その構成要素は前述の3つのガイドラインであるとし，「"子の最善の利益"という基準にかえて，"子の成長・発達を保障するための最も害が少ない活用可能な選択肢"」を提案している。そして，最も害が少ない選択肢とは，「子どもの時間感覚と，知見の限界を前提とする短期的予測

とに基づいて……子どもが望まれた子になるため，および現在子どもの心理的親であるか，将来そうなる少なくとも1人のおとなの間に継続的な関係を保つことができるようにするため，有利な条件をととのえる養育付託およびその手続きのことである」と述べている。

同書のなかで，島津一郎が「監修者あとがき」（ゴールドスティンら，1990，p. 174）で引用しているハーバード・ロースクールの教授によれば，「彼らの説は，心理学的には正しいと思うが，アメリカではポピュラーではない」ようであるが，法による適正手続以外の，こうした子どもの立場に立ち，また，大人の知見の限界を踏まえつつ，子どもの最善の利益を論ずることの重要性は指摘しておかねばならない。そのことが，大人による子どもに対するパターナリズムを乗り越えることにつながるからである。


## 7. 子どもの最善の利益と子どもの時間感覚の尊重
### ——実践論への新たな課題

最後に，先述した子どもの最善の利益と「時」との関係について，考察しておきたい。子どもの権利委員会・一般的意見14号パラ93は，子どもの時間感覚の尊重に関連し，以下のように述べている。以下，少し長くなるが引用したい。

　　時間の経過は，子どもと大人ではその知覚の仕方が同一ではない。意思決定が遅滞しまたは長期化することは，子どもの発達にともない，子どもにとりわけ有害な影響を及ぼす。したがって，子どもに関わる手続または子どもに影響を及ぼす手続は，優先的処理の対象とされ，かつ可能なかぎり短い時間で完了することが望ましい。決定の時間は，可能なかぎり，それが自分にとってどのような利益となりうるかに関する子どもの認識に対応しているべきであり，また，行なわれた決定は，子どもの成長発達およびその意見表明能力の発達にしたがい，合理的な頻度で再検討されるべきである。ケア，治療，措置および子どもに関わるその他の措置に関するすべての決定は，その子どもの時間感覚ならびに発達

しつつある能力および成長発達の観点から定期的に再審査されなければ
ならない。(第25条，平野訳)

　このように，子どもの最善の利益を検討する際には，①子どもの時間間隔
に沿った決定（早期，短時間での決定など），②子どもの成長発達にともなう意見表明能力の発達への配慮（再検討や定期的審査など），③子どもの発達の臨界期あるいは感受期ともいうべき特有の時期などに配慮した決定，が必要と述べているのである。また，これまで考察してきた子どもの最善の利益の支援原理場面と介入原理場面について援用すれば，以下のことが言える。
　すなわち，支援原理場面においては，子どもの意見を受け止めつつ，ともに歩むことで，子どもが真の自己に近づいていくことを応援できることになり，「時」は，ともに歩む「線」となる。一方，介入原理においては，「時」は専門家による決定を行う「点」となるため，定期的意見聴取や再審査などが重要になるといえる。そして，その根底には，「子どもの最善の利益は動的な概念である」という真実が，横たわっているといえるのである。

## 8. 子どもの最善の利益と子どもの視点

　子どもの最善の利益保障を，子どもの視点からとらえることは，最重要課題である。それは，子どもの心のなかの安全基地の形成に始まる。網野（2002, pp.195-197）は，「人生においてこの安全基地が形成されていくには，三つの段階を必要とすると考えている」と述べ，特定の人物との愛着（アタッチメント）から生まれる安全基地，その後のいわゆる社会的親との関わりから得られる安全基地，そして，第三の安全基地はまさに自分自身であるとして，この3つを提示している。
　子どもの時期に心のなかに安全基地が形成されること，そのことが周りの人々や自分自身，ひいては社会に対する基本的信頼感を育み，それが主体的活動や自己決定につながり，自己肯定感やアイデンティティを生み出していく。子どもの最善の利益保障は，こうしたプロセスを，子どもの人生に保障していく営みにほかならないと言えるのである。

# 第5章 子ども家庭福祉供給体制の諸相

## 第1節　子ども家庭福祉供給体制①
## ——措置制度から社会福祉基礎構造改革へ

### 1. 社会福祉供給体制

　社会福祉供給体制とは，社会福祉サービスの提供主体，対象，サービス，給付量，給付形態，人材（専門職），財源などの要素で成り立つ，社会福祉サービス供給の仕組みないし体制のことである。ニードに資源を割り当てるための仕組みの総体ともいえる。社会福祉供給システムと呼ばれることもある。

　坂田（2017, p.65）は，「英語の delivery に当たる「提供」は福祉サービスを利用者に届ける部分，福祉の provision に当たる「供給」は法制度の構成や財源の問題など基底的な領域を含めた全体のシステムを指している」と述べ，「提供」と「供給」を区分している。本章においてもこの考え方に従い，福祉供給体制について論ずることとする。

　坂田（2017, pp.65-74）は，福祉供給体制の要素とそれぞれの論点について，以下のとおり提示している。まず，「提供」主体については福祉多元主義が，「対象」については選別主義と普遍主義が，「サービス」については現金給付，現物給付，バウチャー方式などが，「給付量」については福祉資源の配分としての「割当（ラショニング）」の考え方，方法などが論点となるとしている。また，割当（ラショニング）を，「割当とは資源が必要量に対

して不足しており，かつ本来的に価格メカニズムが適用不可能，ないし適用が不適切である状況において用いられる，資源配分効果をもたらす諸方法の総称である」と定義し，ティトマス（Titmuss, R. M.）の考え方を踏まえつつ，社会福祉を「ニードに対して資源を割り当てることによって，その充足を図る仕組み」といえるとしている。ニードに対して資源をどのように割り当てるかは，まさに社会福祉供給体制のあり方によるということであろう。

## 2. 福祉多元主義

福祉の供給方法について，従来は国家を中心としていたが，それだけでは多様なニーズに幅広く対応することは困難だとして，近年では，地方分権化（decentralization）と民営化（privatization）を軸とする福祉供給体制の多元化が進められている。いわゆる福祉ミックスである。

京極（1998, pp.47-48）は，「福祉サービスの供給システムを類型化すると，理念型としては，(i) 公的福祉サービスなどの公共的（法定的な）福祉供給システム，(ii) ボランティアなどの自発的（非営利）福祉供給システム，(iii) 福祉産業などの市場的（営利的）福祉システムに大別されます」として，図 5-1 のようにその関係を提示している。図中の①から④の領域の詳細な説明は省略するが，京極（1998, p.50）が「現実の福祉サービス供給組織は，それらの組み合わせになっているとも考えられます」と述べているように，さまざまな組み合わせにより，福祉サービスは展開されているといえよう。なお，公共的福祉供給システムにおいては，いわゆる地方分権化の方向についても論議されなければならない。

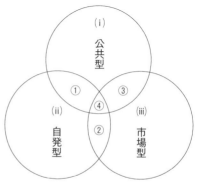

図 5-1　福祉供給システム類型
（京極，1998, p.48）

## 3. わが国の社会福祉供給体制の推移

　わが国の社会福祉法制は，1946（昭和21）年の生活保護法に始まる。これは日本国憲法第25条の，国民の生存権と国の生存権保障に対する努力を具体化するものであり，古川（1993，p.229）はこのことについて，「社会福祉における国家責任主義の確立」と述べ，これが「わが国の社会福祉供給体制の背骨的な位置をしめてきたのである」と述べている。

　ここで，わが国の社会福祉供給体制の推移を，主として坂田（2017，pp.261-266）により，簡潔に整理しておきたい。

　坂田は社会福祉基礎構造改革に至るまでを「旧体制」と呼び，1946（昭和21）年2月に占領軍から発せられた「連合国最高司令部覚書 SCAPIN775 主題　社会救済」による，いわゆる公的扶助三原則（国家責任，無差別平等，最低生活保障）を受け，旧生活保護法等が相次いで立法され，社会福祉の基礎構造が成立したと述べる。そのなかで，後述する「公の支配」の擬制としての措置委託制度が作られ，「公的責任を遂行するために業界を管理下において政策的にコントロール」する仕組みとして，機能させていったという。

　この制度のもとでは，実施権限を持つ行政機関が措置を決定して，はじめて福祉サービスの利用ができることとなる。つまり，利用者には措置の請求権がなく，実施機関が法律の定めによる職権として行う行為から利益を受けているわけであり，これを職権主義と呼んでいる。そして，利用者は，措置権者に措置義務があることから，反射的に生ずる利益を受けているにすぎないと解されていると述べる。また，措置の請求権が認められないということは，行政機関による裁量的制度であるということであり，予算が足りないといった理由によりサービスの整備が遅れても，救済を求める権利が利用者にないということでもあった。

　さらに，サービスの利用者と提供者との契約関係ではないために，利用者と事業者との間の権利関係があいまいで，人間の尊厳を冒しているという指摘も続いていたという。こうしたことが，2000（平成12）年の社会福祉基礎

構造改革に結びついていったといえるのである。

　これらを踏まえ，次項では，子ども家庭福祉供給体制に引き付けて，供給体制の推移を詳細に見ていくこととする。

## 4．措置委託制度の経緯と概要

### (1)　都道府県による措置委託制度の概要

　前項の坂田による整理と一部重複するが，ここで措置委託制度の概要と意義について，子ども家庭福祉供給体制との関連において，堀（1987）らの文献をもとに整理しておきたい。

　1947（昭和22）年に制定・公布された児童福祉法は，「保護者のない児童又は保護者に監護させることが不適当であると認める児童」（第25条）を「要保護児童」とし，児童相談所に通告すべきことを規定した。第5次改正で通告先として「福祉事務所」が加わることになるが，要保護児童福祉は，都道府県を中心として実施する福祉供給体制の基礎構造が創設された。これらの児童には，養護に欠ける児童や障害児童，非行のある少年の一部などが含まれていた。

　また，児童福祉法（1948〈昭和23〉年），社会福祉事業法（1951〈昭和26〉年）の施行とともに，措置委託，措置費制度も始まった。措置委託制度は，日本国憲法第25条に規定する国の社会福祉に関する義務から導き出された，社会福祉事業法第5条の，国・地方公共団体の責任の民間社会福祉事業への責任転嫁禁止規定と，憲法第89条の公の支配に属しない慈善，教育又は博愛の事業に対する公金支出禁止規定とを，当時の民間社会福祉事業の実情を踏まえつつ整合化するために導き出された，わが国独自の福祉供給体制である。

　すなわち，施設入所が必要なすべての者を公立施設でケアするのではなく，行政庁が一定要件を満たす者を判定のうえ「措置」という行政処分を行い，一方，先行する民間社会福祉施設に対しては，社会福祉法人制度や施設の設置認可，「最低基準」設定などによる「公の支配」を確保して，公金支出の道を開くこととしたのである。そして，この「公の支配」が確保された民間社会福祉施設と措置権者たる行政庁とが，公法上の契約と解される措置

委託契約を結び，行政庁が当該社会福祉施設の利用者および施設の運営に要する費用を支弁し，民間社会福祉施設に対して受託義務および利用者の養育等のサービス提供義務を持たせたのである。この契約により，行政庁は措置委託費として利用者の施設における生活費たる事業費，および施設の運営費たる事務費とを施設に支弁する債務を負い，施設は，利用者に施設におけるサービス提供の債務を負うこととなったのである。

　この仕組みにより，公平なサービスを安定的に提供でき，また，施設運営が安定化することにより，施設が利用者の処遇向上に専念できる条件が設定されることになる。これによって，戦後の社会福祉施設の整備および利用者に対するケアの提供は，短期間で著しく進展し，また，権利主張のできにくい児童の職権保護，入所の優先性の判断などにも大きな役割を果たしてきたのである。また，このような措置委託制度を円滑に実施するためには，措置がいわゆる行政行為として存し，しかも，便宜裁量による認定（「判定」と呼ばれる）がなければ施設入所サービスが受けられないわけであるから，認定過程において高度の専門的技術的裁量が前提とされ，児童相談所等の専門機関の関与が必要とされてきたのである。

　このように，措置委託制度は，その当初においては全国一律のシステムで社会福祉を中央集権的に発展させることが可能となるなど，わが国の社会福祉制度の充実・発展に，大きな役割を果たしてきた。一方で，利用者のニーズの多様化，権利性の認識の高まりなどにより，一部で限界も指摘され続けてきた。

## (2)　措置委託制度の限界と提言

　措置委託制度では，職権保護が「相手方の同意を要する行政行為」とされ，しかも，行政不服審査法により行政不服申立ての手段が講じられてはいるものの，施設入所の権利性があいまい，かつ，利用者の施設選択権が基本的にはないことなど，利用者の権利性に関する問題も指摘されてきた。また，施設の経営努力が起こりにくく，利用者の多様なニーズに対応できにくいこと，措置費の使途が限定されがちで硬直的になりやすいこと，行政処分のため，利用者がサービスを購入するという考え方が生まれにくく，受益者

負担が浸透しにくい，などの課題も顕在化してきた。つまり，この制度は，わが国の社会福祉制度の充実・発展に大きく寄与した反面，利用者の権利性の潜在化，福祉事業者の経営努力の希薄化，公金使途の硬直化などを生み出したといえる。

このため，1995（平成7）年7月に社会保障制度審議会が行った勧告は，「……現在の措置制度は見直すべきである。地方公共団体が入所に関する調整機能を果たし，公的な費用助成を前提としながら，施設への入所は一方的な措置によるものから利用者との契約に改めるよう検討すべきである」と述べ，職権保護を基本とする措置制度を，サービス利用者との契約による制度に改めていくよう勧告している。1997（平成9）年，児童福祉法改正で，保育所入所が職権保護から市町村に実施責任を負わせたうえでの，市町村と利用者との契約システム（「保育の実施」制度）に切り替えられたことは，この勧告に沿う方向への一歩前進といえる。

しかし，保育の実施において，職権保護に近い「保育の実施の申込みの勧奨」義務が市町村に課せられたとおり，措置委託制度には，社会的に発言力の乏しい弱者のための職権保護や，施設の安定的経営というメリットも依然としてあり，措置委託制度および児童福祉施設を含む社会福祉施設入所サービスの供給方法に関する議論が，必要とされる。福祉が特定の対象者のみの対策でなくなりつつあるなかで，福祉サービスの普遍化が必要とされ，また，利用者のニーズも高度化・多様化しつつある状況にあって，福祉の民間化に関する功罪の検討，福祉多元化や分権化も含め，公的責任の果たし方に関する検討は避けられないものとなっていくのである。

その後，高齢者福祉，障害者福祉施策が，おしなべて市町村実施，契約制度に移行してきたが，子ども家庭福祉施策，特に社会的養護を中心とする要保護児童福祉は，都道府県実施，措置制度が根強く残ることとなっている。この2つの特徴，つまり，「都道府県」による「措置委託制度」が，要保護児童福祉制度においては，戦後70年を経てなお中心的福祉供給体制として存続する一方で，市町村を実施主体とする保育，子育て支援施策は，高齢者施策や障害者施策と同様に公的契約制度に基づく供給体制に半ば移行し，障害児支援施策においては，両システムが併存するという非常に複雑な制度体

系となってしまっているのである。

## 5. 社会福祉基礎構造改革

### (1) 社会福祉基礎構造改革の実施

2000（平成12）年の，社会福祉の増進のための社会福祉事業法等の一部を改正する法律により，社会福祉事業法が社会福祉法となり，措置制度から公的契約制度へ，サービスを提供する主体の多元化へといった，利用者を主体とするサービス提供体制への転換が図られた。また，それにともなう利用者の権利擁護の仕組みとして，情報の提供，苦情解決の仕組みや第三者評価の仕組みなどが導入された。

子ども家庭福祉分野においては，障害児の在宅福祉サービス分野がいわゆる支援費制度に変更され，母子生活支援施設，助産施設の利用のあり方が，行政との委託契約方式（母子保護の実施，助産の実施）となったが，その他は措置制度が残ることとなった。

### (2) 改革の理念とその評価

社会福祉サービスのあり方全体について提言を行った，中央社会福祉審議会社会福祉構造改革分科会が取りまとめた『社会福祉基礎構造改革について（中間まとめ）』および『社会福祉基礎構造改革を進めるに当たって（追加意見）』によると，社会福祉基礎構造改革の基本は，「個人が家庭や地域において人としての尊厳をもってその人らしい生活ができることを保障することにあり，そのために個人に対して社会連帯の考え方に立った支援を行うこと」にあるとしている。その実現に向け，「個人の権利や選択を尊重した制度の確立，利用者支援の仕組みや適正な競争などを通じた質の高い福祉サービスの拡充，地域での総合的な支援が行われる体制の構築を目指し，基礎構造の改革，強化を図っていくことが必要である」としている。また，この改革は，利用者負担の増大や公的責任の後退を招くとの関係者の懸念を踏まえ，「国及び地方公共団体には社会福祉を増進する責務があることを当然の前提としつつ，利用者の視点から福祉制度の再構築を行おうとするものである」

と指摘している。

　すなわち，社会福祉基礎構造改革の理念は，「パターナリズム（温情主義的な保護）から，パートナーシップへの転換」であるといってよい。パターナリズムは保護と統制をその本旨とし，公権力に裏打ちされた専門性を前提としている。つまり，職権による保護（パワー）と，その保護すべき者を選別する専門性（プロフェッショナリズム）が必要とされてきた。特に，子ども家庭福祉の分野にはその色彩が強いといえる。

　これに対し，利用者の主体性を尊重し，サービス利用の主導権を利用者に委ねるためには，利用者と供給者とのパートナーシップの形成が必要となる。そのために，供給者側の情報提供や，利用者のサービス決定への参画といった手法の導入や，サービスの評価システムという新たな専門性が必要とされるのである。

　また，社会福祉基礎構造改革は，福祉サービス（専門性）と行政，権威・権力とを分離することともなる。福祉サービスは，サービスの専門性を売り物として利用者にアプローチし，行政はそれを財政によって下支えするシステムこそが，専門性を育てることになるとの思想が底流にあるといえる。行政や権力に依存する専門性ではなく，専門性の自立を目指すものであるといえる。

　さらにいえば，福祉サービスにおける価値論議を喚起するものであるともいえる。行政のもとでの福祉サービスは，公平・平等なサービスを志向するがゆえに，それぞれのサービス供給者が最も大切にしたいと願う「サービスに内在する価値」を潜在化させる。社会福祉基礎構造改革は，行政がサービスから一歩身を引くことによって，サービス提供にともなう「価値」を顕在化させる。欧米では，宗教団体が福祉サービス供給に大きな力を有している。そして，そのことが，利用者の福祉（ウエルビーイング）保障に大きな効果をもたらしている。わが国では，宗教はそれほど大きな影響力を有していないが，今後は，サービス提供者が自ら最も大切にしたい価値を顕在化させ，それをもとにして利用者がサービス選択を行うことも可能となり，サービスの底流としての価値に注目が集まることとなろう。すなわち，社会福祉基礎構造改革は，サービスの主導権を利用者に委ねることにより，福祉サー

ビスに必然とされる「価値」と「専門性」を，顕在化させることとなるのである。

　一方，社会福祉基礎構造改革は，いわゆる新自由主義[*1]の思想に立脚する改革とみる向きもあるが，その負の側面として，自己決定・自己責任の強化にともなう，自己決定能力が低下した者の各種生活問題の顕在化の可能性を挙げることができる。基礎構造改革は，自己責任強化を補完する仕組みとして，権利擁護システムや苦情処理システムの構築などを，いわゆるセーフティ・ネットとして用意しているが，これが実効性を持たないと，社会不安は増大する。社会福祉基礎構造改革の成否は，この補完的権利擁護システムの成否にかかっているといっても過言ではない。

### (3)　社会福祉基礎構造改革と専門性改革

　社会福祉基礎構造改革は，前述のとおり，社会福祉の「普遍化」と「専門化」の必要性を引き起こした。社会福祉基礎構造改革のスローガンとして，「パターナリズムからパートナーシップへ」ということが言われたが，それは，福祉の「専門性」の改革をもたらすこととなった。

　これに関連し，松原（1998）は，今後の子ども家庭福祉サービス検討の基本的視点を，6つのPの相互関係としてとらえるべきことを提起している。それを，前述の考察も含めて専門性に即して解釈すれば，これまで必要とされていたパターナリズム（paternalism）に基づく，パワー（power）を背景としたプロフェッショナリズム（professionalism），すなわち行政による「判定」から，パートナーシップ（partnership）やパーティシペーション（participation）が強調される，エンパワメント型の専門性が強調されるようになってきたのである。そのことは，必然的に，行政主導からいわゆるプライバタイゼーション（privatization）の方向を導き出していくこととなる。

　この場合における専門性（professionalism）は，自力ではサービス利用の

---

[*1]　坂田（2017，pp. 153-154）は，1980年前後からイギリスのサッチャー政権，アメリカのレーガン政権，日本の中曽根政権など，公共部門の縮小（小さな政府）を目指し，市場経済化に向かうなか，先進資本主義諸国において福祉政策の見直しが開始されたとしている。

判断が困難であったり，自らサービス利用を申請しない利用者の代弁（advocacy）や，利用者の潜在能力のエンパワーメント（empowerment）であったりする。しかし，特に子ども家庭福祉の場合，パターナリズムの視点をすべて取り払ってしまうことはできない。今後の子ども家庭福祉のあり方検討は，以上に取り上げた6つのPの相互関係を，いかにシステムとして構築していくかに委ねられているといっても過言ではない。

さらに，前述したとおり，社会福祉基礎構造改革は，サービスの主導権を利用者に委ねることによって，サービスに内在する価値を顕在化し強化することとなった。それは，必然的に，社会福祉の社会的使命（ミッション）への注目を導き出すこととなる。これまで行政の下に潜在化していた施設長や援助者の宗教観，福祉観，人間観などが，浮かび上がってくることとなったのである。これが，専門性，価値観，ミッションへの注目をもたらすこととなった。このことの意義は大きいといわねばならない。

## 第2節　子ども家庭福祉供給体制②──供給体制の構造

続いて，本節においては，子ども家庭福祉供給体制を論ずる際の諸要素に関し，これまでの経緯と現状について簡潔に整理しておきたい。

### 1. 対象

まず，政策対象としては，「児童福祉」から「子ども家庭福祉」への広がりと，質の変化を指摘することができる。子ども家庭福祉の概念は，子どもを直接のサービスの対象とする児童福祉の視点を超え，子どもが生活し成長する基盤となる家庭をも，福祉サービスの対象として認識していこうとする考え方のもとに構成された概念である。

1981（昭和56）年の中央児童福祉審議会意見具申『今後のわが国の児童家庭福祉の方向性について（意見具申）』で，「児童家庭福祉」として初めて使用されている。その後，1989（平成元）年の全国社会福祉協議会児童家庭福祉懇談会報告書[*2]において，「……この家庭機能の提供を家族にのみ求める

のではなく，家族を中心としつつ社会的に分担・サポートしていこうとする
ものである」と述べられ，家庭機能の提供を社会で支援していくことの重要
性を示す用語として，用いられることとなる。その後，"児童"より権利行
使の主体とのニュアンスを持つとされる"子ども"へと表現を変え，「子ど
も家庭福祉」と表現されるようになった経緯がある。そこには，従来の救貧
的な福祉観，すなわちウエルフェアから，権利の保障と自己実現を重視した
福祉観，すなわちウエルビーイングへの転換を象徴的にみてとることができ
る。

## 2．サービス領域

　現代につながる子ども家庭福祉は，戦後の要養護児童対策を嚆矢<ruby>嚆矢<rt>こうし</rt></ruby>として，
母子保健，保育，母子家庭，障害児福祉，児童家庭施策など，徐々にサービ
スの幅を広げてきた。そして，平成期以降は，少子化対策など福祉サービス
の一般化とともに，子育て支援施策，子ども虐待防止施策，育児休業制度な
どの労働施策との連携，発達障害児施策，医療的ケア児施策，子どもの貧困
施策など，サービス領域と理念の広がりが図られてきた。その理念も，前述
のとおり，ウエルフェアからウエルビーイングへと転換してきたといえる。
現在の年齢別子ども福祉サービスの体系は，第8章図8-2のとおりである。

## 3．給付量の計画化

　1990（平成2）年頃から，特に高齢者分野において計画行政が開始され，
その後，子ども家庭福祉を含む他分野において，計画行政が進められていく
こととなる。子ども家庭福祉分野では，いわゆるエンゼルプランが策定され

---

＊2　懇談会の提言は，「おわりに」で，児童家庭福祉の用語について，「児童家庭福祉と
　　いう用語は，本懇談会において，新たな児童福祉の在り方の視点として，子どもの福
　　祉にとって「健康で文化的な家庭機能」が必要不可欠であるという認識に立って用い
　　られたものである。重要なポイントは，この家庭機能の提供を家族にのみ求めるので
　　はなく，家族を中心としつつ社会的に分担・サポートしていこうとするものである」
　　と述べている。

た 1994（平成 6）年頃から，自治体の任意計画として児童育成計画の策定が開始され，しばらく遅れて 2003（平成 15）年から，すべての自治体で次世代育成支援対策推進法に基づく法定計画である，次世代育成支援地域行動計画が策定されていく。そして，この計画は法の延長により現在も続き，多くの自治体では，2015（平成 27）年度からの子ども・子育て支援法に基づく法定計画である，子ども・子育て支援事業計画（都道府県は，子ども・子育て支援事業支援計画）と一体的に策定されている。

　これらの計画により，サービスの給付量が計画に盛り込まれることとなったが，量の見込みを事業所数，サービス確保量と連動させて，見込み数がサービス確保量を大幅に超える場合に新規参入を抑制する仕組みとしたのは，子ども・子育て支援制度においてである。こうして，給付量の計画化が進められていくこととなる。社会的養護においても，2015（平成 27）年度から，都道府県家庭的養護推進計画が定められている。

## 4. 給付形態

　措置から公的契約への動向については，1990 年代半ばから保育所利用制度のあり方検討を出発点として論議が始まる。成人の社会福祉サービスの利用がいわゆる職権保護に基づく措置制度から，当事者・利用者と供給主体との公的契約に基づく制度に転換されているなかにあって，子ども家庭福祉サービスの利用制度については，親権との関係や職権保護の必要性から，1997（平成 9）年度に保育所や助産施設，母子生活支援施設が行政との公的契約システムに変更されたことを含め，いわゆる行政によるサービス供給を図る制度が堅持されていた。

　しかしながら，2006（平成 18）年度からの認定こども園制度の導入や，障害児施設給付制度の導入など，子ども家庭福祉サービス利用のあり方を，当事者・利用者と供給主体とが直接に向き合う関係を基本に再構築する流れは，着実に広がってきた。そして，この流れは，2015（平成 27）年度創設の，子ども・子育て支援制度に引き継がれていった。とはいえ，国会における修正によって保育所が保育の実施方式を継続することになり，公的責任論

も根強く残るシステムとなっている。さらに，社会的養護について公的契約に転換する動きはない。このように，子ども家庭福祉サービス供給体制については，措置と契約がモザイク状を形成して現在に至っている。

## 5. 人材

子ども家庭福祉人材について，戦後すぐには，都道府県登録の保母と，任用資格である児童福祉司や児童指導員が中心であった。

しかし，保母はその後，保育士資格として児童福祉法に規定する名称独占の国家資格となり，ソーシャルワーカーとしては社会福祉士制度が創設されて現在に至っている。しかし，保育士資格は他の対人援助資格に比べて多くの課題[*3]を抱えており，今後，福祉分野のケアワーカーとして，あるいは就学前分野の教育職として，大きな改革が必要とされている。

児童福祉司については任用規定の強化が進められているが，児童指導員は戦後の規定をほぼそのまま適用しているところであり，これらを含め，児童分野のソーシャルワーカーやケアワーカーをどのような仕組みで再構成し，養成していくかが課題となっている。

なお，近年では，国家資格に準ずる放課後児童支援員や，地域の子ども・子育て支援の協力者としての子育て支援員などが制度化されており，一定の基礎資格の上に研修受講を要件として認定される，国家資格に準ずる資格認定が進められている現状にあり，これらをどのようにとらえていくかも問われている。

## 6. 財源

財源については，国から地方への税源移譲，補助金から交付金への流れ，税と事業主拠出金の組み合わせの多様化といった方向が確認できる。子ども

---

[*3]　保育士資格の現状と課題，課題克服のための方策については，筆者はこれまで機会あるごとに論じてきている。最近の代表的な論文としては，柏女（2008）の第13章，柏女（2017）の第3章がある。一部は，本書第9章でも論じている。

家庭福祉分野における代表的な改革は，直接的には2003（平成15）年閣議決定の，いわゆる骨太方針2003（閣議決定）による税制三位一体改革によってもたらされた。

　税制三位一体改革とは，国と地方の税財政のあり方を見直すもので，補助金削減，税源移譲，地方交付税改革の，3つの改革を一体的に行うものである。この提案によると，廃止が提案された補助負担金の額は，子どもの社会保障，次世代育成支援分野が圧倒的に多く，その一方で，生活保護費や介護保険，当時の支援費制度に伴う国庫補助負担金は，廃止対象から外れていた。ここに見えたのは，「人生の入口にあたる子育ては地方が担う。その一方で，人生の出口にあたる高齢者支援は，国民が一定の負担をする社会連帯に加え，国，都道府県，市町村が一定の割合で財源を負担する仕組み」（柏女，2005a，p. 95）として再構成するものであった。

　むろん，政府はそのようなことを直接意図していたわけではなかったが，高齢・障害分野はすでに個人給付，法定代理受領[4]システムへの転換が図られていたのに対し，子ども家庭福祉分野に事業主に対する補助金としての仕組みが圧倒的に多かったため，結果として，「子どもは地方が育て，大人になったら国も責任を持つ」といった思想に基づく制度になってしまったのである。

　筆者はそれ以来，人間の一生を通じてできる限り共通の仕組み，財源で支えるシステム創設が望ましい，と考えるようになった。「人間の福祉・安寧は「少子化対策」ではなく，「年金・医療・育児・介護」の四つ葉のクローバーによってトータルに語られ」[5]ることが必要と実感したのは，このときであった。

---

＊4　法定代理受領とは，介護保険制度による給付のように，本来なら利用者に対する給付を，そのサービスが利用者に確実に使われるようにするため，利用者が利用した事業者に対して給付を行う方法のことである。

＊5　柏女（2005a，p. 96）。上に乗った個人給付たる年金・医療・介護を支える橋が崩れないように橋桁を増やす，つまり増子化を図るという土木事業，少子化対策から脱却し，育児も橋の上に乗せて，年金・医療・育児・介護の四つ葉で人間の一生を支えるべきという主張が，筆者のいう四つ葉のクローバー政策である。

## 7. 提供主体

### (1) 提供主体の多元化

　子ども家庭福祉分野における提供主体の多元化は，2000（平成12）年度から施行されたいわゆる地方分権一括法にともなって，国の機関委任事務が廃止されたことから本格的に始まる。これによって，局長通知で規定されていた保育所の運営主体制限が「技術的助言」の位置付けとなって，結果的に制限の撤廃が行われたのである。1998（平成10）年に施行された特定非営利活動促進法（NPO法）も，大きな影響を与えている。また，前述した，いわゆる税制三位一体改革によって公設公営保育所の運営費の一般財源化がなされたことも，公設公営保育所の民営化に影響を及ぼしていることが考えられる。

　このように，子ども家庭福祉分野においても，他分野同様，提供主体の多元化が進行しつつある状況である。そして，もともと地域の社会福祉問題に先駆的に取り組むことをミッションとして成立した社会福祉法人が，国，自治体からの補助金業務にシフトしていくなかにあって，小回りの利くNPO法人がその役割を担っていくこととなった。そのことが，次項で述べる社会福祉法人改革へとつながっていくことになるのである。

　なお，子ども家庭福祉分野の提供主体の特徴として，行政実施主体が保育・子育て支援，子ども育成，母子保健分野などが市町村実施であり，社会的養護が都道府県・政令指定都市等実施，障害児支援が在宅は市町村実施，施設入所が都道府県・政令指定都市等実施，母子生活支援施設が都道府県・市・福祉事務所設置町村と，サービス領域によって分割されていることが挙げられる。これは子ども家庭福祉分野に特有のことであり，第6章で深く論ずることとしている。

### (2) 社会福祉法人改革

　社会福祉基礎構造改革と並行して進められた規制緩和と地方分権の動向は，いわゆるイコールフッティング論を通じて，社会福祉法人や社会福祉施

設の社会的使命の重要性を惹起することとなる。社会福祉法人，社会福祉施設そのものの存在意義が，問われてきたのである。つまり，市場原理になじみにくいサービスの先駆性，公益性，継続性・安定性の確保と，民間としての自律性，さらには制度の谷間の福祉問題に果敢に取り組む姿勢や，福祉社会づくりに対する具体的寄与が求められてくることとなったのである。

こうした一方で，社会福祉法人，社会福祉施設の経営にも，厳しい目が向けられるようになってきた。つまり，福祉経営の確立である。これは，社会福祉供給体制に関していえば，ミクロレベルやマクロレベルに対して，これまであまり注目されてこなかった「メゾ」レベルへの注目ということになる。法令遵守がいわれ，福祉 QC 活動や苦情解決，リスクマネジメント，個人情報保護，第三者評価の受審と結果の公表などが，次々と求められてくることとなった。そして，これらは，2017（平成29）年の改正社会福祉法に連なっていく。

社会福祉法改正により，本格的に社会福祉法人改革がスタートした。その内容は，以下のとおりである。

①法人ガバナンスの強化を図るための理事会，評議員会の改革。
②事業運営の透明性の向上，ホームページの充実，運営の公開，第三者評価の推進。
③財務規律の強化。
④地域における公益的な取組の努力義務化。
⑤行政関与のあり方の充実。

社会福祉法人制度はそもそも，社会福祉事業を行う者に公金を投入することができるようにするために，社会福祉事業法（1951〈昭和26〉年）によって創設された法人制度である。また，地域の社会福祉問題に先駆的に取り組むミッションに対して，税制優遇制度などが継続している。しかし，社会福祉法人が補助金事業のみに取り組み，地域の福祉課題に積極的に取り組む姿勢を失い，かつ，優遇されている税制等を背景として一部法人における内部留保が問題となり，さらに，親族が理事を占め，評議員会もないなど，その

運営が不透明な法人があるとの批判を浴びることとなり，前記5点の改革が実施されたものである。

　ここでは，地域における公益的な取り組みの努力義務化が，重要なテーマとなる。2016（平成28）年の改正社会福祉法第24条第2項[*6]において規定化され，何が公益的なのかなど，活動の実際については厚生労働省により詳細な規定[*7]がなされている。地域の福祉課題に法人，施設としてできる範囲で，公益的活動に取り組むことが義務化されたのである。

　特に，子ども家庭福祉分野の「地域における包括的・継続的支援」[*8]の充実にとって，社会福祉法人の地域公益的活動の意義は大きいといえる。1つの法人での展開には限界があったとしても，複数法人の協力にNPOや地域組織，ボランティア等が関わったプラットフォームを形作ることによる展開の可能性[*9]は高いといえる。高齢者分野や障害者分野の法人が持つ資源と，子ども家庭福祉・保育分野の事業体が有するノウハウが協働する意義も大きい。

---

＊6　社会福祉法第24条第2項「社会福祉法人は，社会福祉事業及び第26条第1項に規定する公益事業を行うに当たっては，日常生活又は社会生活上の支援を必要とする者に対して，無料又は低額な料金で，福祉サービスを積極的に提供するよう努めなければならない」。

＊7　厚生労働省通知「社会福祉法人の『地域における公益的な取組』について」（平成28年6月1日・社援基発0601第1号）に，要件等が規定されている。

＊8　子ども家庭福祉分野における，いわゆる高齢者福祉における地域包括ケアに相当するシステムづくりであり，筆者の定義は以下のとおりである。「子ども家庭福祉分野における地域包括的・継続的支援体制とは，市町村域ないしは市内のいくつかの区域を基盤として，子どもの成長段階や問題によって制度間の切れ目の多い子ども家庭福祉問題に，多機関・多職種連携により包括的で継続的な支援を行い，問題の解決をめざすシステムづくりならびにそのシステムに基づく支援の体系をいう」。詳細は第6章で取り上げる。

＊9　筆者が委員長を務めた検討会が提出した，新たな子ども家庭福祉の推進基盤の形成に向けた取り組みに関する検討委員会（2014）『子どもの育ちを支える新たなプラットフォーム——みんなで取り組む地域の基盤づくり』（全国社会福祉協議会）は，子ども・子育て支援制度の創設を機に，制度上の課題と民間サイドの取り組みの視点を整理し，地域の基盤づくりとしてのプラットフォームの意義と，想定される活動例を取り上げている。さらに，プラットフォームの基本機能ならびに，その立ち上げと展開に向けた具体的取り組みや手順を整理している。

## 8. 供給体制全体の構造改革——地域共生社会の創出

　2017（平成29）年6月，地域包括的ケアシステムの強化のための介護保険法等の一部を改正する法律が，成立・公布された。そのなかの改正社会福祉法においては，子ども家庭福祉分野における地域子育て支援拠点や，利用者支援事業，子育て世代包括支援センター（母子健康包括支援センター）等の支援社会資源に，住民に身近な圏域において分野を超えて地域生活課題に総合的に相談に応じ，関係機関と連絡調整を行う努力義務（社会福祉法第106条の2）が規定された。

　また，地域福祉推進のため，市町村における体制づくりとして，「地域住民等及び支援関係機関による，地域福祉の推進のための相互の協力が円滑に行われ，地域生活課題の解決に資する支援が包括的に提供される体制を整備する」（社会福祉法第106条の3）努力義務が規定された。

　以上のとおり，地域包括的な支援，分野横断的な包括的支援体制の整備は，人口減少社会が進むなか，今後の社会福祉の重要な方向性としてとらえられている。

　その詳細な評価はさておくとして，これからの社会福祉の方向性として，制度・分野ごとの縦割りを超えて，また，子ども，障害者，生活困窮者，高齢者といった世代別の専門的分断を超えて，地域包括的な支援が示されている（厚生労働省・新たな福祉サービスのシステム等の在り方検討プロジェクトチーム，2016）。

　ところが，子ども家庭福祉分野においては，それぞれの領域がそれぞれにとって最良の方向を求め続けてきたこともあり，制度，援助ともに領域別に深く分断され，複雑な制度体系になっている。本来は包括的な支援を目指すことを目的とした子ども・子育て支援制度導入も，制度間ならびに他制度との相違を際立たせる結果となり，それがさらに増幅される傾向にさえある。

　そのため，地域で包括的な支援を行うことが困難になっており，領域横断的なワンストップ支援や，領域ごとの切れ目のない支援が強く求められてきている。そのような体制をつくるためには，どのような子ども家庭福祉サー

ビス供給体制を整備し，どのように援助者同士がつながればよいかを，考えなければならない。

## 第3節　新たな子ども家庭福祉供給体制を考える論点

### 1. 子ども家庭福祉供給体制の基本的視点を考える

　筆者はこれまで，子ども家庭福祉の実施体制のあり方を検討する際の視点として，拙著『児童福祉改革と実施体制』（柏女，1997）等において，9点を提示している。それはそのまま，今後の子ども家庭福祉供給体制の方向を検討する際の，基本的視点ともなる。以下にそれらを踏まえ，「利便性」を加えたうえで，子ども家庭福祉サービス提供のための基本的視点を10点提示（柏女，2008）しておきたい。なお，①〜⑥までは過去における子ども家庭福祉供給体制検討の基本的視点であり，⑦〜⑩は，新たに要請されてきている視点である。

　①一体性

　子どもの福祉ニーズ判定と提供するサービスの決定とは，子どもの実情を最もよく把握することのできる専門機関で，一体的に実施されることが最も効率的であり，かつ，効果的であると考えられる。具体的サービスの提供は，さまざまな供給主体であってもかまわないが，ニーズ判定とケアマネジメントは，同一主体において実施されることが効率的かつ効果的である。

　②専門性

　自己の意見を表明する力の弱い子どもの福祉を図るためには，子どもの真のニーズの把握，個々の子どもの支援に最も適合するサービスの選択等に，多くの専門職のチーム・アプローチと，合議制による専門的判断が不可欠である。

　③広域性

　施設入所，里親委託等のサービス決定に関しては，子どもの特性と施設・里親の特性との最適な組み合わせについて，②の専門的判断に基づいて広域的に選択していくことが必要であり，また，入所の優先性等について広域的

な調整が必要である。現状では，一般に児童福祉施設，特に児童養護施設については，その歴史性や入所児童の多様性から，各施設が規模，運営形態，運営方針，立地条件，入所児童の態様等に特徴を持っているのが普通であり，広域的選択の必要性が見られる。

④ 公平性

子どもは監護されなければ生きていけない。その意味で，子どもの代替養育システムは，成人の生活保護と似た性格を持つ。したがって，地域によって大きな格差が生じることは避けるべきであり，一定程度の公平性が求められる。また，たとえば児童相談所等における専門的ニーズ判定は，行政サービス決定のための事前手続きでもある。したがって，行政手続法の適用除外とされているとはいえ，それは専門的ニーズ判定プロセスにおいて，行政手続法に基づく手続きと同等のことが当然に行われていることを前提にしているからにほかならず，サービス決定の透明性，公平・公正性は，十分確保されていなければならない。

⑤ 効率性

児童福祉施設入所等の行政サービス利用者の発生件数や，施設等のサービス供給量を考慮すると，一定規模以上の広域を前提としたサービス提供が，行政上効率的と考えられる場合がある。たとえば，一時保護などがその好例である。1日平均1人の利用のために，一定数の人材を常時確保しておくことは，効率的でないともいえる。

⑥ 一貫性

子どもの発達性を考慮した場合，一定期間をおいて子どものニーズ判定，サービスの再検討を行っていくことが求められる。その際，当初，ニーズ判定，サービス決定を行った機関が，サービス提供機関と連携しつつ一貫して行っていくことが，サービスの連続性を担保できやすいと考えられる。

⑦ 介入性

大きな社会問題となっている子ども虐待に効果的に対応し，子どもの福祉を第一に考えるためには，「親権や私権に公権が介入することによって生ずる問題よりも，子権を守ることのほうが重要」との認識に立ち，一定程度の公権の介入性を確保することが必要である。

### ⑧ レビュー機能

自己の意見を表明する力の弱い子どもにとって，児童福祉施設入所等のサービス受給中に起こりがちな権利侵害への対応，その他子どもの権利擁護のため，子どもの声を直接受け止め，サービス内容についてレビューし，改善を図るシステム・機構が必要である。

### ⑨ 地域性

ノーマライゼーションや地域共生社会の創出の理念に沿い，子どもが生活する基盤である家庭や地域において，各種サービスを包括的に提供していくことが可能となる体制づくりが求められる。また，年齢等によるサービス提供の切れ目をなくし，継続的に支援できる体制が必要である。

### ⑩ 利便性

サービスの決定，提供は，利用者の利便性を最大限考慮して行われなければならない。利便性確保は，前述のサービスの地域性確保により確保される部分が多いが，必ずしもそれだけではない。遠くの専門病院を一定期間利用せざるを得ない利用者に対し，その病院の近くで親子宿泊サービスを提供することなども，利便性確保のための重要なサービスと考えられる。

　以上，子ども家庭福祉サービスを提供する際に基本的に考慮すべき視点について，提示してきた。最後に，これらの視点は相互に矛盾する場合もあることに，留意しなければならない。たとえば，子どものニーズ判定に重点を置き，専門職の配置に重点を置こうとすれば，どうしても広域的重点的配置となり，地域性は犠牲にされる。現行の児童相談所はそのような問題点をはらんでいる。しかし，子ども家庭福祉サービスの創設・決定・提供等にあたって，これらの視点を調和させようとする努力は，子ども家庭福祉サービスの拡充，質の向上に資するものと考えられる。

　本格的な地域福祉時代を迎え，都道府県を中心に実施されている子ども家庭福祉供給体制についても，その妥当性について検討する必要が生じてきている。現行体制は，比較的数が少なく，また，自己の意見を表明する力の弱い要保護児童の生活・権利保障のため，一定の有効性を持っていると考えられるが，一方で，市町村・地域レベルでの子ども家庭福祉対策を限定的なも

のにし，民間も含めた地域における計画的取り組みを困難にさせる一因ともなっている。また，近年の虐待通告件数の増加をみれば，広域対応には限界もみえる。つまり，図式的にいえば，要保護児童の権利保障を図るためには都道府県実施がより有効であり，また，一般児童の健全育成，子育て家庭支援の進展，通告件数の増加を考慮すれば，地域福祉・地域対応がより行いやすくなる市町村実施がより有効であり，この両立が子ども家庭福祉供給体制検討の大きな論点になってくる。

　その際，上述の 10 の基本的視点からいえば，都道府県実施の有効性といえる「広域性」「専門性」「効率性」と，市町村実施の有効性といえる「地域性」「利便性」「一体性」の整合性の確保が重要な論点になるのである。


## 2．新たな子ども家庭福祉の再構築に向けた論点


### (1)　子ども家庭福祉供給体制の特徴
　現行の子ども家庭福祉供給体制，特に社会的養護体制について見れば，その特徴を挙げると，以下のように大きく 6 点ある。

　　①都道府県と市町村に分断されている。
　　②今なお施設中心である。
　　③職権保護中心である。
　　④施策が保健・福祉・医療部局と，教育委員会，公安委員会，労働委員
　　　会等とに分断されている。
　　⑤税中心の体系である。
　　⑥事業主に対する補助や負担が中心である。
　これに対して，成人に対するサービス供給体制は，特に高齢者で考えると，以下のようになる。

　　①市町村中心である。
　　②在宅福祉と施設福祉とが同じ割合で広がっている。
　　③利用者と事業者が直接向き合う契約になっている。

④教育委員会といった分断システムがない。

⑤社会保険と税のバランスが確保された体系となっている。

⑥個人給付が中心である。

つまり現状は，人間の一生を保障する仕組みが，子どもと成人とで分断されているといえるのである。子ども・子育て支援制度の創設により，その分断は，解決に向けて新しい一歩を踏み出したといえる。

この仕組みを再構築していくための基本的な考え方と視点は，以下の4点である。

①つながりの再構築が重要であり，子ども家庭福祉についていえば，地域に多くの社会的親を新たなかたちで再生していくこと。

②制度間の不整合を是正すること。

③財源の子ども家庭福祉へ安定的配分を確保すること。

④子どもの仕組みと大人の仕組みの違いをできる限り解消し，人間の一生を包括的に保障していくシステムを構築すること。

## (2)　つながりの再構築——共助の視点と社会的親の整備

これからの子ども家庭福祉の方向性を考える基本的視点は，何と言っても「子どもの最善の利益」（the Best Interest of the Child）の保障である。では，政策的にとらえた子どもの最善の利益とは何か。それは，たとえば，やむを得ぬ事情で子どもを家庭から切り離すことはあっても，できる限り地域から切り離すことは避けることである。一例を挙げれば，子どもが実の親から切り離されたとしても，それ以外の成人たち，すなわち地域に存する社会的親[10]である信頼できる教師や保育者，近隣の人々などによって見守られ，仲間とともに成長していく権利が保障されなければならない。それは，

---

[10]　網野（2002，p.169）は，社会的親を「実の親以外の人で恒常的，部分的，間歇的，一時的に子育てに関わる人をいう」と定義し，あわせて心理的親についても定義している。

公的責任を図る国家責任を強調するのみでは，決して達成されない。

　また，広域行政庁である都道府県の役割強化だけでは達成できない課題であり，地域に最も密着した基礎的自治体である市町村が，地域に根ざした体制をつくりあげていくことが必要とされる。そして，社会的養護を必要とする子どもの生活を，公助の視点のみならず，共助の視点から保障しようとする視点がなければならず，そのための体制づくりが求められるのである。

　ちなみに，2009（平成21）年度から，小規模住居型児童養育事業（ファミリーホーム）の制度化が図られた。こうした小規模形態の社会的養護は，子どもの生活の質の向上に資するのみならず，地域に身近な市町村を単位として整備することを可能とし，結果として，地域住民に社会的養護に関する深い理解をもたらすことができ，社会的養護を地域に開かれたものとすることができる。そして，そのことは，子どもの周りに多くの社会的親を用意することにつながる。子ども家庭福祉のあり方検討は，このように，子どもの視点と社会づくりの視点からなされなければならない。


## (3)　制度間の不整合の是正
### ——市町村を中心として都道府県，国が重層的に支援
### ① 子ども家庭福祉に見る制度間不整合

　現行の子ども家庭福祉供給体制の課題として，子どもの生活を一貫して保障する体制になっていないということが挙げられる。そのなかで最も大きな課題は，サービスによって財源やサービス実施主体が不統一となっており，そのことが，子ども家庭福祉サービスの総合的発展を阻害しているという点である。さらに，それが援助における連携体制にまで影響している。たとえば，以下の点が例として挙げられる。

- **財源の不統一**　——育児休業中の所得保障と乳児保育，子育て支援サービス（市町村）と社会的養護サービス（都道府県），民営保育所（負担金）と公営保育所（一般財源），保育所（税）と放課後児童クラブ（事業主拠出金）等。
- **サービス決定機関の不統一**　——障害幼児が幼保連携型認定こども園，

幼稚園（子ども・子育て支援制度外），保育所，児童発達支援事業・センター，特別支援学校幼稚部を利用する場合の，決定権者と利用方法の不統一等。

## ② 制度間不整合の是正を目指す

たとえば，子育て支援サービスと社会的養護サービスを考えてみる。子育て支援サービスの整備は，児童福祉法によれば市町村の責任である。財源も，2014（平成 26）年度までは，その多くは次世代育成支援対策ソフト交付金であり，その場合は，原則として都道府県は負担しなかった。2015（平成 27）年度から創設された子ども・子育て支援制度においては，都道府県も 3 分の 1 負担することとなったが，このことは不整合解消の一歩を踏み出すものと評価できる。

一方，市町村が整備する子育て支援サービスでは持ちこたえられず，都道府県の児童相談所が一時保護すれば，今度は都道府県が全額負担して，市町村は原則として費用負担を行わない。子どもが施設入所中は，それが当該市町村の子どもであったとしても，市町村は費用負担を行わない。そして，子どもが家庭復帰すれば，また市町村が負担することとなる。このような財源や実施主体の分断は，社会的養護下に入る可能性のある子どもの福祉に，以下の課題を生み出すこととなる。

財源に関していえば，子育て支援の整備と社会的養護の整備は，いわゆる一種のトレードオフの関係にある。つまり，利用者である子どもや親は，原則として両方のサービスを同時に利用することができず，また，それぞれのサービス整備にかかる費用負担の主体は異なっている。この結果，都道府県，市町村のいずれも互いの責任範囲となっているサービスの拡充を求め，整備に対するインセンティヴ（意欲刺激）が働かない結果となってしまう。

また，子どもが施設入所中は，市町村をはじめとする地域の関係機関は，当該児童に対する関心が薄くなってしまいがちである。一部の子どもは夏季や年末年始に帰省しているが，市町村はそのことを知らない。さらに，家庭復帰する段階になってはじめてそのことを知ることとなり，そのための体制整備も遅れるという結果をもたらしている。この点は，障害児支援も同様

で，（障害児）相談支援専門員からは，「入所になると，これまでつくり上げてきた本人と家族支援のネットワークもすべて切れて，新たな機関である児童相談所に委ねることとなってしまう」との声も聞かれる。

このような事態を解消し，子どもの成長を総合的に支援していくためには，市町村を中心とし，都道府県や国が重層的に支援していく，子ども家庭福祉供給体制を整備していく方向が必要とされる。すなわち，子育て支援サービスにも都道府県が責任を持ち，また，社会的養護にも市町村が責任を持つ体制の整備である。子ども・子育て支援制度において，子育て支援サービスについては都道府県負担が実現することとなったが，社会的養護は市町村負担がないままである。

また，育児休業中の所得保障は雇用保険から行われ，その財源は，事業主の拠出金と，従業員の社会保険料負担（一部国庫負担あり）からなっている。ところが，乳児保育は税（2018〈平成30〉年度から，一部，事業主拠出金が充当）で運営されているため，育児休業取得率が上がれば事業主拠出が増え，乳児保育利用者が増えれば税支出が増えることとなる。この制度間のトレードオフ関係が，ワーク・ライフ・バランスの進展を阻む要因のひとつとなっていることは想像に難くない。財界，政府が，それぞれ一方の財布をあてにしている限り，バランスある展開はできていかない。この点は，子ども・子育て支援制度においても解消されておらず，今後に向けた大きな課題である。

なお，こうした課題に対し，近年，育児休業中の所得保障に税負担を投入し，また，2018（平成30）年度から子ども・子育て支援法改正により，乳児保育の経営に事業主拠出金の一部を充てることができるようになるなど，一定の改善が進められているが，財源統合までは進んでいない。

## (4)　子ども家庭福祉財源の安定的確保

国立社会保障・人口問題研究所によると，2017（平成29）年度，社会保障社会保障費用に占める高齢者関係支出が，47.0％であるのに対して，子ども・子育て支援関係と見込まれる家族関係支出が全体に占める割合は，わずか6.9％であった。この数値は近年上昇しているものの，欧州諸国に比較し

て低く，アメリカよりわずかに高い程度の水準である。社会保障給付は年金，医療，介護等の各制度により構成されており，これらの制度が世代間扶養の機能を有していることを考慮すると，世代間の公平や若者の理解促進という観点からも，今後は児童・家族関係給付割合を拡充することが必要とされている。このことによって，高齢者中心型社会保障から全世代型社会保障への転換が目指されなければならない。

　また，子育て支援，子ども家庭福祉サービスの財源構成は，各サービスの内容によって国庫負担金・補助金等，地方交付税，年金特別会計（事業主負担），社会保険，診療報酬，民間資金，私的負担など多様であり，それぞれの整合性も十分に図られていないため，サービス全体を見通して拡充・整備していくことが困難となっている。今後はこれらの財源を統合ないしは整理することにより，効率的な活用を図る必要があると考えられる。また，利用者に対する直接補助（たとえば障害児施設給付費や，子ども・子育て支援制度による給付等），事業主に対する補助，全額公費負担等，サービスの特性に合わせた財源の充当方法についても検討しなければならないであろう。

## (5)　人間の一生を通じた包括的な保障——四つ葉のクローバー

　子ども家庭福祉サービスの提供体制の特徴は，前述したとおり，成人，特に高齢者の施策と比較すると，①都道府県中心，②職権保護中心，③施設中心，④事業主給付中心，⑤税中心，⑥保健福祉と教育の分断，の6点が挙げられる。さらに欧米のシステムと比較すると，⑦限定的司法関与[*11]を挙げることができる。

　人間の一生を包括的に支援するという観点からは，子ども家庭福祉供給体制も，①市町村中心（都道府県との適切な役割分担），②契約[*12]と職権保護のバランス，③施設と在宅サービスのバランス，④個人給付と事業主補助のバランス，⑤税を中心としつつ社会保険を加味，⑥保健福祉と教育の統

---

　[*11]　欧米先進国においては，被虐待児童を家庭から切り離すときや施設入所時に，親権の一時停止等の司法が関与した対応がとられるのに対して，わが国の場合は司法の関与が限定的であることを指す。そういう意味では，2012（平成24）年度から創設された親権の一時停止制度等は，欧米のシステムに近づくものとして評価される。

第5章　子ども家庭福祉供給体制の諸相　　*145*

表5-1　子ども家庭福祉サービス供給体制の将来方向

| 現　行 | | 将　来 |
|---|:---:|---|
| (1)　都道府県中心 | ⇨ | 市町村中心（都道府県との適切な役割分担） |
| (2)　職権保護中心 | ⇨ | 契約と職権保護のバランス |
| (3)　施設中心 | ⇨ | 施設と在宅のサービスのバランス |
| (4)　事業主補助中心 | ⇨ | 個人給付と事業主補助のバランス |
| (5)　税中心 | ⇨ | 税を中心としつつ社会保険を加味 |
| (6)　保健福祉と教育の分断 | ⇨ | 保健福祉と教育の統合・連携 |
| (7)　限定的司法関与 | ⇨ | 積極的司法関与 |

(柏女，2008，p.147)

合・連携，⑦積極的司法関与，の方向を念頭に，再構築に向けて検討を開始することが必要と思われる。これらは，**表5-1**のように示される。

1990（平成2）年の1.57ショックを契機として開始された，いわゆる少子化対策は，年金・医療・介護充実のための手段として出発した経緯を持つ。そして，現在もなお，その流れを引きずっている。これからの子ども家庭福祉は，「年金・医療・介護」と「少子化対策」に二分化されるのではなく，「年金・医療・育児・介護」の四つ葉のクローバーによって再構築されなければならない。それこそが，人間の一生を通じた福祉・安寧を保障[13]することになるのである。

# 第4節　個別の論点

## 1. 児童相談所

子ども家庭福祉供給体制の再構築を図る際に最も重要視されるべき論点は，児童相談所をどのようにするかということである。特に，市町村を中心

---

＊12　むろん，保護者と事業主との契約によっては対応困難な子ども虐待等の事例も多くあり，司法決定や職権保護システムも併存させるのは当然のことである。

＊13　筆者はこの視点を「人間福祉」と呼び，社会福祉制度再構築の基本視点として重要視している。また，四つ葉のクローバーの考え方については，柏女（2008）などを参照。

とする体制整備を図るとすれば，市町村・地域レベルにおける子ども家庭福祉援助機能の強化と，それらの機関に対する間接的支援，専門的支援のあり方が大きな課題となる。

　児童相談所という総合的行政機関を残すとすれば，それをどの自治体まで必置にすべきか，という議論も必要となる。また，支援機能と介入機能の分離なども検討すべきである。介入機能は行政処分をともなうため，行政機関たる児童相談所に残し，臨床相談機能を療育センターやリハビリテーションセンター等のような別機関とすることにより，両者の分離を図ることなども考える必要があるだろう。いわゆる欧米のシステムとして多く採用されている，Child Protective Service 機能と Child Guidance Clinic 機能との分離である。この点については，第6章で検討したい。

## 2.　サービスの再編──児童福祉施設機能の再編

　子ども家庭福祉問題の幅広さも影響し，特に，措置型児童福祉施設の広域措置の必要性が増している。また，歴史的に見て，その役割が変わってきたり，対象児童の減少が見られたりしている施設種別も存在している。児童福祉施設の細分化は，養育・療育内容の専門化・高度化を促進する効果がある反面，ノーマライゼーションや家庭支援の観点からは一定の限界も生じさせている。これらを受け，これまでも児童福祉施設の再編は部分的に進められてきたが，今後はいわゆる社会的養護関係施設と障害児入所施設の統合も含めた再編も考えることが必要である。

　また，2018（平成30）年7月6日に厚生労働省子ども家庭局長通知として発出された「都道府県社会的養育推進計画の策定要領」に見るとおり，施設の役割は今後，大きく変容していくことも想定される。

　このため，児童福祉施設の入所児童に対する専門的養育・療育機能と，入所児童の家庭支援や地域の子育て家庭に対する支援機能，里親等家庭養護支援機能とを両立させるような児童福祉施設再編成が課題となってくる。その場合，養育系施設と療育系施設の二大施設体系および，生活施設と通過施設の二大機能とを基本として，体系化していくことが適当であろう。第9章

（図9-5）において，筆者も参画した全国社会福祉協議会・児童福祉施設のあり方委員会（1995）の提言『児童福祉施設再編への提言』の，児童福祉施設機能俯瞰図を示しているが，今なお一定の方向性を提示するものとして，検討に値すると考えられる。

　筆者は，かつて児童福祉法改正要綱試案を仲間とともに作成し，そのなかで児童福祉施設を，「児童養育ホーム」と「生活治療ホーム」の2種（それぞれ小規模類型も法定化する）に統合することを，下記のように提案した。

【児童福祉施設の再編成に関する事項】
　児童の養育・養護・生活治療（トリートメント）を行う児童福祉施設として「児童育成ホーム」及び「小規模児童育成ホーム（グループホーム）」を創設すること。これにともない，政令において「児童育成ホーム」及び「小規模児童育成ホーム（グループホーム）」に関し，児童の養育・養護を行う「児童養育ホーム」及び児童の生活治療（トリートメント）を行う「生活治療ホーム」をそれぞれ定めるものとすること。

（柏女，2008，p. 176）

　これは，これまで述べてきた考え方に依ったものであり，生活総合性の支援を行う施設を児童養育ホーム，特定目的性の支援を行う施設を生活治療施設と呼ぶことにしたものである。これら統合化の方向性を模索していくことが必要とされる。なお，詳細は，第9章を参照いただきたい。

## 3. 子ども家庭福祉サービスの対象把握の仕組みを考える

　子ども家庭福祉分野の特性として，子どもは理念的には権利行使の主体として認識（権利主体性）されるが，実際にはサービス利用の契約主体たりえず，一般的には，保護者が契約主体性を有することとなる。つまり，サービスの利用ないしは供給にあたっては，子どもの意向と親の意向の方向に配慮が必要とされ，子どもの意向は，保護者とともに専門家も判断主体となる。

　この関係については，山縣（2002，p. 29）の考察が参考となる。**図5-2**

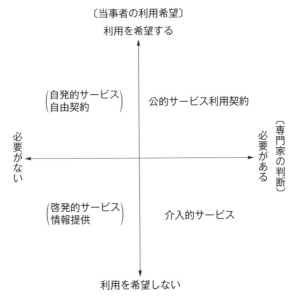

図 5-2　サービス利用の特性別に見た子ども家庭福祉供給のあり方
(山縣, 2002, p.29)

は，山縣が示すサービス利用の特性別に見た，これからの子ども家庭福祉サービス供給のあり方に関するマトリックスである。当事者の利用希望を縦軸，専門家の利用判断の要否を横軸としている。親がサービス利用を希望しない，あるいはその必要性に気づいておらず，専門家から見れば親や子どもに対する何らかのサービス提供が必要と考えられる場合，子ども虐待事例に代表される介入的サービスが必要とされ，その場合の親子に対する権利擁護システムの整備や適正手続きの確保が必要とされる。

## 4．サービス供給の仕組みを考える
　──権利主体性と契約主体性とのずれをめぐって

　子ども家庭福祉サービス供給の仕組みをめぐっては，子どもや子育て家庭の尊厳を守り，権利を保障するため，前項の対象把握の仕組みとも連動するが，子ども，親，公（行政や司法）の三者の意見調整を軸に，以下の類型を

もとに考察していくことが必要とされる。

## (1) 子どもおよび親の意見が同一方向

　親が子どもの福祉ニーズを的確に代弁していると考えられる場合であり，親のワーカビリティが高い場合である。この場合は，親が子どものためにサービス契約を結ぶことが可能であり，かつ，適当である。なお，自由契約の場合には専門家の判断は必要ないが，いわゆる公的契約の場合には，専門家の利用要件の確認などが必要とされる。また，子どもの意向に対する配慮も必要とされる。

## (2) 子どもおよび親の意見が異方向（その可能性を含む）

　子どもの福祉ニーズと親のニーズが異方向である場合や，親のニーズが顕在化していないなどの場合である。この場合には，子どもの真の福祉ニーズの判定，親への代弁や説得，子どもと親のニーズの調整，強制介入的なサービス利用が必要とされる。司法決定による入所方式も取られる。

## (3) 子ども，親，公の意見が異方向

　たとえば，子どもが万引き等により親の関心を求め，親はその矯正のために子どもに過度な体罰をふるい，児童相談所が子どもを親から救出するべく，職権一時保護を行う場合などが考えられる。親が児童相談所を訴えるなどが時々みられているが，こうした事例は現行システムのなかではよほどのことがなければ表面化しにくく，また対応も困難である。子どもや親の声をしっかりと聞き取り，かつ調整を進める第三者機能の強化が必要とされる。

# 第6章 子ども家庭福祉供給体制と 地域包括的・継続的支援

## 第1節　子ども家庭福祉供給体制の系譜と到達点

### 1. 社会福祉の動向と子ども家庭福祉供給体制

　前章で述べたとおり，2017（平成29）年6月，地域包括的ケアシステムの強化のための介護保険法等の一部を改正する法律が成立・公布された。これにより，地域包括的な支援は，今後の社会福祉の重要な方向性としてとらえられている。これからの社会福祉の方向性として，制度・分野ごとの縦割りを超えて，また，子ども，障害者，生活困窮者，高齢者といった世代別の専門的分断を超えて，地域包括的な支援が示されているのである。

　ところが，子ども家庭福祉分野においては，それぞれの領域がそれぞれにとって最良の方向を求め続けてきたこともあり，制度，援助ともに領域別に深く分断され，複雑な制度体系になっている。本来は包括的な支援を目指すことを目的とした子ども・子育て支援制度導入も，制度間ならびに他制度との相違を際立たせる結果となり，複雑さをさらに増幅させている。

　そのため，地域で包括的な支援を行うことが困難になっており，領域横断的なワンストップ支援や，領域ごとの切れ目のない支援が強く求められてきている。そのような体制をつくるためには，どのような子ども家庭福祉サービス供給体制を整備し，どのように援助者同士がつながればよいかを考えなければならない。

## 2. 子ども家庭福祉供給体制の定義

　前章で述べたとおり，坂田（2014）は福祉供給システムに関し，「福祉サービスの提供には，誰が（提供主体），誰に（対象），何を（サービス），どれだけ（提供量），どのようにして（給付形態），という要素がからんでいる。そうした要素で出来上がる福祉サービス提供の仕組みを「福祉供給システム」と呼ぶ」と規定している。これを参考に子ども家庭福祉供給体制を定義すると，以下のようになる。

> 　子ども家庭福祉供給体制とは，子ども家庭福祉の提供主体，対象，サービス，給付量，給付形態，人材（専門職），財源などの要素で成り立つ，子ども家庭福祉供給の仕組みないし体制のことである。子ども家庭福祉ニードに資源を割り当てるための仕組みの，総体ともいえる。

　ここでは，この定義を基本としつつ，子ども家庭福祉供給体制のこれまでの変遷ならびに到達点，今後の方向，そのための方策等について整理することとしたい。

## 3. 社会福祉の二大潮流と子ども家庭福祉

### (1) 子ども家庭福祉供給体制再構築の必要性

　近年の社会福祉の二大潮流は，第一が当事者の意向の尊重，尊厳の保持であり，第二が利用者の権利の保障・権利擁護であるといってよい。第一については，いわゆる社会福祉基礎構造改革により，高齢者福祉，障害者福祉が先導し，第二については，子ども虐待防止対策をはじめとして，子ども家庭福祉が先導したといってよい。

　そして，第一については，2000（平成 12）年の高齢者福祉（介護保険制度），2006 年の障害者福祉（障害者施設等給付制度）に続き，2015（平成 27）年の子ども家庭福祉（子ども・子育て支援制度）に結びつくこととなった。

しかし，子ども家庭福祉分野におけるこの視点の改革は，家族の一体性重視，世帯重視，親の第一義的責任といった観点から他分野に遅れ，結果的に都道府県と市町村に二元化され，職権保護を色濃く残す供給体制も併存することとなり，子ども・子育て支援制度創設によりこれまで以上に複雑化することとなった。

今後は，当事者の尊厳，人権擁護，地域における包括的で切れ目のない支援を基盤とする共生社会創出の視点から，子ども家庭福祉供給体制のあり方を根本から検討する必要があるといえる。


### (2)　共生社会の創出

現代の社会福祉が直面している問題の多くは，「つながりの喪失」と，その結果引き起こされる「社会的孤立」に関わっている。このような方向は，主として以下の３つの要因の複合によってもたらされる。

#### ① 社会の要因

便利さ，豊かさを追求する社会により，手間暇かかることを厭う社会状況が生み出されることとなる。速さを競う新幹線社会は，それを一時的にでも降りることを求める子育てや子どもの生活を大切にしない効率優先社会を創り出し，親や子どもたちの子育て，生きた体験を奪っていくこととなる。

#### ② 人の要因

手間暇かかることを厭う社会は，人とつながることを面倒と思う人々を生み出していく。人とゆるやかにつながること，共に生きることは，周りの縁ある人たち同士が，一歩，手を差し伸べ合うという努力が必要とされる。この一歩を厭うとき，匿名性という居心地の良さを獲得することと引き換えに，私たちはつながりを失うこととなる。

#### ③ システムの要因

たとえば，人と人との接触を厭う社会が生み出す，いわゆる個人情報保護法といった社会システムは，これらの方向を加速する。


こうした要因への取り組みとして「公」の強化が図られることによって，私たちは逆に「共」を失うこととなる。その問題を私たち全体の問題と考え

る素地を，奪ってしまうからである。

　たとえば，子ども家庭福祉分野でいえば，児童相談所への通告義務の一般化や，短縮ダイヤル「189（いちはやく）」の創設がある。そのことを否定するつもりはないが，本当に必要なのは即時の通告ではなく，隣人として話を聞き，自らにできるちょっとした身近な支援を行うことであろう。公を強化することによって「公共」のうちの「共」がやせ細り，そのことが更なる「公」の肥大化を生み出し，それがまた「共」を細らせていく。この悪循環を断ち切らねばならない。そのためには，「公」を「共」の強化のために使う必要がある。

　社会福祉は，人と人との間や，人とサービス，制度との隙間を埋めるべく，社会的排除のないソーシャル・インクルージョン（社会的包摂）の視点に立ち，公民協働の福祉の姿を目指していくことが必要とされる。「孤立と分断」から「連帯と共生」の社会への移行が必要とされている。それが，「共生社会」の創出につながっていく。

## 4.　子ども家庭福祉供給体制の特徴

### （1）　他の福祉分野との比較

　子ども家庭福祉分野では，サービス利用方法やサービス決定権限の所在が，領域や施設種別により異なるなど，供給体制は非常に複雑な仕組みになっている。現在の高齢者福祉，障害者福祉，子ども家庭福祉における供給体制の現状を，柏女・佐藤（2017）により一覧にまとめると，**表6-1** のようになる。

### （2）　子ども家庭福祉供給体制の領域別特徴のまとめ

　また，子ども家庭福祉分野の領域ごとの供給体制の現状を一覧にまとめると，**表6-2** のようになる。

### （3）　子ども家庭福祉供給体制の特徴

　この結果わかることは，以下のとおりである。

## 表 6-1 社会福祉 3 分野のサービス供給体制

| 分野<br>仕組みの違い | 高齢者福祉 |
|---|---|
| 理念 | ・自立支援<br>・利用者本位<br>・権利擁護<br>（老人福祉法，介護保険法） |
| 主たるサービス利用方法 | 社会保険，契約 |
| 権利擁護のためのサブシステム | 成年後見制度 |
| 措置の扱い | 例外的 |
| 所管 | 厚生労働省 |
| 主な実施主体 | 市町村（一元的） |
| サービスの支給決定プロセス | 相談の上，要介護認定制度で2段階の判定で介護状態が認定され，サービス支給限度基準額が決まる。利用するサービス内容は，ニーズに応じたケアプラン作成のため介護支援専門員と決める<br>・ソーシャルワークのプロセスに一致する（担当者が替わっても一定の基準は守られる） |
| 給付と費用負担 | 連動している<br>応益負担（原則 1-2 割） |
| 負担軽減 | あり<br>低所得者の補足給付<br>高額介護（予防）サービス費 |
| 財源 | 社会保険（介護保険）と税 |
| 税が占める割合 | 50％程度 |
| 市町村の負担 | あり。約4分の1 |
| 地域包括ケア | あり<br>H 23 から推進<br>H 27 から構築へ |

第 6 章　子ども家庭福祉供給体制と地域包括的・継続的支援　　*155*

| 障害者福祉 | 子ども家庭福祉 |
|---|---|
| ・個人の尊厳<br>・共生社会の実現<br>・身近な場所で必要な支援を受けられる<br>・社会参加の機会の確保<br>・どこで誰と生活するかについての選択の機会が確保され，地域社会において他の人々と共生することを妨げられないこと<br>・社会的障壁の除去<br>（障害者総合支援法等） | ・児童の最善の利益<br>・児童の育成責任<br>・保護者の養育責任<br>（児童福祉法等） |
| 契約 | 措置と契約 |
| ・意思決定支援（市町村努力義務）<br>・成年後見制度（都道府県市町村努力義務） | 未成年後見制度 |
| 例外的，権利擁護 | 要保護児童の施設入所等は障害児の一部を除き措置援助 |
| 厚生労働省 | 厚生労働省，内閣府 |
| 市町村（一元的） | 都道府県と市町村（二元的） |
| 相談の上，障害支援区分で状態が判定され，サービスの量が決まり，利用するサービス内容はニーズに応じたケアプラン作成において相談支援相談員と決める<br>・ソーシャルワークのプロセスに一致する（担当者が替わっても一定の基準は守られる） | ・相談の上，担当者がアセスメントするが，客観的なアセスメントによる状態の判定はできず，サービスの量や内容，期間は客観的には決まらない。措置の場合は行政処分として決定する<br>・ソーシャルワークのプロセスに近いが大部分は担当者の経験的判断に委ねられる（担当者の力量により大きく左右される） |
| 連動していない<br>所得による 4 段階の応能負担 | 連動していない<br>応能負担 |
| あり<br>高額障害福祉サービス等給付費<br>食費等実費減免措置（補足給付）<br>生活保護への移行防止策 | あり<br>実費徴収に対する補足給付 |
| 税 | 税 |
| ほぼ 100% | ほぼ 100% |
| あり。4 分の 1 | あり（社会的養護を除く。詳細別表） |
| 過渡期<br>H 25 から市町村基幹相談支援センターを中核機関とする体制強化と自立支援協議会法定化・設置 | （全体としては）なし<br>H 27 から子育て世代包括支援センターを設置するが，未だ子どもの援助ごとに児相と市町村が連携する状態 |

（柏女・佐藤，2017．p. 13 を著者一部改変）

## 表6-2　子ども家庭福祉分野の領域別供給体制

| 分野＼仕組みの違い | 社会的養護 | 保育 |
|---|---|---|
| 理念 | ・家庭環境を奪われたあるいは支援が必要な子どもの代替的環境における支援<br>・要保護児童の自立 | ・保護者の就労や疾病等で保育を必要とする乳幼児のためのサービス体系 |
| サービス利用方法 | ・措置 | 子ども・子育て支援制度の施設型給付・地域型保育給付<br>・幼保連携型認定こども園<br>・その他の認定こども園<br>・施設型給付を受ける幼稚園と地域型保育給付は公的契約<br>・私立保育所は保育の実施 |
| 措置の扱い | | 一部の要保護児童 |
| 所管 | 厚生労働省子ども家庭局 | 厚生労働省子ども家庭局，内閣府子ども・子育て本部 |
| 主な実施主体 | 都道府県 | 市町村 |
| サービスの支給決定プロセス | 相談→一時保護→児童相談所長が施設入所措置決定→施設入所 | 公的契約<br>申請→客観的基準による教育・保育の必要性認定→決定→支給認定証発行→公的契約→利用開始<br>保育所は保育の実施方式 |
| サービス給付に係る費用負担 | 応能負担 | 応能負担 |
| 財源 | 税＋利用料負担 | 税＋一部事業主負担＋利用料負担 |
| 市町村の負担 | なし<br>国庫負担と都道府県・指定都市・児童相談所設置市の負担1/2ずつ | あり<br>（新制度の施設型給付）<br>公設公営：市町村10/10<br>民営：国1/2，都道府県1/4，市町村1/4 |
| 地域包括ケア | ― | ― |

| 子育て支援 | 障害児 | 母子生活支援施設 |
| --- | --- | --- |
| ・旧来の地域の互助による子育てを制度的に構築して保護者と子どもを支援 | ・障害者総合支援法の理念と児童福祉法の理念 | ・母子家庭の就労や生活等の安定。自立支援 |
| ・自由に利用<br>・保護者の申込により調整 | 障害児施設給付制度による<br>・障害児入所施設支援<br>・通所給付決定 | ・母子保護の実施 |
| なし | 要保護児童 | なし（利用の勧奨） |
| 厚生労働省子ども家庭局，内閣府子ども・子育て本部 | 厚生労働省社会・援護局障害保健福祉部 | 厚生労働省子ども家庭局 |
| 市町村 | 給付の判定は都道府県（児相），入所は都道府県，通所は市町村 | 市（福祉事務所を設置している町村を含む） |
| 申請→登録→利用開始 | 入所支援：児童相談所に申請→障害支援区分認定→給付制度決定→直接契約→利用開始<br>通所支援（発達支援）：市町村に申請→障害支援区分認定→通所給付決定→障害児支援利用計画作成→公的契約→利用開始 | 申請→母子保護の実施の決定→施設入所 |
| 応能負担 | 応能負担 | 応能負担 |
| 税＋一部事業主負担＋利用料負担 | 税＋利用料負担 | 税＋利用料負担 |
| あり<br>地域子ども・子育て支援事業：国1/3，都道府県1/3，市町村1/3<br>妊婦健康診査，公立の延長保育事業は市町村10/10<br>（事業主拠出金あり：延長保育，病児保育，放課後児童クラブ，仕事・子育て両立支援事業） | あり<br>通所は国1/2，都道府県1/4，市町村1/4<br>※入所は国1/2，都道府県・指定都市・児童相談所設置市1/2 | あり<br>市及び福祉事務所の設置町村：都道府県立施設（国1/2，都道府県1/2），市町村立施設・私設施設（国1/2，都道府県1/4，市町村1/4）<br>都道府県・指定都市・中核市：いずれの設置者でも国1/2，都道府県・指定都市・中核市1/2 |
| H27より子育て世代包括支援センター設置推進。ただし，機能的な面が強く，必ずしも地域包括ケア体制ではない | ※総合支援法に関わるところは包括的だが，児の部分だけを見ると子ども家庭福祉の他の領域が包括的でなく連動していないので包括的とはいえない | ― |

（柏女・佐藤，2017，p.14を著者一部改変）

①子ども家庭福祉供給体制が，高齢者福祉，障害者福祉のそれと決定的
に異なるのは，供給主体が都道府県と市町村による二元化体制である
ことである。

②社会的養護領域など，サービス利用が行政による決定（行政処分）に
委ねられている領域が多いということである。子ども・子育て支援制
度という公的契約領域においても，保育所のような行政処分による保
育の実施方式が混在している。

③国の所管が，厚生労働省子ども家庭局，同障害保健福祉部，内閣府子
ども・子育て本部といった，複数の府省等にまたがっていることであ
る。

　こうした特徴は，子ども家庭福祉分野における地域包括的で切れ目のない
支援を困難にし，利用者にも支援者にも非常に理解しにくい構造をもたらし
ている。次項で，このようなシステムがいかにして創設されてきたかについ
て，振り返ってみることとしたい。

## 5. 子ども家庭福祉供給体制の特徴と現在までの到達点

### (1) 平成期の子ども家庭福祉供給体制の経緯

　平成期の子ども家庭福祉は，2つの大きな潮流が，子ども家庭福祉供給体
制を市町村と都道府県に二元化させている。**図6-1**は，子ども家庭福祉分
野における供給体制の流れを俯瞰したものである。

　少子化対策は1990（平成2）年の1.57ショックに始まり，待機児童問題，
いわゆる規制緩和や，いわゆる三位一体改革[*1]，公的契約制度である認定
こども園創設，次世代育成支援施策を経て，子ども・子育て支援制度創設に

---

[*1]　小泉首相時代である2002（平成14）年に閣議決定された提言。補助金削減，国か
ら地方公共団体への税源移譲，地方交付税の見直しの3つを一体的に改革するもので
あり，保育・子育て支援の財政構造が，補助金，交付税，事業主拠出金などに分断さ
れ，統一性が失われた。第5章参照。

第 6 章　子ども家庭福祉供給体制と地域包括的・継続的支援　　159

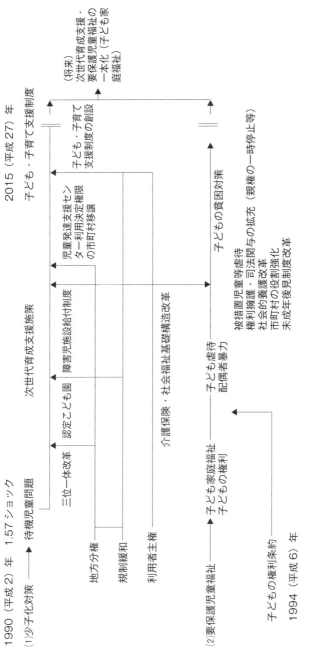

図 6-1　子ども家庭福祉供給体制改革の動向と今後の方向（柏女, 2017 a, p. 147）

至る流れが見えてくる。この分野では，子育ての「社会的支援」や「社会連帯」などが理念となる。

　一方，要保護児童福祉は，1994（平成6）年の子どもの権利条約締結から，子ども虐待対策（1996〈平成8〉年度から本格開始）における家庭に対する公権介入の強化，司法関与の拡充が続き，配偶者暴力防止，被措置児童等虐待防止等権利擁護の流れをつくりだしていく。子どもの貧困対策も始まった。この分野では，「公的責任」「公権介入の強化」による「権利擁護」が中心理念となっている。

　このように，子ども家庭福祉は，いわば子どもの育ち・子育てに対する"支援と介入"の強化をセットにして進められていくこととなる。また，前述したとおり，それぞれの国の所管が異なることを踏まえ，子ども家庭福祉制度体系そのものが，「子ども・子育て支援制度」と「児童福祉制度」「障害児支援制度」とに分断されてしまう事態も招きかねない。次のステージ，つまり主たる3つのシステムの統合に向けての見取り図，羅針盤を用意しなければならない時期に来ており，包括的・継続的支援体制づくりの実現が求められている。


## (2)　到達点
### ① 子ども家庭福祉供給体制の地方間分権の到達点

　子ども家庭福祉基礎構造のいわゆる地方間分権改革は，遅々として進んでいない。現段階における到達点としては，障害児を含む在宅福祉供給体制に関しては市町村を中心に再構築され，また，その他の要保護児童福祉についても，現段階では子ども家庭相談における市町村の役割強化や，要保護児童対策地域協議会等の協議会型援助の定着を図りつつ，その基盤整備が進められている段階といえる。

　2016（平成28）年改正児童福祉法，改正母子保健法によって創設された，市区町村子ども家庭総合支援拠点や，母子健康包括支援センター（子育て世代包括支援センター）は，後述する子ども家庭福祉分野における地域包括的・継続的支援体制を創出する重要な社会資源となることが想定されるが，二元化されたままでの体制整備には課題が残るものとなる。

筆者らの研究（柏女，2008 ほか）からは，都道府県から市町村への地方間分権化を進めるためには，市町村実施による「地域性・利便性・一体性」の確保と，都道府県実施のメリットと考えられている「効率性・専門性・広域性」との分立，整合性の確保が課題とされる。この点は，2016 年の児童福祉法等の一部を改正する法律によっても，児童相談所の設置を特別区等に広げる改正はあったものの，一元化に向けての基本的な進展はなかったといえる。

## ② サービス利用のあり方に関する到達点

一方，サービス利用のあり方に関しては，1990 年代半ばから，保育所利用制度のあり方検討を出発点として論議が始まる。成人の社会福祉サービスの利用がいわゆる職権保護に基づく措置制度から，当事者・利用者と供給主体との公的契約に基づく制度に転換されているなかにあって，子ども家庭福祉サービスの利用制度については，親権との関係や職権保護の必要性から，保育所や助産施設，母子生活支援施設が行政との公的契約システムであることを含め，これまでいわゆる行政によるサービス供給を図る制度が堅持されていた。

しかしながら，2006（平成 18）年 10 月からの認定こども園制度の導入や，障害児施設給付制度の導入など，子ども家庭福祉サービス利用のあり方を，当事者・利用者と供給主体とが直接に向き合う関係を基本に再構築する流れは，着実に広がりつつある。そして，この流れは，2015（平成 27）年度創設の子ども・子育て支援制度に引き継がれていった。

しかし，国会における修正によって保育所が保育の実施方式を継続することとされるなど，契約を補完するシステム整備が不十分なこともあって，公的責任論が根強く残るシステムとなっている。

## (3) 二元体制克服のための都道府県，市町村の意向の推移

筆者らはこれまで折に触れ，都道府県，市町村に対して子ども家庭福祉行政実施体制の分権化（具体的には，児童福祉施設入所措置事務の市町村移譲）の是非について調査を進め，また，公的機関が行った調査も含めてその推移を見極めてきた。**表 6-3** は，それらの一部を年次別に並べたものであ

表 6-3　都道府県担当者の子ども家庭福祉サービス決定権限の移譲に関する
　　　　意向の推移[*2]

|  | 1986 | 1993 | 2000 | 2008 |
|---|---|---|---|---|
| 「移管，移譲すべきでない」 | 48.8% | 33.9% | 11.5% | 37.2% |
| 「施設種別で移管，移譲してもよい」 | 47.0% | 62.1% | 78.7% | 58.1% |
| 「全面移管，全施設について移すべき」 | 2.4% | 2.3% | 6.3% | 4.7% |

※ 2008 年調査の数値は，都道府県中央児童相談所長が回答した数値のみ。政令市・中核
　市は除外
（柏女，2017，p. 31）

る。無論，各調査はそれぞれ独自に行われたものであり，対象とする自治体
や行政機関も異なり，そのまま比較することは慎重でなければならない。し
かし，傾向をうかがい知ることはできる。

　これによると，2000（平成 12）年調査においては，「（市町村に）移管・移
譲すべきでない」割合が 1 割まで減少したが，2008（平成 20）年調査では再
び増加している傾向がみてとれる。この間に介入性の高い支援が多くなり，
都道府県側から市町村の実情を評価したときに，「移譲は困難」と考えられ
たであろうことが示唆される結果であった。

　**表 6-4** は，市町村担当者の「子ども家庭福祉のサービスを市町村で実施
することについての意向の推移」を整理したものである。**表 6-5** は，その

--------

＊2　それぞれの調査報告等については，以下の文献による。
　・全国児童相談所長会（1988）全児相（別冊）「今後の児童相談所のあり方に関する
　　調査」結果報告書．全国児童相談所長会．
　・全国児童相談所長会（1994）参考資料 1「今後の児童相談所のあり方に関する調査
　　──結果報告（概要）」．平成 6 年度全国児童相談所長会資料（平成 6 年 6 月 22 日
　　～23 日）．全国児童相談所長会事務局．
　・全国児童相談所長会（2001）．これからの児童相談所のあり方について調査結果．
　　全国児童相談所長会．
　・柏女霊峰・有村大士・板倉孝枝ほか（2009）子ども家庭福祉行政機関の機構改革と
　　運営に関する研究（3）──障害児童福祉分野のあり方と総合的考察．日本子ども
　　家庭総合研究所紀要．日本子ども家庭総合研究所．45：37-83．

第6章　子ども家庭福祉供給体制と地域包括的・継続的支援　　*163*

**表 6-4　子ども家庭福祉のサービスを市町村で実施することについての市町村担当者の意向の推移**[*3]

| | 1997.1 | 1997.12 | 2001 | 2005 | 2008 | 2016 |
|---|---|---|---|---|---|---|
| 「ひとり親家庭福祉行政」 | 50.0%<br>（1位） | 58.7%<br>（1位） | 55.3%<br>（1位） | 69.2%<br>（2位） | 86.1%<br>（1位） | 79.7%<br>（1位） |
| 「在宅サービス（のみ）」 | 47.3%<br>（2位） | 53.1%<br>（3位） | 44.7%<br>（4位） | 69.8%<br>（1位） | 80.0%<br>（3位） | 未実施 |
| 「障害児福祉行政」 | 41.1%<br>（3位） | 53.2%<br>（2位） | 47.1%<br>（3位） | 67.4%<br>（3位） | 81.1%<br>（2位） | 77.5%<br>（2位） |
| 「要養護・非行・情緒障害児童福祉行政」 | 27.7%<br>（4位） | 35.6%<br>（4位） | 32.8%<br>（5位） | 52.3%<br>（4位） | 66.5%<br>（5位） | 49.5%※<br>（4位） |
| 「すべての児童福祉行政（すべての子ども家庭福祉行政）」 | 22.3%<br>（5位） | 32.4%<br>（5位） | 27.0%<br>（6位） | 47.1%<br>（5位） | 73.0%<br>（4位） | 55.6%<br>（3位） |

※要養護 73.2%，非行 48.4%，情緒障害 26.8%の平均　　　　　　　　　　　（柏女，2017，p. 32）

---

[*3]　それぞれの調査報告等については，以下の文献による。
・柏女霊峰・山本真実・尾木まりほか（1998）「区市町村における児童家庭福祉行政と実施体制——児童育成計画及び児童家庭福祉行政事務移譲に関する意向調査を通して」『平成9年度　日本子ども家庭総合研究所紀要』第34集，日本子ども家庭総合研究所，pp. 151-171.
・柏女霊峰・山本真実・尾木まりほか（1998）「家庭児童相談室の運営分析——家庭児童相談室の運営に関する実態調査結果報告」『平成9年度　日本子ども家庭総合研究所紀要』第34集，日本子ども家庭総合研究所，pp. 35-59.
・柏女霊峰・山本真実・尾木まり（2002）「平成13年度　子育て支援ネットワークに関する調査研究事業調査報告書」こども未来財団
・佐藤まゆみ（2007）「子ども家庭福祉行政実施体制のあり方に関する研究——質問紙調査の分析を通して：協議会型援助による役割強化の可能性を探る」『子ども家庭福祉学』第7号，pp. 51-63.
・佐藤まゆみ（2012）p. 209.
・柏女霊峰・佐藤まゆみ・北川聡子・藤井康弘（2017）「地域包括的・継続的支援の実現のための子ども家庭福祉行政のあり方に関する調査報告　すべての子どもが日本の子どもとして大切に守られるために」平成28年度日本財団助成事業報告書

**表 6-5 子ども家庭福祉行政の分権化に対する市町村担当者の肯定的意向の推移**

|  | 2005 | 2008 | 2016 |
|---|---|---|---|
| 現状での評価 | 45.6% | 53.7% | 21.1% |
| 将来の評価 | 33.7% | 69.1% | 42.1% |

（柏女，2017，p.32）

なかで，子ども家庭福祉行政の分権化に対する肯定的意向の推移を，比較可能なものについてのみ整理したものである。

　これらによると，障害，要養護・非行・情緒障害児童福祉行政について，調査のたびに市町村担当者の移譲に対する肯定的評価が高くなっていたが，2016（平成28）年調査においては，時期はずれるが都道府県と同様，肯定的意向が減少する結果となっている。これも，子ども虐待対策をはじめとして，介入的機能の強化が影響している可能性が示唆される。また，「すべての子ども家庭福祉行政」を市町村で実施することに肯定的な意向が徐々に順位を上げており，市町村の相談援助が，保育・子育て支援サービスだけでは対応できないと見なされるようになってきたことが考えられる。

　これらの結果を概括的に見れば，子ども家庭福祉供給体制の地方間分権については，時代とともに肯定的意向が高まる傾向にあったが，近年では，子ども虐待を中心として司法との連携を要する介入的支援が強化されるにともない，市町村では困難と考えられるようになってきているという傾向が見てとれる。子ども家庭福祉供給体制のあり方検討は，こうした都道府県，市町村の動向も踏まえながら検討していかなければならない。

### (4) 複雑化する実施体制の現状

　以上のように，子ども家庭福祉においては，サービスごとに実施主体が都道府県，市町村に分断されているのみならず，利用方法やサービス支給決定プロセス，サービス給付に係る費用負担や財源等が異なっており，表6-2に示したとおり，非常に複雑な実施体制となっている。これらは序章の図 序-1のように図示できる。

## 第2節　これからの子ども家庭福祉供給体制

### 1. これからの社会福祉実施体制
### ──地域包括的な支援と子ども家庭福祉

#### (1)　地域包括的支援の必要性

　高齢者福祉，障害者福祉は，今後の少子高齢社会，人口減少社会のますます
の進展をにらみ，分野横断的，包括的実施体制の確立を目指した検討が進め
られている。特に，高齢者福祉分野においては以下のとおり，すでに地域
包括ケアに向けての制度改革と実践の集積が進められている。

　まず，2000（平成12）年に，社会福祉基礎構造改革が行われ，「地域での
生活を総合的に支援するための地域福祉の充実」がうたわれる。同時期に
は，「社会的な援護を要する人々に対する社会福祉のあり方に関する検討会」
報告書（2000年12月）が，ソーシャル・インクルージョン（social inclu-
sion　社会的包摂）の理念に基づき，「地域社会におけるさまざまな制度，
機関・団体の連携・つながりを築くことによる新たな「公」の創造」を提言
している。

　さらに，2009（平成21）年，地域包括ケア研究会（2009）による報告書は，
地域包括ケアシステムの定義を「ニーズに応じた住宅が提供されることを基
本とした上で，生活上の安全・安心・健康を確保するために，医療や介護の
みならず，福祉サービスを含めた様々な生活支援サービスが日常生活の場
（日常生活圏域）で適切に提供できるような地域での体制」と定め，2011
（平成23）年の介護保険法等改正で，介護保険被保険者の支援にあたって，
地域包括的な支援の努力義務が法定化（介護保険法第5条第3項）されてい
る。そして，その後も地域包括ケアの実践的検討[4]が見られている。

#### (2)　新福祉ビジョンと法改正

　これらの動向，実践を受け，2015（平成27）年，厚生労働省の「新たな福
祉サービスのシステム等のあり方検討プロジェクトチーム・幹事会」におい

て，全世代型福祉を構築するための報告書として，「誰もが支え合う地域の構築に向けた福祉サービスの実現——新たな時代に対応した福祉の提供ビジョン」（新福祉ビジョン）が示されている。

新福祉ビジョンは，これからの福祉改革の方向性として，①包括的な相談から見立て，支援調整の組み立て＋資源開発，②高齢，障害，児童等への総合的な支援の提供，③総合的な人材の育成・確保，④効果的・効率的なサービス提供のための生産性向上，の4つの柱からなる新しい地域包括支援体制の創設を提言している。つまり，人材育成も含め，分野横断的な包括支援体制の整備を提言しているといえる。

これらを受け，2017（平成29）年6月には，地域包括的ケアシステム強化のための介護保険法等の一部を改正する法律が成立・公布された。そのなかの改正社会福祉法においては，地域子育て支援拠点や利用者支援事業，母子健康包括支援センター等の支援社会資源を，以下のように規定した。

### 【社会福祉法第106条の2】

……事業を行うに当たり自らがその解決に資する支援を行うことが困難な地域生活課題を把握したときは，当該地域生活課題を抱える地域住民の心身の状況，その置かれている環境その他の事情を勘案し，支援関係機関による支援の必要性を検討するよう努めるとともに，必要があると認めるときは，支援関係機関に対し，当該地域生活課題の解決に資する支援を求めるよう努めなければならない。

---

＊4　その後の地域包括ケア研究会の代表的報告書としては，以下のものがある。
・新たな子ども家庭福祉の推進基盤の形成に向けた取り組みに関する検討委員会（2014）「子どもの育ちを支える新たなプラットフォーム——みんなで取り組む地域の基盤づくり」全国社会福祉協議会
・地域包括ケア研究会（2013）「地域包括ケアシステムの構築における今後の検討のための論点（持続可能な介護保険制度及び地域包括ケアシステムのあり方に関する調査研究事業報告書）」三菱UFJリサーチ＆コンサルティング
・地域包括ケア研究会（2016）「地域包括ケアシステムと地域マネジメント（地域包括ケアシステム構築に向けた制度及びサービスのあり方に関する研究事業報告書）」三菱UFJリサーチ＆コンサルティング

つまり，子ども家庭福祉分野で言えば，地域子育て支援拠点や母子健康包括支援センター（子育て世代包括支援センター），利用者支援事業等に対し，ワンストップでの支援が可能となる体制づくりが努力義務化されたのである。また，地域福祉推進のため市町村にそのための体制づくりとして，「地域住民等及び支援関係機関による，地域福祉の推進のための相互の協力が円滑に行われ，地域生活課題の解決に資する支援が包括的に提供される体制を整備する」（社会福祉法第106条の3）努力義務も規定された。

## 2. 地域における包括的・継続的支援を目指して——子ども家庭福祉分野における「地域包括的・継続的支援」の可能性

ところが，これまで述べてきたとおり，子ども家庭福祉分野は，市町村と都道府県に実施体制が二元化され，教育分野との切れ目も深いため，包括的，継続的（切れ目のない）支援体制がとりにくい点が特徴である。インクルーシヴな社会づくりを実現するためには，縦横の切れ目を埋める民間の制度外活動を活性化[*5]し，制度内福祉と制度外活動との協働が必要とされる。また，「子ども」期の特性である「有期性」[*6]を克服し，切れ目のない支援を実現するためには，子ども期の始期と終期の切れ目克服が必要とされる。

筆者は，子ども家庭福祉分野の「地域における包括的・継続的支援」を以下のように定義している。

　　「子ども家庭福祉分野における地域包括的・継続的支援体制とは，市

---

[*5] 筆者が委員長を務めた検討会が提出した，新たな子ども家庭福祉の推進基盤の形成に向けた取り組みに関する検討委員会（2014）は，子ども・子育て支援制度の創設を機に，制度上の課題と民間サイドの取り組みの視点を整理し，地域の基盤づくりとしてのプラットフォームの意義と想定される活動例を取り上げている。さらに，プラットフォームの基本機能，ならびにその立ち上げと展開に向けた具体的取り組みや手順を整理している。

[*6] 子ども家庭福祉供給体制と成人を対象とする福祉供給体制を分節するもののひとつに，子ども期の特性がある。その代表的な視点について，筆者柏女（2017 d）は，要監護性，発達性，専門性，代弁性，要保護性，有期性，受動性の7点に整理して考察を進めている。また，本書第1章において再録している。

町村域ないしは市内のいくつかの区域を基盤として，子どもの成長段階
や問題によって制度間の切れ目の多い子ども家庭福祉問題に，多機関・
多職種連携により包括的で継続的な支援を行い，問題の解決をめざすシ
ステムづくり並びにそのシステムに基づく支援の体系をいう」

(柏女，2017 b，p. 15 を著者一部修正)

　子ども家庭福祉分野における地域包括的・継続的支援につながると考えら
れる制度で現存するものとしては，市区町村子ども家庭総合支援拠点，要保
護児童対策地域協議会や自立支援協議会子ども部会，母子健康包括支援セン
ター（子育て世代包括支援センター），障害児相談支援事業（障害児相談支
援専門員），利用者支援事業（利用者支援専門員）など多様である。しかし
ながら，いずれも公的分野を中心としていたり，領域限定だったりして，領
域横断，継続支援，公民協働といった総合性，包括性に欠ける点は否めな
い。また，そのありようも統合されていない。さらに，民間の制度外活動ま
でをも包含した，総合的なシステムになっているとはいえない点が課題であ
る。

## 3. 今後に向けて

### (1) 子ども家庭福祉行政実施体制の基礎構造改革の必要性
　今後に向けての大きな動向が，2016 年改正児童福祉法の成立，公布であ
る。本法の意義は，①児童福祉法の理念の見直し，②「家庭養護優先の原
則」の法定化，③切れ目のない支援，④児童虐待防止対策の更なる充実，の
4 点である。それは大きな意義を持つ。しかし，今回の改正児童福祉法の限
界は，子ども家庭福祉の「基礎構造」に手をつけていないという点である。
いまだに都道府県と市町村に二元化され，職権保護を色濃く残す体制が続
き，サービス利用のあり方も分野やサービスごとにばらばらのままである。
　地域包括ケアの実施主体は，市町村である。子ども家庭福祉においても，
市町村（児童相談所の市設置を含む）が一元的に対応するシステムにし，都
道府県，県レベルの児童相談所が，後方支援を担う仕組みを検討すべきであ

る。そうしなければ，「地域における包括的・継続的支援」も進まず，里親をはじめとする社会的養護の地域理解すらも進んでいかない。また，サービス利用のあり方も簡潔なシステムとすべきである。

### (2) 子ども家庭福祉の基本構造——子ども，親，公，社会の関係

子どもは，第一義的には，親または親に代わる保護者の下で育つ。したがって，地域包括的・継続的支援の実現のためには，子ども，親，公，社会の4者関係のあり方を整理しなければならない。これが，高齢者福祉，障害者福祉のような成人を対象とする福祉供給体制との，大きな相違と考えられるからである。

第4章において，2016（平成28）年改正児童福祉法施行後の子ども家庭福祉における，子，親，公，社会の関係を図式化（図4-2）し，また，第5章においてこれらの関係をもとにした支援システムの類型化について解説しているが，こうした関係性をしっかりと押さえたうえで，供給体制の再構築がなされなければならない。具体的には，親子関係に対する支援と介入のバランス，児童福祉法による公的支援と，子ども・子育て支援法による社会的支援の組み合わせによる，重層的支援が展開できるような仕組みが必要とされる。

### (3) 子どもの権利擁護システムの整備

(2) に関連し，子ども虐待から子どもの生命を守り，安心・安全を確保し，権利擁護を図るためには，現行の児童相談所が有する行政権限としての強行性に加え，警察，司法と連携しての強制介入のシステム整備[7]が不可欠のものとなる。こうした制度的担保の下に，地域包括的・継続的支援のシステムが有機的につながることが必要とされる。

筆者はかつて，児童相談所を中心とする要保護児童施策の体系化を，**図6-2** のように示したことがある。この図は，現在でも一定程度有効と考えられる。常勤弁護士を配置するなど機能強化した中央児童家庭相談支援セン

---

＊7　児童相談所のあり方に関する考察については，第5章第4節を参照。

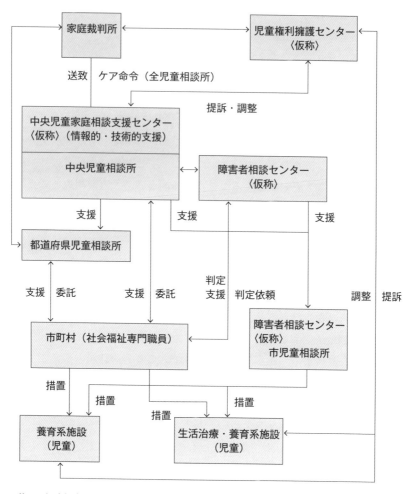

注：1）市児童相談所は一時保護施設を附設しないことができる．ないしは一部事務組合立．
　　2）中央児童家庭相談支援センター〈仮称〉には弁護士，医師の配置．

図6-2　子ども家庭福祉供給体制のあり方（試案）

(柏女，1997，p.180)

ターが，都道府県内各児童相談所を強力に支援し，市町村が措置の実施主体
として機能しつつ，小さな自治体は都道府県の児童相談所に法的強制介入や
措置の権限を委託することにより対処する。児童福祉施設は養育系施設と生
活治療・療育系施設に大きく分類し，障害児支援施策とも連携を強化する仕
組みである。こうした仕組みにすることで，市町村が行政処分の責任者と
なって施設等入所後の費用も分担することとなり，児童相談所も委託された
役割を専門的に果たすことができるようになると考えられる。

　これに加えて，児童相談所等の子どもに対する権利侵害や不作為の問題に
対し，子ども等からの訴えに応じ，必要な調査を行ったうえで，機関・施設
等と子どもの訴え等との調整を行うシステムとして，児童権利擁護センター
（仮称）等の設置も検討されなければならない。

## 4．子ども家庭福祉における地域包括的・継続的支援を導くための論点

### (1)　マクロレベルの論点

　こうした支援を，地域包括的・継続的に展開できる体制整備を進めるため
の主要な論点としては，以下の4つが考えられる。

　①都道府県と市町村に分断された二元体制をどう克服するか。
　②市町村を中心として，地域包括的・継続的支援体制をどのように確立
　　するか。
　③援助理念や援助方法の分野間の共有化をどのように図るか。
　④私的養育から公的代替養育まで幅広い「社会的養育」[*8]を，どのよ
　　うなシステムで再構築するか。また，子ども家庭福祉の3P（populari-
　　zation：啓発，promotion：育成，prevention：予防）と，3S（suppo-
　　rt：相談支援，supplement：補完，substitute：代替）[*9]の役割分担
　　ならびにそれらの循環性の確保を，どのような供給体制で確保する
　　か。

　そして，それらの論点は，「子ども家庭福祉分野の地域包括的・継続的支

援体制の構築は，都道府県と市町村との役割を明らかにし，それを手当てすれば，都道府県との二元的供給体制から市町村中心の供給体制に再構築できる」という理論仮説を検証することでもある。その際には，現在の二元体制の論拠とされている「専門性・効率性・広域性」vs.「地域性・利便性・一体性」を克服し，その整合性を確保するための論拠をどのように考えるか，たとえば，両者を一元的体制で両立させることはできないのかの検討が求められる。

　さらに，子ども家庭福祉分野における領域横断的な地域包括支援体制を目指すとすれば，特定領域ごとの支援理念や支援用語，文化の相違などを，どのように克服するかも課題である。また，その際の専門職のあり方，再構築はどのようにあればよいか，さらには，子ども家庭福祉サービス利用のあり方について，子どもの意向，親権者（未成年後見人を含む）の意向，公的機関の意向の3者の意向調整，ならびに司法判断の可否等についてどのように整理すればよいかなども，大きな制度的課題となる。

## (2)　メゾレベル，ミクロレベルの論点

　メゾレベルの論点としては，子ども家庭福祉分野における支援拠点のあり方検討が，重要な課題である。それは，「市町村による地域包括的・継続的支援体制の構築は，その核となる機関・施設の存在が鍵となる」という理論

---

＊8　筆者による「社会的養育」定義（柏女，2017b，p.230）は以下のとおりである。
　　社会的養育については，私的養育と代替養育の間を，連続的，循環的に公や社会が支援するシステムととらえる視点が重要である。
　　　「社会的養育とは，私的養育を支援することから，家庭で養育できない程度に応じて子どもの養育を社会的，公的に代替する代替的養育までも含めて，社会全体で子どもを養育するシステムの体系をいう。それは，私的養育から代替養育までの連続的な支援の営みであり，かつ，代替養育から家族再統合や特別養子縁組等により，再び私的養育につながる循環的な営みでもある」
　　なお，社会的養育や子ども家庭福祉の3Pと3Sのあり方については，第8章をご参照いただきたい。
＊9　網野（2002，pp.180-181）は，わが国における児童福祉の内容・領域を，子どもの育成責任との関係で，3つのPと3つのSの6機能に分類している。これは，カドゥシン，A.の3S分類を参考にしたものである。

仮説を検証することでもある。地域のなかに，子ども家庭福祉分野横断的なワンストップにつながる核となる拠点を，整備しなければならない。そして，その可能性を検証していかなければならない。その意味では，2016（平成28）年改正児童福祉法により市区町村に置かれることとなった，市区町村子ども家庭総合支援拠点の内実化*10 が今後の試金石となるだろう。

　続いて，ミクロレベルの論点としては，子ども家庭福祉各領域における援助理念や援助方法の共有化も，大きな課題である。子ども家庭福祉供給体制は，いくつもの舞台に分かれている。それぞれの舞台では支援者が優れた支援を行っているが，舞台が違うため交流も乏しく，それぞれのノウハウを共有することもできていない。今後は，援助者同士の相互交流や協働，援助観のすり合わせも，欠かせないものとなる。なお，ソーシャルワークの手法も，個別分野ごとの手法ではなく，地域を基盤としたソーシャルワークがその基礎として機能していくことが必要とされる。

## 5. 地域包括的・継続的支援システムとサブシステムとしての権利擁護システム──児童相談所のあり方

### (1)　実施主体の一元化と児童相談所のあり方

　子ども家庭福祉供給体制の再構築を図る際に最も重要視されるべき論点は，都道府県と市町村の役割分担のあり方であり，さらにいえば，第5章で述べたとおり，現在の児童相談所をどのようにするかといえるかと思う。つまり，子ども家庭福祉基礎構造に地域包括的・継続的支援システムを据え，そのサブシステムとして，都道府県の子どもの権利擁護機能を整備することが必要とされる。市町村を中心とする体制整備を図るとすれば，市町村・地域レベルにおける子ども家庭福祉援助機能の強化と，それらの機関に対する間接的支援，専門的支援のあり方が大きな課題となるのである。支援機能と

---

＊10　厚生労働省は2017年3月，「市区町村子ども家庭総合支援拠点」設置運営要綱を策定し，通知している。その機能は，「コミュニティを基盤にしたソーシャルワークの機能を担う」ものであり，支援にあたっては，「包括的・継続的な支援に努める」こととされている。本書第8章，第9章で考察を進めている。

介入機能の分離なども，検討すべきテーマとなる。

　すると，これまで子ども家庭福祉相談援助を担い続けてきた児童相談所をどのようにするか，という大きな課題が生ずることとなる。第5章で論点提示を行ったが，極論すれば，児童相談所を機能別に解体し，介入機能は行政処分をともなうため，行政機関たる児童相談所に残し，高度な臨床相談機能を，療育センターやリハビリテーションセンター，病院などのような別機関とすることにより，両者の分離を図ることなども検討する必要がある。

　分離すべき臨床相談機能の例としては，フォスタリング，家族再統合，一部の一時保護業務などが考えられる。こうした業務は，民間のほうがその特性を発揮することのできる可能性が高く，積極的に民間委託または，民間のサービス購入を考えていくことが効果的である。ただ，しばらくは，児童相談所もそうした機能を一部担い，民間機関・施設とともに育っていく経過期間も必要とされる。いずれにしても，児童相談所という存在をどのように考えるかが，最も大切なことである。

## (2)　児童相談所の歴史的経緯

　児童相談所は，歴史的には鑑別機関として発足し，その後，いわゆるクリニック機能，措置等の行政決定・行政処分，一時保護の3つの機能を一体的に果たす，世界的にもユニークな行政機関として定着してきた。あらゆる相談に応じるという性格から時代のさまざまな問題に先駆的に取り組み，それが持ち込まれすぎて十分に対応できないとの批判を受け，改めてシステムづくりが行われて，他の機関にその座を譲るという歴史を繰り返してきた。3歳児健診精密健診，1歳半健診精密健診，不登校相談，校内暴力，そして，現在では子ども虐待相談などが好例である。

　善かれ悪しかれ，この児童相談所というシステムが存在することが，わが国の子ども家庭福祉を特徴づけてきたことは，まぎれもない事実である。このような歴史的経緯[11]と特色を有する児童相談所のあるべき姿を検討する

---

＊11　筆者の児童相談所の歴史的経緯に関する考察には，柏女（1997，2008）などがある。

ことは，今後の子ども家庭福祉供給体制のあり方を論ずる際に，欠くことの
できないことであろう。

児童相談所は多様な専門職を擁し，チーム・アプローチと合議制をその専
門性の根幹として，各種の支援と一時保護，措置等の行政処分を，時代の変
化に対応させつつ行ってきた。筆者らが実施した児童相談所専門職員の業務
分析*12 によれば，不登校，虐待等の相談種別によって，専門職の関わり方
の手法や関わる専門職の種類も大きく異なっている。たとえば，養護・非行
相談（長時間・ソーシャルワーカー型），不登校相談（長時間・心理職型），
障害相談（短時間・判定型），しつけ相談（短時間・助言型）などが代表的
である。こうした多様な専門職の関わりを駆使しつつ，児童相談所は，時代
のなかで起こる多様な課題に対応してきたのである。

### (3) 児童相談所の限界と今後

しかし，子ども虐待の増加・顕在化は，児童相談所のチーム・アプローチ
のあり方，ならびに支援・介入手法の大きな変化を要請することとなり，児
童相談所は大きな混乱に向かうこととなった。これまでは多職種連携が中心
だったが，虐待対応では児童福祉司複数対応や緊急対応，家庭に対する法的
強制介入*13 といった，これまでと異なる体制が求められてくることとなっ
たのである。これは，鑑別機関から出発した相談援助機関としての児童相談
所の成り立ちを，根底から揺さぶるものといえる。

また，頻発する子ども虐待死亡事例を受けて，家庭に対する公の介入強化
や警察，司法との連携強化が進められるにつれて，いわゆる強制介入機能と
支援機能との分離論が台頭してくることとなった。これだけ子ども虐待の増
加・顕在化が進んだわが国においては，対応も欧米諸国のシステムに学ぶべ

---

* 12　児童相談所専門職員の業務分析による，相談種別ごとの相談援助構造について
　　は，柏女（2005）の「第5章　子ども家庭福祉相談援助体制の再構築」をご参照い
　　ただきたい。
* 13　児童相談所には，これまでも職権による一時保護や立入調査など，保護者の意に
　　反して子どもの最善の利益確保のための強制介入が可能であったが，実際には平成
　　期以降の子ども虐待防止対策が本格化するまでは，ほとんど利用されてこなかった
　　経緯がある。

きである。かつて，筆者が国の児童虐待防止専門委員会委員長として取り組んだ，2004（平成16）年改正児童福祉法における「要保護児童対策地域協議会」設置は，英国の ARC（Area Review Committee），それ以降の ACPC（Area Child Protection Committee）における「登録 ⇒ モニターおよび情報収集 ⇒ アセスメント ⇒ 適切な介入 ⇒ 登録抹消」のシステムを意識*14 したものであった。そして，これらのプロセスにおける協働の専門性として，ネットワーク・モデルを提起したのである。これは，児童相談所におけるチームワーク・モデルの援用といえる。市町村における要保護児童対策地域協議会を活性化させ，これを警察や弁護士等との連携を強化した都道府県レベルの機関が支援するという仕組みに再構築することも，検討に値する。

　また，児童相談所は都道府県レベルの相談援助機関であり，この活動が有効に機能するためには，市町村・地域レベルにおいて各種の相談援助資源を有効に活用して，各種相談のネットワーク化を図り，保護者や子ども自身が気軽に，しかも安心して相談できる体制の整備を図ることも求められている。2016（平成28）年改正児童福祉法で設置の努力義務が規定された，市区町村子ども家庭総合支援拠点の機能強化を進めること，そして，児童相談所の地域支援機能を強化することが，求められているのである。つまり，いわゆるクリニック（clinic）機能，関係機関・施設に対するコンサルテーション（consultation）機能，コーディネート（coordinate）機能の「3つのC」機能を，いくつかのシステムに整理しつ，つそれぞれ強化していくことも必要とされているのである。

　このように，児童相談所は現在，大きな曲がり角にあるといえる。これまで多職種の機能分担で柔軟に各種児童問題に対応してきたが，子ども虐待対応ではその限界が見えており，新しいシステム整備が必要とされているといえる。児童相談所のあり方は，子ども家庭福祉供給体制の再構築を通して論じられなければならない段階に，来ているのではないだろうか。

---

＊14　英国の子ども虐待防止システム整備の推移については，田邉泰美（2006）『イギリスの児童虐待防止とソーシャルワーク』明石書店，に詳しい。

## 6. 共生社会の創出と子ども家庭福祉供給体制

　子ども家庭福祉分野の地域包括的・継続的支援体制の確立は，こうしたマクロ，メゾ，ミクロの課題をいかに克服していくかに，かかってくることとなる。そして，そこには，私たちがどのような社会を求めるのかといった，社会づくりの理念が通底していることが必要とされる。そのためには，私たち子ども家庭福祉に携わる者が，「共生社会」を創出するという強いミッションを持ち続けなければならないであろう。

# 第7章 子ども家庭福祉における
## 地域子育て家庭支援の理念と原理

## 第1節 地域子育て家庭支援の定義

### 1. 地域子育て家庭支援の登場

　社会福祉の理念は，一人ひとりの人間を個人として尊重し，その権利を擁護し，自己実現を可能な限り支援していくことである。子ども家庭福祉の理念もこれと本質的に異なるものではないが，子どもの場合，心身ともに未成熟であることをもって，成人の側の「子どもの最善の利益」を図る義務が，歴史的に強調されてきた。

　しかしながら，地域子育て家庭支援が叫ばれるようになったのは，そんなに古いことではない。わが国において，もともと子育ては，親族や地域社会の互助を前提として行われていた。戦後にできた児童福祉法はこの互助を前提とし，地域の互助では対応できない子どもや家庭があった場合に，その子どもを要保護児童と認定し，行政機関が職権でその子どもを保育所（市町村）や児童養護施設（都道府県）等の施設や里親に入所・委託させて，福祉を図るという構造をとった。隣人が子どもに注意を与えたり，互いに子どもを預け合ったりする関係も，普通に行われていた。しかし，20世紀の特に後半，高度経済成長とともに地域社会の互助は崩壊に向かい，その結果，そうした前提そのものが崩れ，子育ては急速に閉塞的な状況を示すようになったのである。こうして出現したのが，「地域子育て家庭支援」という概念である。

本章においては，子ども家庭福祉における，地域子育て家庭支援の概念と原理，その歴史的系譜と施策や支援の内容について整理し，今後の方向を模索することを目的とする。

## 2. 子育て家庭の定義をめぐって

「家族」に関する定義はさまざまに試みられているが，「家庭」についての定義は少ない。高橋（1998, pp. 16-17）は家庭の定義として，「家庭とは，家庭を構成する成員相互が，情緒に基づく相互作用を行うことによって，生理的，社会的，文化的，保健的欲求を充足するシステムである」と提示している。そして，「家庭を構成する成員とは家族及びこれに類する人びとである」としている。ちなみに，「家族」について森岡（1993, p. 3）は，「夫婦・親子・きょうだいなど少数の近親者を主要な成員とし，成員相互の深い感情的な係わりあいで結ばれた，第一次的な福祉志向の集団である」と定義している。

また，網野（2015, p. 11）は従来の家族，家庭の定義を検証し，家庭とは「親族的・血縁的絆を主にして，心理的・情緒的絆によって成立する家族成員で構成される基本的生活の場」と定義している。また，基本的生活の場としての家庭には2つの側面があるとして，①物理的絆の場であり，家族成員の生活が営まれる場所（home）と，②心理的絆の場であり，家族成員が情愛的な相互作用を通じて，個々の基本的ニーズを充足する場所（family）の，2つを挙げている。

このように，「家庭」はその「機能」のほか，「場」「システム」を強調する概念として用いられており，また，親子，血縁の結びつきに焦点を当てる「家族」に比べて，「より「生活」に焦点を当てた概念である」（有村, 2015, p. 20）ということができる。

## 3. 地域子育て家庭支援の定義の検討

### (1) 諸分野における定義の検討

　柏女（2003, pp. 28-29）は「子育ち・子育て支援」について，「子どもの成長発達及び子どもが生まれ，育ち，生活する基盤である親や家庭における子どもの養育の機能に対し，家庭以外の私的，公的，社会的機能が支援的にかかわることにより，子どもの健やかな育ちと子育てを保障・支援する営みの総称である」と定義している。このなかでは，子育てに対する支援全般，たとえば経済的支援なども包含する概念として定義を試みた。

　一方，橋本（2015, p. 25）は，筆者の定義その他の子育て支援に関する主な定義を通覧したうえで，わが国における「地域子育て支援」について，「親子が生活を営む地域の中で，親子の主体性を尊重しながら，家庭・個人を含めた全ての社会資源と協力し子どもの育ちと子育てを支え，また地域の子育て環境を醸成する営み」と定義している。続けて，橋本（2015, p. 24）は，わが国の子育て支援に相当する北米の概念として「家庭支援」（family support）を取り上げ，渡辺顕一郎が取り上げているライトバーンとケンプによる家庭支援の定義を引用し，「家庭支援とは，地域をベースとして家族に対して包括的なサービスを提供する活動を指す」としている。

　また，網野（2015, p. 4）は，子どもを産み育てる家庭ならびにその家族を構成している人たちに焦点を合わせ，子どもの育ちを重視して，包括的な支援（support）を図ることを重視するのが（子育て）家庭支援であるとして，（子育て）家庭支援を，「さまざまなニーズに基づいて発達し自立しようとする子どもの育ちを重視し，子どもを養育している保護者およびその家族に対し，その家庭のウエルビーイングと子どもおよび家族の自己実現を図るために，国，地方公共団体，法人，関係組織，専門職者および国民，市民，住民によってなされる支援の体系・内容・方法」と定義している。なお，「保育所保育指針」（2008 年）第6章は，保育士の専門性を生かした保護者支援の原理として，「よりよい親子関係の構築」を挙げており，より良い親子関係づくりへの支援も，子育て支援に含めている。これは重要な視点であるとい

える。

　ちなみに，子ども家庭福祉政策における「家庭支援」の理念は，平成時代に入ってから登場するようになった。厚生省児童家庭局企画課（1989，p. 34）[*1]は，平成元年度予算の旗印が「心豊かな子どもを育てるコミュニティプラン」であり，その4つの柱のなかに「家庭支援相談体制の確立」があることを示したうえで，家庭支援の定義について，「児童が生活する基本的な場である家庭に対して種々の支援の手をさしのべることにより，家庭及び児童の福祉向上を図ろうとする理念」としている。そして，厚生省（当時）は，いわゆる子どもと家庭110番を中心として家庭支援相談体制を確立する，「家庭支援相談等事業」を開始したのである。ただ，ここではまだ「相談」に重心が置かれており，その後の具体的地域子育て支援サービスの誕生までは，まだ少し時間を要したということであろう。

　なお，ここでいう「家庭支援」はいわゆる「子育て家庭支援」であり，「家庭支援」そのものは，母子生活支援施設における支援のように，母親に対する「生活支援」「金銭管理の支援」などのほか，「家事代行」や「母親のウェルビーイングに対する支援」までも含む，幅広い概念であることに留意しなければならない。亀﨑（2015，p. 32）は，子育て家庭への支援を示す類似概念をその支援対象によって整理し，「「家族支援」を最も上位として，順に「家庭支援」，「子育て支援」が続き，さらにその下位に「保護者支援」・「保育相談支援」・「保育指導」が位置付けられる」としている。

　ちなみに，わが国における類似の用語として，教育分野においては「家庭教育支援」が用いられている。文部科学省（2011，p. 3）においては，家庭教育を「親や，これに準ずる人が子どもに対して行う教育のことで，全ての教育の出発点であり，家庭は常に子どもの心の拠り所となるものです」としている。また，文部科学省・家庭教育支援の推進に関する検討委員会（2012，pp. 13-14）は，家庭教育支援のための基本的な方向性として，①親の育ちを応援する，②家庭のネットワークを広げる，③支援のネットワークを広げる，の3点を提示して，具体策を提言している。これらは，親の教育力の向

---

＊1　筆者は当時，厚生省児童家庭局企画課児童福祉専門官を務めており，担当者として本稿を執筆した。

上を目指す教育的視点が特徴である。

　また，看護分野においては，「家族看護」という用語が使用されている*2。鈴木（2012, p.12）によると，家族看護は「家族が，その家族を発達段階に応じた発達課題を達成し，健康的なライフスタイルを維持し，家族が直面している健康問題に対して，家族という集団が主体的に対応し，問題解決し，対処し，適応していくように，家族が本来もっているセルフケア機能を高めること」と定義されている。つまり，「家族には本来集団としての健康を維持していこうとするセルフケア機能が備わっている」との前提に立ち，その力を信じて支えるというエンパワメントやストレングス視点を強く持っていることが特徴的である。この視点は，家族の主体性，自律性を重視するという観点から重要であると考えられる。なお，一方で，それらの機能が逆機能的に作用する可能性があることには，留意しなければならない。

## (2)　地域子育て家庭支援の定義

　これらの「子育ち・子育て支援」や，「家庭支援」「子育て支援」「子育て家庭支援」「地域子育て支援」などの代表的な定義を踏まえて，子ども家庭福祉分野において主として検討されるべき「地域子育て家庭支援」を，筆者なりに新たに定義すると，以下のとおりである。

　　子育て家庭が生活を営む地域を基盤とし，子どもの健やかな成長発達に焦点を当て，家庭を構成する成員，特に親子の主体性を尊重しながら，家庭・個人を含めたすべての社会資源と協力しつつ，関係機関や地域住民等が協働して子どもの育ちと子育てを支え，また，より良い親子関係の構築を目指す営みであり，さらに，地域の子育て環境をも醸成する支援の体系・内容・方法の総称をいう。

---

＊2　看護分野における「家族看護」の定義，そのほか子育て支援の原理の考察については，筆者が主宰する子ども家庭福祉研究会における，徳永聖子氏の2016（平成28）年2月14日の報告「子育て支援の原理」から，多くの示唆をいただいた。心より感謝したい。

なお,「地域子育て家庭支援」は,通常よく使用される「地域子育て支援」*³とほぼ同義と考えられる。また,これに類する用語としては,広義の社会的養育や保育,社会的養護などがあるが,それら全体の概念の整理も,今後必要とされる。

## 第2節　地域子育て家庭支援の背景
### ——子どもの発達と親の状況から

### 1. 発達とは

地域子育て家庭支援を考える際,子どもの発達の視点を抜きにすることはできない。そのことは,前述の地域子育て家庭支援の定義において,「子どもの健やかな成長発達に焦点を当て」としていることからも明らかである。

学問上の定義は発達心理学等のテキストに譲るとして,2008（平成20）年3月に厚生労働大臣告示として公布された「保育所保育指針」第2章は,発達について以下のように定義している。すなわち,「子どもの発達は,子どもがそれまでの体験を基にして,環境に働きかけ,環境との相互作用を通して,豊かな心情,意欲及び態度を身に付け,新たな能力を獲得していく過程である」とし,そのうえで特に大切なこととして,「愛情豊かで思慮深い大人による保護や世話などを通して,大人と子どもとの相互の関わりが十分に行われることが重要である。この関係を起点として,次第に他の子どもとの間でも相互に働きかけ,関わりを深め,人への信頼感と自己への主体性を形成していくのである」と述べている。特定の大人との愛着関係の成立を起点として,人間の発達をとらえているといえる。

人間の発達を生涯発達の視点からとらえ,心理社会的発達理論として理論化したのはエリクソン（Erikson, E. H.）である。エリクソン（1963,邦訳

---

＊3　なお,保育分野においては,地域子育て家庭支援は,保育所等に子どもを通わせていない地域の子育て家庭に対する支援を指しており,保育所に子どもを通所させている保護者の支援を保護者支援として,両者を区別する場合があることに留意しなければならない。

pp. 317-353) は，人間の発達は漸成的構造を持ち，ある発達段階の発達課題の克服の上に次の段階に進んでいくという視点を示し，人間の発達と段階ごとの課題を，口唇感覚期から円熟期まで8段階に整理している。たとえば，その第一段階には「基本的信頼」があり，それが達成されない場合に「不信」という課題が生ずることとされる。次項の愛着理論にも通ずる考え方である。なお，子ども期の一般的な発達とその課題は，第1章において概観している。

## 2. 愛着関係の形成と子育て支援

　愛着理論を提唱したのは，言うまでもなくジョン・ボウルビィ（Bowlby, J.）である。網野（2002, pp. 287-288）は，ボウルビィの愛着（アタッチメント：attachment）の考え方を，その著『母子関係の理論』[*4] から引用し，「乳児は，生後12週から6か月頃までの段階にいてある特定の人物を識別して最初の対人関係を確立する。その時期から2歳頃までの段階で，子どもは特定の人物への愛着を形成する。この両者間の情愛的結びつきは，両者を空間において硬い結びつきをもたらし，時間を超えて永続する。この愛着関係が安定したものであれば，その関係性の質的永続性を保って，その後の対人関係が漸次的に組織化され，安定した関係性を構築し保持していく」としている。

　渡辺（2016, p. 4）は，ボウルビィの愛着理論の創設に触れつつ，「愛着理論は今日，人類の普遍的なサバイバル原理であることが承認されている」，「ボウルビィの研究から半世紀以上経た今日，愛着理論は国際的に検証され，その内容も多岐にわたり細かく吟味されながら発展している」と述べている。

　また，愛着理論に関連し，近年の脳科学の進歩を通して，間主観性や生気情動，コミュニケーション的音楽性などについての研究が進められている

---

[*4]　Bowlby, J.／黒田実郎ほか訳（1976-1981）『母子関係の理論Ⅰ，Ⅱ，Ⅲ』岩崎学術出版社。このほかにも，ボウルビィのアタッチメントに関する重要な文献としては，Bowlby, J.／黒田実郎訳（1967）『乳幼児の精神衛生』岩崎学術出版社，などがある。

と，渡辺（2016，p.7）は述べている。そのうえで，「しかし母親に不安と緊張があると，母子の音楽的なやりとりは生まれない」と述べる。

中村（2016，pp.37-43）は，安定した愛着関係の成立に求められる環境を検討し，「母子相互作用」の重要性について指摘している。具体的には，新生児期（乳児期）の養育者と新生児の相互作用（同調現象）を意味するエントレイメントや，母子相互作用により獲得する基本的信頼感，愛着の重要性について述べ，「母子が孤立しないで周囲から支えられる環境」の重要性を指摘している。

石﨑（2016，pp.51-57）は，子どもの発達におけるアタッチメントの重要性を指摘したうえで，脳科学と発達心理学の関係について触れ，ダニエル・シーゲル（Siegel, D. J.）のモデル（「脳」と「心」と「関係性」は切り離すことのできない三項関係を構成しているとするモデル）を紹介し，脳の前頭野中央部が担う9つの機能について紹介している。

そして，この9つの機能は，脳科学と発達心理学研究を通じて，それぞれ独立に発見されたものだと説いたことを紹介している。その第二の「波長の合ったコミュニケーション」は，発達心理学でいわれる「情動調律」であるとして，シーゲルの説明を引用したうえで，「この説明を見るとき，私たちは本質的に他者の共感無しに自分自身を感じ，知る能力を育てることは困難なのだということがわかる」と述べている。そのうえで，学童期の子どもの「安心感」を考慮した関わりとして，①親が安定していること，②感情生活に対するケア，③身体の健康に対するケア，の3点が重要であるとしている。

このように，親と子どもの愛着関係の形成や，基本的信頼感の醸成，子どもの成長にとって，親の精神的安定や孤立防止がいかに重要であるか示されている。地域子育て家庭支援は，何より子どもの発達にとって必要なサービスといえるのである。

## 3. 子育てと生活の実情

### (1) 実情の概観

　地域子育て家庭支援を考える際には，子育て家庭が置かれている現状とその社会的背景等について，視野に入れておかねばならない。子育て家庭，保護者の生活の現状については，社会の格差の進展が指摘されるなかで，女性就労の一般化と父親の長時間就労の実態が指摘できる。さらに，就業形態の多様化も見られる。また，しつけ，子育てに自信がない層が増加傾向*5にある。

　家庭の養育基盤・機能が弱体化する傾向がみてとれる。地域のつながりの希薄化なども進行し，地域の安心・安全が阻害されている状況が指摘できる。さらに，若年層の非正規雇用就労の増加とともに所得格差が大きくなりつつあり，子どもの貧困問題も顕在化している。

### (2) 育児の単相化──複相的育児から単相的育児へ

　こうした動向の背景には，網野のいう育児の単相化，すなわち複相的育児から単相的育児への移行がある。網野（2002, pp.161-163）は，都市化，工業化，核家族化の流れは，「男は仕事，女は家庭」のパラダイムを浸透させ，その結果，「それまでの複相的育児，つまり多世代家族や多様な階層関係，近隣関係のなかで，両親，特に母親に限らない多面的な育児が，次第に単相的育児，つまり縮小した階層関係，希薄化した近隣関係，そして次第に強まる核家族化のなかでもたらされる両親，特に母親による限定的な一面的な育児が必然的に進みだした」ことを指摘し，この現象を「育児の単相化」と表

---

＊5　厚生労働省の全国家庭児童調査によると，「しつけや子育てに自信がない」と回答する親の割合は調査のたびに増加し，1999（平成11）年度は17.6％（1989年度は12.4％）となっており，特に片働き家庭（19.2％）に高い傾向が見られている。ちなみに，2004（平成16）年度，2009（平成21）年度の同調査においては，選択肢が改訂されているので厳密な比較はできないが，子育てに自信が持てない割合は，ともに21.4％となっている。こうした傾向は，政府，民間調査機関の複数の調査においても実証されている。

現している。

　そのうえで，育児の単相化は，「子育ての不安定性や孤立感と不安，そして子どもにとって必要不可欠な多様なモデリングの対象となる大人たちとのかかわりの不足や親準備性の不足に結びついていく」と述べている。こうした傾向は，共働き家庭の母よりも専業主婦のほうが，育児不安や育児に自信がないと答える割合が高いことにも示されている。さらに，育児の単相化が，いわゆる私物的わが子観をも強めていくこととなるのである。地域子育て家庭支援は，こうした単相的育児の見直しを進めることから始まるともいえる。

## 4. 保育・地域子育て家庭支援の系譜

　こうした環境の変化を受け，政府はこの間，施策幅の拡大，施策の普遍化，権利擁護の進展の３点を中心としつつ，地域子育て家庭支援を含む子ども家庭福祉施策の改革を，時代に合わせて進めてきた。しかし，こうした漸進的な改革では，待機児童問題や子ども虐待件数の増加など，急変する現代社会の実情に十分対応することができず，ついに政府は，抜本的な子ども家庭福祉・保育施策の改革を行うこととしたのである。これが，高齢者福祉施策の抜本的改革として 2000（平成 12）年に導入された介護保険制度に倣った仕組みの導入としての，子ども・子育て支援制度である。

　2012（平成 24）年８月，子ども・子育て支援法など，子ども・子育て関連三法が公布され，その後の準備を経て，2015（平成 27）年度から子ども・子育て支援制度が施行されている。社会的養護も，家庭的養護の推進を目指して，新たな道に踏み出すこととなった。なお，障害児童福祉は，一足早く2012（平成 24）年度から，地域生活支援を目指して大きく改正されている。子ども・子育ては，利用者の尊厳と個人の選択を重視した新たな船出を始めたといってよい。ここに至る戦後の保育・子育て支援の系譜について，山縣（2002）などの整理に基づき，簡潔にまとめてみる。

## (1) 基礎確立期

　現在に連なる狭義の公的保育制度は，1948年度から完全施行された児童福祉法に端を発する。制定当初の児童福祉法は，保育所について，「保育所は，日日保護者の委託を受けて，その乳児又は幼児を保育することを目的とする施設とする」（児童福祉法第37条）と規定し，「保育に欠ける」要件は記載されていなかった。つまり，保育所は保護者の委託があれば，保育に欠ける要件の有無にかかわらず保育することができた。しかし，市町村の措置の対象となるのは，「保育に欠ける子」のみだったのである。

　しかしながら，これが幼稚園との関係に混乱をもたらし，1951（昭和26）年の法改正で，「保育に欠ける」という文言が挿入されている。ただし，それ以後も幼保論争は続き，1963（昭和38）年の厚生省・文部省合同通知「幼稚園と保育所との関係について」で，両者の関係は一応の決着をみることとなり，その後は両者は別々の道を辿りながら，量的・質的に大きく発展していくのである。

## (2) 拡充期

　1960〜70年代にかけて，「ポストの数ほど保育所を」のスローガンのもと，保育所は大幅に増加した。さらに，ベビーホテル問題等を契機として，延長保育等の多様な保育に関するニーズの高まりが見られ，これに対応する施策の展開が図られることとなった。保育内容に関しても，1965（昭和40）年に初めての保育所保育指針が策定され，その後，数次の改定を経て，2009（平成21）年度から最低基準として告示施行され，2017（平成29）年の告示（施行は2018〈平成30〉年度）に結びついている。

## (3) 変革期（地域子育て家庭支援の登場）

　さらに，平成の時代に入ると，社会の変容にともなう子育ての孤立化等に対応して，地域子育て家庭支援の重要性が叫ばれ，1993（平成5）年度から，保育所地域子育て支援事業モデル事業が開始されることとなる。また，保育所の利用希望が増加して待機児童問題が発生するようになり，さらに利用者

主権の動向ともあいまって，保育所利用のあり方や整備について，再び大きな関心が払われるようになった。

1997（平成9）年には，保育制度の利用のあり方を変更する児童福祉法改正が行われ，その後は，少子化対策として，さらには待機児童対策として拡充が求められつつも，国や自治体の財政危機が阻害要因となり，いわゆる規制緩和策を中心として受け入れ児童の拡充が図られていくこととなった。そして，そのことが，保育サービスにさまざまな歪みをもたらすこととなり，ついに抜本改革が余儀なくされる状況になったといえる。

### (4) 地域子育て家庭支援事業の系譜

地域子育て家庭支援に関する事業は，1993（平成5）年度創設の保育所地域子育て支援モデル事業や，1994（平成6）年度の主任児童委員制度，ファミリー・サポート・センター事業創設を経て，2003（平成15）年の次世代育成支援対策推進法と同時に成立した改正児童福祉法において，初めて法定化された。それまでは，制度上は，子育て支援は親族や地域社会の互助において行われるとの視点に立っていたため，児童福祉法には保育所をはじめとする施設サービスが中心で，放課後児童健全育成事業や子育て短期支援事業などの在宅福祉サービスは，ほとんど法定化されていなかった。

ところが，こうしたシステムが限界に達し，施設サービスである保育所に利用希望が集まるようになったことも一因となって，待機児童問題が発生*6し，かつ，地域子育て家庭の子育ての負担感が増大するに至って，政府は子育てに関しても，高齢者や障害者の介護と同様，在宅福祉サービスを法定化することとしたのである。これが子育て支援事業であった。

2003（平成15）年改正児童福祉法においては，「子育て支援事業」を新たに法定化し，それを放課後児童健全育成事業，子育て短期支援事業のほか，

---

＊6　保育所入所児童は，1994（平成6）年4月現在の159万人余で底を打ち，同年，緊急保育対策等5か年事業が開始されたことを受け，翌年から増加の一途をたどることとなる。当時は在宅子育て支援サービスがほとんど普及しておらず，いわゆる保育に欠ける子どものための施設である保育所に，利用希望が集中していった。

主務省令で定める3事業\*7に類型化した。そして，市町村\*8に対して，子育て支援事業に関する情報の収集および提供，相談・助言，利用の斡旋，調整，子育て支援事業者に対する要請等を行う責務，を規定した。

2009（平成21）年度から施行された改正児童福祉法は，これをさらに充実させるものであり，具体的には，①乳児家庭全戸訪問事業，②一時預かり事業，③地域子育て支援拠点事業，④養育支援訪問事業，といった子育て支援事業が法定化された。

さらに，2012（平成24）年の子ども・子育て支援法の制定および児童福祉法改正により，2015（平成27）年度から，地域子ども・子育て支援事業として13種類の事業が法定化され，消費税財源の追加投入により充実が図られていくこととなった。そのなかでは新たに，利用者支援事業，子育て援助活動支援事業（ファミリー・サポート・センター事業）が法定化された。特に，利用者支援事業においては，市町村を中心として保育や母子保健，子育て支援サービス等の利用援助を図るとともに，地域においてソーシャルワークが展開できるためのシステムづくりが目標とされる。さらに，2015（平成27）年度には，子育て支援に係る地域人材の確保を図る，子育て支援員研修制度も創設されている。

---

\*7　児童福祉法第21条の9第1項は，狭義の法定子育て支援事業のほか，次に掲げる事業であって，主務省令で定める子育て支援事業を着実に実施するよう必要な措置を講じなければならないとし，以下の3事業を掲げている。
　一　児童及びその保護者又はその他の者の居宅において保護者の児童の養育を支援する事業。
　二　保育所その他の施設において保護者の児童の養育を支援する事業。
　三　地域の児童の養育に関する各般の問題につき，保護者からの相談に応じ，必要な情報の提供及び助言を行う事業。
\*8　児童福祉法第21条の11第1項には，「市町村は，子育て支援事業に関し必要な情報の収集および提供を行うとともに，保護者から求めがあったときは，当該保護者の希望，その児童の養育の状況，当該児童に必要な支援の内容その他の事情を勘案し，当該保護者が最も適切な子育て支援事業の利用ができるよう，相談に応じ，必要な助言を行うものとする」と規定されている。

## 5. 子ども・子育て支援制度の創設——利用者の選択と権利の保障

### (1) 子ども・子育て支援制度の創設とその意義

　こうした動向を受け，2015（平成27）年度から，子ども・子育て支援制度*⁹が始まった。子ども・子育て支援制度の創設については，2003（平成15）年の「社会連帯による次世代育成支援に向けて」と題する報告書を厚生労働省に設置された研究会が公表して以来の懸案であり，12年越しの構想の実現ということになる。新制度の特徴は以下の4点であり，いわば育児への介護保険モデルの適用であり，かつ，従来からの懸案であった幼保一体化の推進であるといえる。

　　　①保育需要の掘り起こし（保育の必要性の認定）
　　　②保育需要に見合うサービス確保の仕組み（認可制度改革，確認制度）
　　　③必要な財源の確保（消費税財源）
　　　④幼保一体化できる仕組みの実現

　民主党政権への交替により，急きょ取り入れられた「幼保一体化」の視点を除いて，本制度の淵源は，2000（平成12）年の介護保険法施行ならびに社会福祉法の制定・施行，すなわち社会福祉基礎構造改革にさかのぼることができる。その年，高齢者福祉制度において，介護保険制度が創設された。また，障害者福祉制度において支援費制度が始まり，それは2006（平成18）年の障害者自立支援法施行に基づく障害者施設等給付制度につながった。
　子ども家庭福祉・保育においては，紆余曲折を経て，2015（平成27）年度から子ども家庭福祉・保育制度の一環として，子ども・子育て支援制度が創

---

*9　子ども・子育て支援制度は，これまで子ども・子育て支援新制度と呼称されていたが，子ども・子育て支援法施行後は，子ども・子育て支援法に基づく基本指針により，「子ども・子育て支援制度」と総称される。したがって，政府は通称としてしばらくは「新制度」としているが，ここでは，「子ども・子育て支援制度」の用語を用いる。

設されたのである。これで，高齢者福祉，障害者福祉，子ども家庭福祉の3分野それぞれに，狭義の公的福祉制度と，利用者の権利と選択の保障を重視する給付制度との併存システムが，実現したことになる。

　子ども・子育て支援制度は，いわゆる社会づくり政策としての福祉改革と，人づくり政策としての教育改革の結節による所産である。この制度の背景は，①待機児童対策，②地域の子どもを親の事情で分断しない，親の生活状況が変化しても同じ施設に通えること，③幼児期の教育の振興，3歳以上の子どもに学校教育を保障，④全世代型社会保障の実現，の4点といえる。そして，その根底を支える理念は，いわゆるソーシャル・インクルージョン（social inclusion：社会的包摂）[10]でなければならない。すべての子どもと子育て家庭が，切れ目のない支援を受けられる社会，乳幼児期から質の高い教育を受けることができる社会を目指すことを主眼としなければならない。しかし，過渡期としての現在は，幼保が三元化するなど複雑化している。このように，まだまだ課題は多く，社会づくりはまだ始まったばかりである。

## (2)　「利用者の選択と権利の保障」をめぐって

　前述したとおり，子ども・子育て支援制度の創設により，高齢者福祉，障害者福祉，子ども家庭福祉の3分野それぞれに，狭義の公的福祉制度と，利用者の権利と選択の保障を重視する給付制度との併存システムが実現した。しかし，子ども家庭福祉分野におけるそれは，かなり複雑なものとならざるを得ない。その理由については，山縣（2015a，pp.14-15）も考察を進めている。

　山縣は，給付制度は基本的に契約制度であるが，子どもは民法上の未成年であり，法的な契約の主体とはなりえない。したがって，保護者が「子の利益のため」（民法第820条）に契約を取り結ぶこととなる。そのため，子どもの最善の利益を図る公的責任を遂行するためには，保護者との関係を調整する作業が必要となる。つまり，保護者の意向をどのように位置づけるかが，大きな課題となるのである。特に，子ども虐待などの場合は，調整に困

---

＊10　ソーシャル・インクルージョン（社会的包摂）については，序章＊12を参照。

難をともなうと考察している。

そのうえで，こうした現状について山縣は，「社会福祉界全体の動きである利用者本位の考え方が，子ども家庭福祉分野においても浸透してきている。しかしながら，親権や契約行為の制限，加えて，養育に関する保護者の第一義的責任を強調する傾向のなかで，理念としての「子ども中心（主義）」が，実践としての「子ども中心（主義）」を一部阻害しているというのが子ども家庭福祉分野の置かれている状況である」と述べている。

筆者は，こうした課題を克服するための，子ども家庭福祉供給体制のあり方検討をライフワークとしており，そのための補完的なシステム，具体的には，苦情解決制度や契約を補完する職権保護の仕組み，さらには専門職の適切なパターナリズムの発揮と第三者機関によるチェック，未成年後見制度や司法関与の充実等とあわせた供給体制の整備が必要と考えている。

## 第3節　地域子育て家庭支援の理念と原理ならびに今後の方向

### 1. これからの地域子育て家庭支援の方向性

前述したとおり，もともと地域子育て家庭支援は，歴史的には主として血縁，地縁型のネットワークによって担われてきた。しかし，こうした従来の子育て支援ネットワークが弱体化し，それに代わるべき子育て支援事業，保育サービスなどの，社会的子育て資源の整備とそのネットワークが求められるようになった。筆者は，旧厚生省時代に事務局の一員として作成した「たくましい子供・明るい家庭・活力とやさしさに満ちた地域社会をめざす21プラン研究会」報告書（略称：子供の未来21プラン研究会報告書）（1993年）を踏まえ，これからの子ども家庭福祉，地域子育て支援の方向性として，以下の7点を提示している（柏女，1995, pp.70-75 など）。

①「保護的福祉」「児童福祉」から「支援的福祉」「児童家庭福祉」へ
②「血縁・地縁型子育てネットワーク」から「社会的子育てネットワー

ク」へ

③「与えられる（与える）福祉」から「選ぶ（選ばれる）福祉」へ

④「点の施策」から「面の施策」へ

⑤「成人の判断」から「子どもの意見も」へ

⑥「親族の情誼」「家庭への介入抑制」から「子権のための介入促進」
へ

⑦「保護的福祉（welfare）」から「ウエルビーイング（wellbeing）」へ

このうち，①〜④は地域子育て家庭支援の視点から，⑤，⑥は子どもの権
利保障の視点から，⑦は福祉理念の視点からの方向性である。⑥について
は，体罰禁止が法定化（児童虐待の防止等に関する法律）され，民法におけ
る懲戒権規定の改廃を含めた検討も進められている。

## 2. 保育所保育指針に見る地域子育て家庭支援の原理

また，保育所保育指針（2008 年告示版）は，保護者支援の原理を総則に
示し，その支援原理を第 6 章において 7 点提示している。ここで，①②④は
目的としての原理であり，③⑤⑥⑦は目的を達成するための手段としての原
理といえる。

(1)　保育所は，入所する子どもの保護者に対し，その意向を受け止め，
子どもと保護者の安定した関係に配慮し，保育所の特性や保育士等の
専門性を生かして，その援助に当たらなければならない。

（旧保育所保育指針（2008）第 1 章総則）

(2)　保育所における保護者に対する支援の基本
①子どもの最善の利益を考慮し，子どもの福祉を重視すること。
②保護者とともに，子どもの成長の喜びを共有すること。
③保育に関する知識や技術などの保育士の専門性や，子どもの集団が
常に存在する環境など，保育所の特性を生かすこと。
④一人一人の保護者の状況を踏まえ，子どもと保護者の安定した関係

に配慮して，保護者の養育力の向上に資するよう，適切に支援すること。

⑤子育て等に関する相談や助言に当たっては，保護者の気持ちを受け止め，相互の信頼関係を基本に，保護者一人一人の自己決定を尊重すること。

⑥子どもの利益に反しない限りにおいて，保護者や子どものプライバシーの保護，知り得た事柄の秘密保持に留意すること。

⑦地域の子育て支援に関する資源を積極的に活用するとともに，子育て支援に関する地域の関係機関，団体等との連携及び協力を図ること。

（旧「保育所保育指針」第6章，2008年）

## 3. その他の地域子育て家庭支援の原理

このほか，山縣（2015 b，p. 6）は家庭支援の目標として，「保護者の仲間づくり，社会資源との関係づくり」「子育てと並行する（保護者，とりわけ母の）自己実現」「親子関係の支援」の3点を挙げている。

また，柏女（2010，pp. 85-91）は，近年の子どもの育ち，子育て家庭の現状，施策動向を踏まえた場合に必要とされる原理について，以下の視点を提示している。

### (1) 発達段階とライフコースに応じた切れ目のない支援
### ──子どものいない生活から子どもと暮らす生活の創造への支援

子どものいない生活から，子どもと暮らす生活への切り替え（第二子出産なども含む）には，これまでの生活とは異なるストレス・コーピング（ストレスへの対処）が必要になる。子どもを通じた新たな社会関係をつくっていくことも必要になる。こうしたストレスを乗り越えていくための支援が必要である。

### (2) 親子の絆の形成と紡ぎ直し

親子の絆は，親子だけでは形成できない。絆はもつれやすいものであり，

誰かが間を取りもったり，親子間に介入して絆の紡ぎ直しをしたりするなど，第三者の存在があって，はじめて親子の絆が形成されていくことに，留意が必要である。

### (3) 多様な人との関わりの保障

子どもに多様な大人との，あるいは子ども同士の関わりを保障していくことが，子どもに多様なコミュニケーションの機会を保障し，子どもの健やかな育ちに寄与する。子育てひろばや，子ども同士の交流のための場の保障が，必要とされる。

### (4) 育ち直し，自身の境遇を引き受けることへの支援

被虐待児童などの場合，自らの責任ではない事情によって引き受けなければならなかった境遇に対する，一定の納得を得るための支援，あるいは，温かで一貫したケアの継続によって育ち直しの支援を行うことが必要とされる。

### (5) 子どもの安心と安全，権利を守る

子育て家庭支援の最終的なミッションは，子どもの安心，安全，権利を守ることにある。親の人生や生活を支援することが子どものためになることも多いが，虐待，ネグレクトの場合などでは，最後は子どもの側に立つことがミッションとなる。家庭における体罰禁止と，いわゆるたたかない子育てに向けたプログラム等の普及が求められる。

### (6) 次世代育成支援のための地域，まちづくり

地域子育て家庭支援の目的は，個々の子育て家庭の支援のみにとどまらない。地域に同種の問題が起きないよう，仲間づくりや子育てにやさしいまちづくりを目指す視点が必要とされる。

## 4. 子ども家庭福祉における「地域子育て家庭支援」の構造

　筆者は第4章（図4-2）において，子ども家庭福祉における子，親，公，社会の関係を図示し，解説しているが，「地域子育て支家庭援」概念の図式化としても極めて有効と考えられる。つまり，まず，親・保護者の子どもの養育に関する第一義的責任が規定され，親に対して子の利益のための養育義務を排他的に果たす権利が規定される。この養育義務が適切に果たせるよう，親・保護者に対する国・地方公共団体の子育て家庭支援義務ならびに国民全体の努力義務が規定されている。

　そのうえで，親・保護者が子の利益のための養育義務を適切に行使することができないと，公（国・地方公共団体）が判断した場合には，公的介入を行うこととなる。この場合の介入を正当化する原理が，「子どもの最善の利益」である。

　すなわち，「地域子育て家庭支援」は，「公」による支援に加えて，国民，社会全体による支援を要請する。そして，そのことは，高齢者福祉における地域包括ケアの理念とつながってくるのである。

## 5. 地域子育て家庭支援の新たな可能性

　地域子育て家庭支援の今後の方向については，現在，高齢者福祉分野において実践されつつある，地域における包括的ケアの視点が参考となる。第6章で述べたとおり，2000（平成12）年の社会福祉基礎構造改革や厚生労働省の「社会的な援護を要する人々に対する社会福祉のあり方に関する検討会」報告書（2000〈平成12〉年12月）は，地域福祉と包み支え合う社会の実現を提言している。

　こうした動向と前後して，2008年には社会保障国民会議「第2分科会中間とりまとめ」において，「社会的相互扶助（＝共助）のしくみ」の具体的対応として，「地域における医療・介護・福祉の一体的提供（地域包括ケア）の実現」が提言されている。そのなかでは，「医療や介護のみならず，福祉

サービスを含めたさまざまな生活支援サービスが，日常生活の場（日常生活圏域）で用意されていることが必要であり，同時に，サービスがバラバラに提供されるのではなく，包括的・継続的に提供できるような地域での体制（地域包括ケア）づくりが必要である」と述べられている。

2009（平成11）年3月に取りまとめられた地域包括ケア研究会報告書においては，地域包括ケアシステムについて，「ニーズに応じた住宅が提供されることを基本としたうえで，生活上の安全・安心・健康を確保するために，医療や介護のみならず，福祉サービスを含めた様々な生活支援サービスが日常生活の場（日常生活圏域）で適切に提供できるような地域での体制」と定義され，地域包括ケア圏域として，「「おおむね30分以内に駆け付けられる圏域」を理想的な圏域として定義し，具体的には，中学校区を基本とすることとしてはどうか」と提案されている。

地域包括ケアは，高齢者福祉に係るいわば方法論として提起されているが，その根底に横たわる「地域共生社会づくり」の理念は，地域子育て家庭支援にも通底する原理といえるであろう。

地域子育て家庭支援を専門とする橋本（2015，p. 32）も，「今後，地域において一人の人間の一生を包括的に保障するためには，子ども家庭福祉領域の実践においても，高齢者や障害者領域との整合性を担保した地域の中で総合的支援を展開する仕組みと機能が必要になると考えられる」と述べている。地域子育て家庭支援サービスは，今後，子ども家庭福祉分野において，前章で述べた地域包括的・継続的支援を導入する重要な社会資源のひとつとなるであろう[11]。

---

[11]　なお，厚生労働省・「我が事・丸ごと」地域共生社会実現本部は，2017（平成29）年2月7日，『「地域共生社会」の実現に向けて（当面の改革工程）』を決定した。これは，高齢者，障害者，児童といった分野を超えて，地域住民や地域の多様な主体が「支え手」「受け手」の関係をも超えて，つながり合えるシステムを構築するものである。2017年通常国会においては，市町村における地域包括的支援体制の制度化，共生型サービスの創設などを規定する，改正社会福祉法等が成立している。

# 第8章 子ども家庭福祉制度

## 第1節　制度と方法の統合についての考察

### 1. 制度の特質と子ども家庭福祉

　古川（2012, p.41）は，「社会福祉を，その内側に「政策」「制度」「援助」という三通りの要素を持つ社会的施策と捉えることを基本に，その社会的施策が社会の統合発展をめざすソーシャルポリシーとしての側面と個人や家族，地域社会の自立生活の支援を課題とするソーシャルワークとしての側面とをあわせもっている」ととらえ，それを図 8-1 のように示している。そして，古川（2004, p.32）は制度について，「政策と援助とがそこで出会い，接合される場所」と把握している。これらを参考に，筆者の視点も踏まえつつ制度を定義すると，以下のようになる。

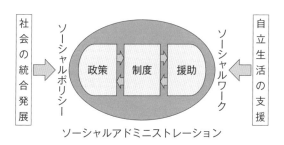

図 8-1　社会福祉の二定点型構造

（古川, 2012, p.41）

制度とは，一定の価値の実現，すなわち理念に基づいて政策を形に
　　し，行政システムによってその実行を委ねられているものであり，法令
　　により規定された社会福祉事業の集積である。

　制度が，政策と援助（筆者は「方法」という用語を用いる）の接合点であ
るといっても，そこには深い溝がある。本節においては，「制度」と「方法」
の間に横たわる問題とその克服方策について，子ども家庭福祉分野を中心と
して論ずることとする。

## (1)　制度的福祉と臨床的福祉

　子ども家庭福祉のうち，国，地方公共団体が「制度」として行っているも
の，これを「制度的福祉」と呼ぶ。制度的福祉について網野（2002, p.234）
は，「ある基準や標準を定め，それに合致する対象となる人々への保護・扶
助としての福祉の展開である」と定義している。各種法令や財源に基づい
て，現在幅広く用意されているが，この制度的福祉の構成原理は，「同一条
件下にある者には同一のサービスを行う」ことを原則とするものである。
　これについて網野（1992, pp.2-12）は，「制度的福祉は，人々の生存を救
い，生活上の不足部分を補い，問題発生を予防し，さらにはより充実した生
活や心身の健康，発達を促進するための多様な制度上のメニューを広く公平
に用意することに努める」ものであり，「同一のあるいは共通の環境問題や
状況が生じたとき，同一のあるいは共通の福祉サービスが提供されることが
原則である」と述べ，これを「同一与件同一サービスの原理」と呼んでい
る。
　この原理は，実践の場においては，平均・正常からの逸脱・疾病を測定
し，その状態に応じたサービス・治療を提供するという手法と結びつき，こ
れは「疾病性」（Illness）といわれる。また，河合（1992, pp.19-23）の概念
を借用すれば，父性原理[1]（「切る」原理）に基づくものであるということ
ができよう。
　一方，子ども家庭福祉の各種実践になると，事情が変わってくる。網野は
これを，「制度的福祉」に対比させて「臨床的福祉」と呼び，その構成原理

は，「個々の人々の個性，特徴を重視して，如何にふさわしい助言やガイダンス，あるいは治療，保護が必要かを考え，それを進めることに努める」ものであり，「この世にたった一人しか存在しないその人に対して，社会福祉援助の基本原理とも言うべき受容や共感，共有を図ることに心を砕くことが原則となる」として，これを「個別与件個別サービスの原理」と呼んでいる。

　この原理は，実践の場においては，症状・状態は同じであっても，人間は一人ひとり固有の歴史と関係を持った独自の存在であり，その固有のニーズに沿ったサービス・治療を提供するという手法と結びつき，これは「事例性」（Caseness）と言われている。また，河合の概念を借用すれば，母性原理（「包む」原理）に基づくものであるということができる。

### (2)　制度と方法の構成原理の相違とそこから生じる問題

　このように，子ども家庭福祉制度とその制度の下で実施される各種の具体的方法は，その構成原理を異にしており，その特質はおおむね**表8-1**のようにまとめられる。

　また，これに関連して，太田（1991, p.24）は，制度としての社会福祉とソーシャルワーク実践とを統合することを意図しつつ，両者の特徴を**表8-2**のように整理している。この表からも，両者の構成原理が異なっていることをうかがい知ることができる。

　そして，福祉の具体的実践活動にあっては，当然のことながらこの両者は相互に影響し合い，相補いながら進展し，統合化されていく必要があるが，その構成原理の相違ゆえ，整合化の努力にもかかわらず，さまざまな問題状況が生じる要因ともなっている。

---

＊1　ユングの分析心理学をもとに，河合隼雄が提示した人間の行動パターンに関する概念。父性原理は「切断する」ことをその行動原理とし，個人の確立を促進し，人間関係においては契約に基づく関係を指向する。これに対して，母性原理は「包含する」ことをその行動原理とし，場への所属を促す方向に向かい，人間関係においては一体感（共生感）に基づく関係を指向する。わが国は，欧米諸国に比して，母性原理の優位な社会であることを指摘している。

表8-1　福祉における制度と方法の構成原理の相違

| | 構成原理 | メリット | デメリット |
|---|---|---|---|
| **制度** | 同一与件同一サービス<br>疾病性（Illness）<br>父性原理 | 公平，公正<br>平等，重点性 | 画一，差別，ラベリング，スティグマ |
| **方法** | 個別与件個別サービス<br>事例性（Caseness）<br>母性原理 | 個人重視<br>生活総合性 | 主観的<br>平等・公平を欠きやすい |

（柏女，1995，p. 56）

表8-2　制度としての社会福祉とソーシャルワーク実践との比較

| 社会福祉（狭義） | ソーシャルワーク |
|---|---|
| 制　　度 | 活　　動 |
| 構　　造 | 機　　能 |
| 理　　念 | 実　　践 |
| 目　　標 | 方　　法 |
| 普遍性 | 特殊性 |
| 施　　策 | 援　　助 |
| 具体的資源 | 人的資源 |
| サービス | クライエント |
| 合理性 | 専門性 |
| ハード | ソフト |
| マクロ | ミクロ |
| 形　　式 | 内　　容 |

（太田，1991，p. 24）

## （3）　構成原理の相違により生ずる問題

### ① 方法にとっての問題

　制度の構成原理は「切る原理」である。したがって，どこかで線を引くことが必要となる。そして，線を引くということは，原則的に画一的処遇を要請することでもある。しかしながら，現場の実践・方法は，具体的個人を対象とする個別処遇である。相談・申請に来談する人や通告される人は，いわば生活者として全体的状況のなかに生活しており，その生活のなかで困難を

抱えているわけであり，画一化を基本とする個々の制度と，すべて合致するようなニーズを抱えて来談するわけではない。そこで，個々の来談者や児童の福祉実現のためには，制度をその生活者の生活ニーズにうまくマッチするように，文字どおり「活用」していくことが求められている。この個別処遇重視が制度の画一性要求と相容れないとき，現場の担当者の悩みが起きてくる。

### ② 制度にとっての問題

一方，この両者の構成原理の違いは，制度構築にとっても不幸な問題をつくりだす。新たな制度や事業を構築していく際には，科学的，実証的なデータ，すなわち多数例に基づく統計量が何よりものをいう。よく，「行政は数ばかり重視する」という声が現場から聞かれるが，これなどその良い例である。

一方，実践の場においては，当該児童の自己実現，自立の度合いがその効果として考えられるが，この自己実現という状態を客観的に測定することは至難の業である。客観化を図るために，不登校児童に対する指導の効果を，「登校」の実現という現象に置くことに，違和感を抱く実践家は多い。しかし，そうしないと，制度構築を促すデータとしては説得力に乏しいものとなる。「表情が良くなった」「関わりがとれるようになった」「自分の道を見つけ出した」という効果は，実践の場においては非常に重要であるが，それだけでは制度構築にとっては微力である。また，相談件数が多いことは，実践の場においてはまったくと言ってよいほど臨床的意味がない。しかし，制度構築のためのデータとしては，それが威力を持つ。

こうした原理の違いが，制度構築・改正にあたって，実践家をして貢献しづらくさせるという結果を生み出す，ひとつの要因になっていると考えられる。両者の関係は今のところ，不幸な平行線をたどっているかのようである。社会福祉研究の場における政策論と処遇論が離齬をきたしやすいのも，同様の関係といえる。古川のいう「政策と援助とがそこで出会い，接合される場所」（2004，p.32 再掲）における，接合のありようが問われるのである。

## 2. 制度と方法の統合のための概念的枠組み

### (1) 「科学の知」と「臨床の知」

この両者の関係整理のために役立つ概念的枠組みとして，中村（1992, pp. 125-140）の「科学の知」および「臨床の知」の概念の援用が考えられる。中村は，「科学の知」と「臨床の知」について，**表8-3**のようにとらえている。

これを制度と方法に当てはめてみると，主として「科学の知」に基づいて成立しているのが「制度的福祉」であり，主として「臨床の知」に基づいて成立しているのが「臨床的福祉」であるということができる。そして，この両方の知が相互に翻訳不可能と考えてしまうがゆえに，前述の問題が起こっていると考えることができる。

中村は，この両知の統合については，特に言及していない。しかし，子ども家庭福祉を真に理念・制度・方法が統合されたものとするためには，その両者をつなぐパラダイムや方法論が必要である。

### 表8-3 「科学の知」と「臨床の知」の比較

|  | 科学の知 | 臨床の知 |
|---|---|---|
| 構成原理 | ①普遍主義<br>②論理主義<br>③客観主義<br>　抽象的な普遍性によって，分析的に因果律に従う現実に関わり，それを操作的に対象化する。 | ①コスモロジー（宇宙論的な考え方）<br>②シンボリズム（象徴表現の立場）<br>③パフォーマンス（身体的行為の重視）<br>　個々の場合や場所を重視して深層の実現に関わり，世界や他者がわれわれに示す隠された意味を相互行為のうちに読み取り，捉える。 |
| 特徴 | ①冷ややかな眼差しの知，視覚独走の知<br>②主として仮説と演繹的推理と実験の反復から成り立つ。 | ①諸感覚の協働に基づく共通感覚的な知<br>②直観と経験と類推の積み重ねから成り立つ。 |

（中村，1992, pp. 125-140 をもとに著者作成）

## (2) 解釈と運用

こうした隘路を打破する方法として、子ども家庭福祉の場においては、制度の「解釈と運用」という方法が採られていることは周知の事実であり、それによって、両者がある程度つながれていると考えられる。この「解釈と運用」の拠り所であり、その方法を正当化しているのが、子ども家庭福祉の理念、つまり「この子の福祉を本当に図るためには、この制度については、このくらいの解釈の幅を持って運用するのがよい」という論理である。現在、児童養護施設への入所措置基準は、児童福祉法第41条に児童養護施設の目的として規定されている以外に、明文上の規定はない。したがって、ここに規定する児童であるか否かの判定は、児童相談所の専門的技術的裁量に委ねられているのが現状である。つまり、この「保護者のない児童、虐待されている児童、その他環境上養護を必要とする児童」の解釈には幅があるということである。

こういう運用が成り立つための条件とは、①「制度」にある程度の幅があること、②解釈の余地が残っていることである。すなわち、制度の枠組みを固定せず、なるべく緩やかにして運用の幅を広げていくことが、両者の歩み寄りを一部可能なものにしていくことになるのである。

もっとも、こういう方法は両刃の剣である。もし、運用の妙ということで制度のあいまいさが増幅されることともなれば、歯止めがなくなり、制度としての意味がなくなる。そうなれば、一般の理解が得られなくなり、制度、方法両者にとって命取りとなることも忘れてはならない。

## (3) 制度・方法の侵食

ところで、こうした解釈・運用には限界があり、矛盾が露呈してくる場合もある。解釈・運用の拡大も固定的・機械的運用のいずれも、解釈・運用が制度を歪ませてしまう。また、実践家自体に任されている解釈・運用の裁量の幅が狭かったり、自らそれを狭く解釈したりすることによって、方法が侵食されている現象も生じかねない。生活保護制度の厳格な適用がその例である。その結果、生活保護の実務家は、臨床の知を生かす余地が少なくなりか

ねない。行政による事業者の監査なども，同様の構造をもつ。

　さらに，公的な地域相談システムがしっかりすればするほど，相談機関や担当者は制度ごとに，地区ごとに，単一化・固定化される傾向があり，利用者にとってはある意味で利便性が増すことと裏腹に，相談者との相性や相談しやすさによって相手を選ぶといった個別性重視の観点は，捨消されていくこととなる。これも，制度が方法を侵食していく例といえる。

## 3. 制度と方法の統合のための方法論

　このような事態は，制度，方法が進展していくにともない，また，社会が成熟し，複雑化・多様化するにともない，さらに，価値観が多様化し，個人の自己実現が重視されてくるにともない，ますます多く表面化してくることとなろう。古川（2004，pp.32-35）が「政策と援助の乖離が明らかになるのは，政策と援助が出会う場所，すなわち制度の領域においてである」と述べているとおり，この出会い場面におけるコンフリクト解決のための手立てが必要とされるのである。

　このためには，制度と方法を統合する仕組みないし方法を，確立していくことが求められる。そのことによって，子ども家庭福祉に絶え間ない改善という生成的構造を持たせることが可能になる。そのために必要とされることとして，以下の事項を挙げることができる。

### （1）　翻訳者の設置

　方法・実践の構成原理，制度の構成原理の両方に通じている人材を，それぞれの場に配置することである。その人材は，必ずしもそれぞれの領域で一流である必要はないが，両者の価値観の違いなどについて翻訳のできる人材である必要があろう。しかし，それがうまく機能しないと，両者の思いの吸収体となってしまったり，翻訳ミスが生じてしまうといったことも起こり得る。

## (2)　相互組み込みシステムの整備

　両者の場を，できる限り組織的に交流させることである。これには，できるだけ多くの方法が整備されていることが必要である。たとえば，以下の事項等をシステムとして実施することである。

　　①相互人事交流
　　②処遇決定，制度構築の場への相互参加
　　③現任訓練としての相互職場参加
　　④合同ケース会議，ケース・マネジメントの積み重ね
　　⑤ヒアリング

## (3)　相互刺激システム

　たとえば，必ず月1回，お互いを講師として招聘してその動向について聞くことや，異なる機関，専門職種の合同研修等がその例として挙げられる。

## (4)　制度・方法の両方に影響する事項に関する共同研究

　制度と方法の両方に共通し，しかも両者の協力がなければ進展しないと思われる事項について，共同で研究・検討していくことである。

## (5)　制度・方法を動かす「人」それぞれの個人内統合

　人は誰でも，科学の知だけでは割り切れない部分を有している。社会的な仕事においては，どうしても科学の知が重視されがちであるが，子ども家庭福祉の対象は生きた人間，有機的な存在であることを肝に銘じ，もし，自分が利用者だったらどうだろうかという視点を常に持って，制度構築，援助をそれぞれの立場にいる担当者が行っていくことが必要である。それが援助者としての敏感性を育むことにもつながる。利用者のニーズからの出発ということを，すべての関係者が共通の基盤として有することにより，統合が促進されると考えられる。

## 第2節　子ども家庭福祉制度の枠組み
### ——私的責任，社会的責任，公的責任

### 1．子ども家庭福祉制度体系

　子ども家庭福祉サービスは，具体的には，母子保健，保育，子育て支援，子ども育成，養護・非行・心理的問題を有する児童等の自立支援を図る要保護児童福祉，障害児童福祉，母子家庭・父子家庭等のひとり親家庭福祉，などのサービスで成り立っており，これは**図8-2**のように示される。

　たとえば，母子保健サービスにおいては，各種の健康診査や保健指導，慢性疾病を有する子どもの治療等が行われている。保育サービスにおいては，特定教育・保育施設の整備運営のほか，地域型保育事業ならびに，いくつかの地域子ども・子育て支援事業等が展開されている。2019（令和元）年10月からは，子育てのための施設等利用給付の創設を含むいわゆる幼児教育・保育の無償化も開始される。子どもの育成サービスに関しては，児童館等の設置運営や放課後児童健全育成事業（放課後児童クラブ），児童手当の支給等のサービスが，要保護児童福祉サービスに関しては，各種の相談援助サービスや子ども虐待防止，児童福祉施設入所・里親委託等が行われている。2015（平成27）年度からは，里親，ファミリーホーム委託，といった家庭養護利用児童を社会的養護全体の3分の1にする政策も開始されている。また，2020（令和2）年度からは，家庭養護の一層の振興を図る計画も，全国で開始される。

　障害児童福祉サービスについては，ホームヘルパーの派遣やショートステイ，障害児通所支援等の在宅サービスのほか，障害児入所支援，特別児童扶養手当等，各種手当の支給等が行われている。さらに，ひとり親家庭福祉サービスに関しては，ヘルパーの派遣等の在宅サービスのほか，母子生活支援施設への入所，母子・父子・寡婦福祉資金の貸し付け，児童扶養手当の支給，就業支援等が実施されている。なお，子どもの貧困対策の推進に関する法律に基づき，子どもの貧困対策も推進されている。実施される施策の幅は

第8章 子ども家庭福祉制度

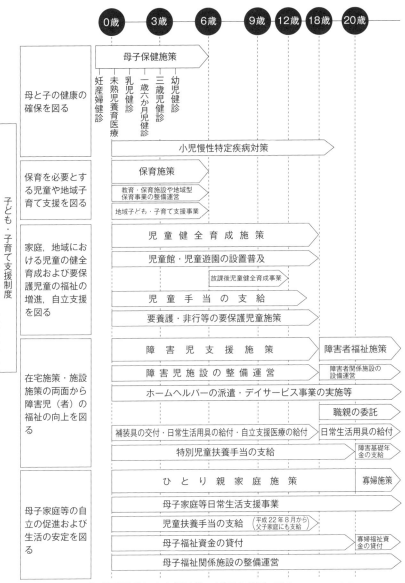

図8-2 年齢別子ども家庭福祉サービスの体系（柏女，2018，p.97）

広く，今後は，施策相互の連携や利用者支援の充実が必要とされている。

このサービス体系は，その内容・領域による分類であるといってよい。さらに，子ども家庭福祉制度は，2つの側面から分類することができる。ひとつはその機能による分類であり，もうひとつは福祉供給体制のありように基づく分類である。以下，それを紹介しつつ，そのあるべき方向について考察を進めていくこととする。

## 2. 子ども家庭福祉の機能による体系

網野（2002, pp. 180-187）は，わが国における児童福祉の内容・領域を，子どもの育成責任との関係で，3つのPと，3つのSの，6機能に分類している。これは，カドゥシン（Kadushin, A.）の3S分類を参考にしたものである。つまり，子ども家庭福祉の3P（popularization：啓発，promotion：育成，prevention：予防）と3S（support：相談支援，supplement：補完，substitute：代替）の役割分担である。これは，**図8-3**のように示される。この分類はむしろ，子ども家庭福祉の果たすべき機能に基づく分類といってよい。

網野によると，3つのSは，1960年代の米国・児童福祉連盟（CWLA）の定義，「児童福祉ソーシャルワークは，両親が児童の養育責任を十分に行使できないときに，あるいはその地域が児童と家庭の必要とする資源や保護を提供することができないときに，その児童等にソーシャルサービスを提供することである」をもとに，カドゥシンが児童福祉の提供サービスを，以下の3つのSと称したとする。

①支援的（Supportive）——親の児童養育の責任や機能を支援し強化する。

②補完（Supplementary）——親の児童養育の責任や機能の不十分さを補う。

③代替（Substitute）——親の児童養育の責任や機能にかわって行使する。

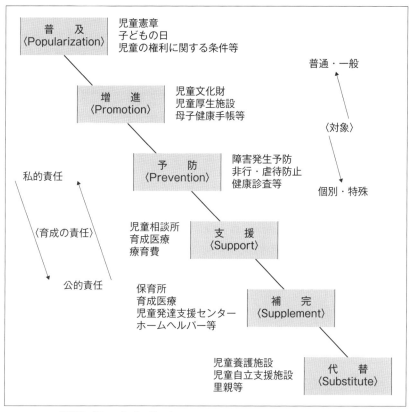

▶三つのP ｛ 普及（Popularization）
　　　　　――児童を愛護し，健やかに育成する思想・理念の普及
　　　　　増進（Promotion）
　　　　　――児童の心身の健康や発達の増進・促進
　　　　　予防（Prevention）
　　　　　――胎児および児童の発達上の障害や問題の発生予防

▶三つのS ｛ 支援（Support）
　　　　　――児童の発達上の障害や問題の軽減・除去のための療養の支援
　　　　　補完（Supplement）
　　　　　――発達上の障害や問題のある児童の養育の補完
　　　　　代替（Substitute）
　　　　　――発達上の障害や問題のある児童の養育の代替

**図 8-3　児童福祉の領域・内容**

(網野, 2002, p.181 を著者一部改変)

そのうえで，支援，補完，代替の順に，親・保護者の私的責任とともに公的責任のウエイトが高くなるとし，歴史的には，代替，補完，支援の順に発展してきたと説く。ただし，3つのSは，何らかの問題が生じた後にサービスを展開する，後追い的福祉，受動的福祉であるとする。

そして，網野（2002，p.183）のオリジナリティとして，これらを基礎に，その後は，「子どもに何らかの問題や障害が生じてから，あるいは親・保護者に何らかの問題や困難さが存在しているために動きだすのではなく，事前にそれらの問題の発生を予防し，ひいては子どもがより健やかに生まれ育つことができるように，また家庭が子どもを育てやすくできるように活動する方向へと進んでいく」と述べ，以下の3つのPを提言したのである。

そして，予防的サービスは3つのS，とりわけ支援サービスとも連動するとし，これら3P，3Sの連続性を提起したのである。

①普及（Popularization）——児童を愛護し，健やかに育成する思想・理念の普及。
②増進（Promotion）——児童の心身の健康や発達の増進・促進。
③予防（Prevention）——胎児および児童の発達上の障害や問題の発生予防。

## 3. 子ども家庭福祉体系の基礎的供給体制からの検討

子ども家庭福祉制度のありようを考察するためには，供給体制の視点からの考察も無視できない。この部分は第6章，前章と重複する部分もあるが，再度考察しておくこととする（第6章図6-1参照）。

平成期の子ども家庭福祉は，子ども家庭福祉供給体制を市町村と都道府県に二元化させている。少子化対策は，1990（平成2）年の1.57ショックに始まり，子ども・子育て支援制度創設に至り，この分野では，子育ての「社会的支援」や，「社会連帯」などが理念となる。

一方，要保護児童福祉は，1994（平成6）年の子どもの権利条約締結から，

権利擁護の流れをつくりだしていく。この分野では，「公的責任」「公権介入の強化」による「権利擁護」が理念となっている。

　また，子ども家庭福祉は，制度体系としての母子保健制度や障害児支援制度（障害者給付等制度），ならびに子ども・子育て支援制度等を包含するが，それぞれの制度体系と子ども家庭福祉体系とは，一部重なり合っている。子ども家庭福祉においては，サービスごとに実施主体が都道府県，市町村に分断されているのみならず，利用方法やサービス支給決定プロセス，サービス給付に係る費用負担や財源等が異なっており，非常に複雑な実施体制となっている。

　また，近年では，価値観の流動化のなかで生じてきた各種の生活課題と，現行のサービス供給体制や具体的サービスとの乖離が大きくなってきており，高齢者分野を中心に地域包括ケアが提唱されるなど，社会福祉サービス供給体制の再構築が求められている現状にある。この点については，前章で論じたとおりである。複雑な体系を再編し，次のステージに向けての見取り図，羅針盤を用意しなければならない時期に来ており，包括的・継続的支援体制づくりの実現が求められているといえる。

## 4．子ども家庭福祉における制度体系
### ——子ども家庭福祉制度の私的責任と社会的責任，公的責任

　子ども家庭福祉の制度を論ずる際には，この３つのＰと３つのＳの各理念を統合して論ずることが必要とされ，また，市町村と都道府県に分断された供給体制の統合を視野に入れた検討がなされなければならない。それには，すべてに共通する社会福祉の理念や，「子どもの最善の利益」「地域子育て家庭支援」といった理念と方法論についても，視野に入れなければならない。新しい子ども育成[2]の理念や供給体制も論じていかねばならない。

　また，私的責任と公的責任の調和も重要である。前述したとおり，網野は，歴史的には３つのＳがまず主として展開され，次第に３つのＰへと公的責任の範囲が拡大してきたとし，子育て支援などの「支援」，３つのＰの「予防」「増進」「普及」の分野において，私的責任とともに公的責任が担う

範囲が広がってきており，そのこと自体が子ども家庭福祉の進展と結びついていると考察している。

　公的責任による関与が高まり，子ども家庭福祉が推進されることは望ましいことではあるが，子どもの権利保障，権利擁護のための公的責任が強化されるほど，公的権限と私権が対立，対峙する状況は，むしろ増加することを忘れてはならない。また，公的責任の強化にともなう私的責任の縮小や軽減も，本来的には子ども家庭福祉の理念に沿うものではない。子どもの塾の送迎でファミリーサポートセンター提供会員が忙殺され，生活困難家庭に対する支援ができなくなっていることなども，課題とされている。

　筆者は，こうした公的責任と私的責任の二元論に対し，社会的責任論を導入すべきと考えている。二元論だけでは，公的サービスの範囲拡大が進むこととなる。公共の「公」が肥大すれば，「共」が細ることも生起する。これまで自然に見られていた地域の社会的親が，時代とともに消失し，それが親の負担増をもたらすこととなる。そして，そのことが，育児に対する社会的責任を，新たな形でつくりあげる必要性を生じさせる。つまり，地縁・血縁型子育てネットワークから，新たな社会的子育てネットワークへの転換である。公的責任に基づく支援のほか，社会全体で子どもを産み育てる営みを支援する視点が必要であり，子ども・子育て支援制度の創設が一例である。

　1990年代，わが国の子育ては，地縁・血縁による相互支援の衰退と，社会的子育て支援サービスの貧弱さにより孤立化が進み，それが保育所への一極集中を招来することとなった。それを克服するべく，1993（平成5）年度に保育所地域子育てモデル事業，1994（平成6）年度に主任児童委員制度，ファミリーサポートセンター事業が相次いで創設されるなど，その後も地域

---

＊2　特に，「増進」部分の理念については，これまで十分な考察が行われていなかった。昭和30年代の人づくり政策としての「教育」とは異なる子どもの育成，健康の増進概念の再検討が必要とされる。その際には，子どもたちのためにどのような社会であるべきか，といった視点が必要であると考えており，2018（平成30）年7月に公表された，社会保障審議会児童部会放課後児童対策に関する専門委員会（筆者が委員長を務めた）の，「総合的な放課後児童対策に向けて」と題する中間とりまとめにおいて，今後の子どもの育成支援観について，3つの視点を提示できたことは，非常に有意義であったと思っている。

子育て支援関係事業が進められていくこととなった。つまり，公が直接に補助事業として，社会的子育て支援ネットワークを創り出していくのである。このことが公の肥大化と，これまでの自然発生的な社会的親*3の先細りを生み出す。そして，社会的親の先細りをさらに公的支援で肩代わりしていくこととなり，これが子育て支援の悪循環を生み出している可能性があるといえる。

　こうしたことを防止するためには，理念の転換が必要である。すなわち，子育て支援を保護者への子育て支援ではなく，子どもへの直接的支援として位置づけることも考えなければならない。つまり，単相的育児*4の子どもへの弊害を取り除くため，子どもにさまざまな大人の関わりを保障する複相的育児を目指すことを「子育ち」支援と考え，たとえば，一時預かりの継続的利用を，次項で提唱する「基本保育」ととらえ直すなど，子どもの視点から子育て支援サービスをとらえ直すことも考えるべきである。

## 5. 基本保育制度構想

　こうした，子どもの健全な育成に着目してサービスを再構築する視点の背景には，筆者ら（柏女・尾木ほか，2006など）が提唱している，基本保育制度構想がある。これは，子ども・子育て支援法や児童福祉法のような，保護者の条件に着目した「保育を必要とする」状態にはない0～2歳児に対する保

---

*3　子育てには，生物的親と同時に，心理的親や社会的親の存在が必要であり，それらが十分に機能しないと育児困難感や親子関係の歪みが生まれがちとなる。網野（2002, p.169）は社会的親を，「実の親以外の人で恒常的，部分的，間歇的，一時的に子育てに関わる人をいう」と定義している。

*4　網野（2002, pp.161-163）は，「それまでの複相的育児，つまり多世代家族や多様な階層関係，近隣関係のなかで，両親，特に母親に限らない多面的な育児が，次第に単相的育児，つまり縮小した階層関係，希薄化した近隣関係，そして次第に強まる核家族化のなかでもたらされる両親，特に母親による限定的な一面的な育児が必然的に進みだした」ことを指摘し，この現象を「育児の単相化」と表現している。そのうえで，育児の単相化は，「子育ての不安定性や孤立感と不安，そして子どもにとって必要不可欠な多様なモデリングの対象となる大人たちとのかかわりの不足や親準備性の不足に結びついていく」と述べている。

育保障を，どのように充実するか，という観点から導き出された構想である。

　基本保育制度とは，「就学前児童は，その年齢に応じ，単独でまたは子どもの保護者とともに，一定の時間，基本保育を利用することができる」という制度構想である。これは，保護者の育児と就労の両立支援，子育て支援の観点ではなく，子どもに焦点を当てた乳幼児の健全育成の視点といってよい。

　この構想の基本的視点は，「子どもは，人と人との関わりのなかでこそ，健全な成長が図られる」ということである。現代は，そうした関わりを保障する地域におけるつながりが得にくいため，たとえば，0歳児は1週間に1回，2時間程度，地域子育て支援拠点や保育所，一時預かり事業の実施場所等で，親子一緒に，ないしは子どもだけで，保育を受けることができること（これを仮に0歳児における「基本保育」と名づける）とする。そこで，子どもは，他の親に抱っこしてもらったり，他の子どもと手をつないだりする経験を持つことができる。そうすることで，子どもの健全な成長を社会が保障する責任を果たす，という構想である。いわば，0歳児からの教育の視点と言ってもよい。

　この構想によると，たとえば，1歳児は週に2回，親子でないしは子どもだけで，2歳児は週に2〜3回，子どもだけで，4時間程度を保育所や幼稚園，認定こども園で基本保育を受けることができる。さらに，3歳以上児は週に5日間，1日4時間を標準とする基本保育を受けることができる。これは，いわば学校教育に該当する部分である。義務教育ではないが，2019（令和元）年10月から開始されることとなっている幼児教育・保育の無償化，すなわち，子ども・子育て支援制度における特定教育・保育施設や地域型保育事業の無償化や子育てのための施設等利用給付の創設が，これに該当する。さらに，基本保育を活用しない保護者に対しては，訪問活動等を行うことによって，育児困難や孤立があれば早めに対応していくこととする。場合によっては，訪問在宅保育（たとえば居宅訪問型保育事業の活用等）を実施することもできるようにする。

　そして，それ以上の保育が必要な場合には，「要保育認定」に基づいて保

第8章　子ども家庭福祉制度　　*217*

> **行政の責任（児童福祉法旧第2条）**
> 　国及び地方公共団体は，児童の保護者とともに，児童を心身ともに健やかに育成する責任を負う。

> **基本的視点**
> 　乳幼児は，人と人との関わりの中でこそ健全な育成が図られる。

基本保育制度構想からみた今後の保育サービスのあるべき姿（一例）

| 対象時 | 集団保育の<br>実施頻度等 | 実施場所 | 参加者 |
|---|---|---|---|
| 0歳児 | 週1回，<br>1回2時間程度 | 保育所，こども園<br>つどいの広場等 | 親子，<br>子どものみ |
| 1歳児 | 週2回，<br>1回4時間以内 | 保育所，こども園<br>つどいの広場等 | 親子，<br>子どものみ |
| 2歳児 | 週2回，<br>1回4時間程度 | 保育所，こども園<br>幼稚園等 | 子どものみ |
| 3歳以上児 | 週5回，<br>1回4時間程度 | 保育所，こども園<br>幼稚園等 | 子どものみ |

（効果）
すべての子ども（0～2歳）の育ちを保障

すべての子育て家庭に基本保育を提供

2019（令和元）年10月より，幼児教育・保育の無償化，子育てのための施設費利用給付として実現

※さらに，仕事や病気などにより保育が必要な場合は，保育時間の
　延長を可能とする。

**図8-4　基本保育制度構想の概念**（柏女，2017，p.221を著者一部改変）

育時間の延長ができるようにする。これが，保護者に対する仕事と子育ての両立支援の部分である。つまり，子どもの育成を図るための「基本保育」と，親の支援を図るための要保育認定による「子育て支援」サービスとの，二本立てのシステムとするわけである。これらを図示すると，**図8-4**のようになる。

　このような仕組みを創設することによって，子どもの育ちと保護者の子育て支援とを両立させていくことが必要と考えられる。この仕組みに，子育て支援者と保護者との協働による子育て支援プランづくりなどを付加すれば，文字どおり，子どもの出産や子育てを契機として，親の新たな人生設計をともに考えることもできる。

　さらにこの構想は，子どもに，多様な大人との，あるいは子ども同士の関

わりを保障することともなる。子どもを真ん中にして，人と人とがつながる仕組みを幅広く用意することにより，こうした支援は達成される。「子はかすがい」を，生活場面において具現化することにもつながるのである。地域子育て支援を「子育ち」の視点からとらえ直すこと，換言すれば，親の育児の肩代わりでない，子どもの育ちを真ん中にした「子育ち支援」としての子育て支援として，再構成する考え方である。

## 6. 子ども家庭福祉制度を「社会的養育体系」と整理する必要性

### (1) 私的養育，共同養育，代替養育——共同養育としての基本保育

　子育ての社会化が必要とされているが，「子育て」という営みに対して社会がどの程度関わりを持つかということに対して，実はまだ十分に社会の合意が得られていない。それは，私的養育と公的補完養育・代替養育（以下，広義の「代替養育」）との間の線引きに，社会の合意ができていないことを示している[5]。

　現状の子ども家庭福祉は，いわば，私的養育とそれが不可能な場合の代替養育に限定されがちである。その中間は，近隣・地域の互助による養育に依存することも含め，事業として用意されているに過ぎない。すなわち，いわゆる「（昼間）保育を必要とする[6]」と行政により認定された子どもの親は，広義の代替養育システムである保育サービスを「保育を必要とする」間，利用することができる。そして，それは子どもの事情ではなく，親の事情による。

　一方，わが子が「保育を必要とする」と認定されなかった親は，現行制度では私的養育の範疇として，自ら保育サービスを購入することも含めて，全

---

[5]　筆者は，厚生労働省の検討会において検討が進められていた「新たな社会的養育ビジョン」提言において，社会的養育の概念整理ができることを期待したが，残念ながらこのビジョンは公的養育の拡大にとどまり，社会的養育の本質論の議論は見られなかった。

[6]　子ども・子育て支援制度施行前は，「保育に欠ける」が保育サービス提供の要件であり，「保育を必要とする」よりさらに限定された要件となっていた。

面的に親が養育しなければならない。あるいは，近隣・地域の互助による養育や，その延長としてとらえられている子育て支援活動に頼るしかない。子育て支援事業も法定化されてはいるが，まだまだ十分ではない。それは，地域子ども・子育て支援事業が個人の権利として与えられるものではなく，行政の裁量に委ねられていることも影響している。

　その結果，地域のソーシャルキャピタル[*7]の崩壊が進むなか，近隣・地域の互助による養育も細り，いわゆる保育を必要としない子どもを育てている親が子育ての負担感を募らせ，保育所サービス利用者の増加をもたらすこととなる。つまり，私的養育か代替養育かという二者択一のシステムが，代替養育に対するニーズの増大を生み出すこととなる。

　この問題を解決する方法として，私的養育をする親のための一時預かり制度，つまり一定限度の代替養育システムを導入することは，すべての親に代替養育制度を導入することを意味することとなり，私的養育を是とする親をためらわせ，また，行政担当者や子育て支援実践者をして，いわゆる「子育て放棄を助長」するとの意見を生み出していくこととなるのである。また，代替養育のための財源が果てしなく膨らむ結果をもたらす。この結果，代替養育システムは親の私的養育を崩すとの論調を生み出すこととなり，結果として，私的養育と代替養育との間で社会的意識は揺れ動く結果を招くのである。これが，子育て支援政策にみられる両価感情[*8]であるといってよい。

　この問題を解決するには，私的養育と代替養育との二元体制を解消し，いわゆる子育ては親と社会[*9]の二者で担うことを原則とする，社会的な養育（これを仮に「共同養育」と呼ぶ）を基本に据えることである。いわゆるソーシャルキャピタルが機能していた時代は，近隣・地域の互助による養育

───────────

＊7　アメリカの政治学者パットナム（Putnam, R. D.）による研究によって，1990年代以降大きな関心を集めることとなった概念で，人々の協調的な行動によって社会の効率性を高めることのできる，社会的信頼，互酬性の規範，ネットワークといった，社会組織の特徴のことである。

＊8　子育て支援者や行政担当者に見られる，現代の親子には子育て支援が必要であるという考え方と，子育て支援は親の子育てを代替し，結果として親の子育ての機能を奪ってしまうという考え方との相克をいう。

＊9　「社会」の概念については，第4章＊7を参照。

**図 8-5　社会的養育における養育責任の主体と子ども家庭福祉体系との関係**
（柏女，2017，p.230）

が共同養育の機能を担っていたといえる。しかし，現在ではそれが困難になっており，社会的な仕組みを導入することを通して，新たな共同養育を成立させることが求められているのである。基本保育は，私的養育に属する事業でも代替養育に属する事業でもなく，このような共同養育に属する事業として構成されることが必要とされる。

　養育責任の主体と子ども・子育て支援との関係は，**図 8-5** のように示される。

### (2)　共同養育システムとしての基本保育制度の意義

　基本保育制度を共同養育のシステムに位置づけた場合，共同して養育する対象となるのは子どもであり，親と事業者は子どもの最善の利益を共通の目標として，共同して役割を担う。現行の「一時預かり」は，その名称が語っているとおり，親から見た視点である。しかし，共同養育の視点に基づくと，親と基本保育事業者は共同養育者となるのであり，その目的は，親の私的養育の私的な補完でも公的な代替でもなく，共同して子どもの最善の利益を達成する営みとなる。

　子どもの最善の利益を考える際には，基本保育事業が，①親にもたらす意味のほか，②子どもにもたらす意味，③親子関係にもたらす意味の，3点が検討されなければならない。特に，②に関しては，前述したとおり，「子どもは，人と人との関わりのなかでこそ健やかに育つことができる」という命

題が基本的視点となる。つまり，そのことが確保されにくくなっている現状においては，0歳児からすべての子どもに一定時間，人（大人や子ども）との関わりを保障する仕組みが必要であるということになる。また，③に関しては，「親子の絆は，親子だけではもつれやすいものである」という命題が基本的視点となる。つまり，親子の絆をしっかりと紡ぐためには，客観的な第三者の存在が必要とされるのである。

## (3) 基本保育と社会連帯

今後の保育サービスのあり方を考えた場合には，私的養育か公的代替養育かの枠を超えた第三の視点，すなわち，社会的養育（本章においては「共同養育」の概念を提唱した）の視点が求められる。そのうえで，共同養育を子育ての原則とし，①親の養育力向上，②子どもの発達促進，③親子のより良い関係の促進の，3点を目指す共同養育のシステムを創設することが必要とされる。そのためには，一時預かり事業の発展型として，子どもの発達促進の観点に立っての定期的利用とする事業が，考えられる必要がある。つまり，子どもの発達促進，よりよい親子の関係の促進を目的とする事業であり，この視点からの提案が，すべての子どもに一定時間の保育を保障する，「基本保育」制度構想なのである。

今後，基本保育制度を含む子育て支援サービスを供給する「社会」を，親の養育を共同して担う主体として位置づけることにより，子育て支援に関する社会的意識の合意形成を進めることが必要とされる。その際の視点は，「社会連帯」[*10]でなければならないと考える。

なお，筆者による「社会的養育」定義は以下のとおりであり，それは図8-5のように示される。社会的養育については，私的養育と代替養育の間を，連続的，循環的に，公や社会が支援するシステムととらえる視点が重要である。また，代替養育から特別養子縁組等によって私的養育に戻るという，循環的な視点も重要といえる。

「社会的養育とは，私的養育を支援することから，家庭で養育できない程度に応じて子どもの養育を社会的，公的に代替する代替的養育まで

も含めて，社会全体で子どもを養育するシステムの体系をいう。それは，私的養育から代替養育までの連続的な支援の営みであり，かつ，代替養育から家族再統合や特別養子縁組等により，再び私的養育につながる循環的な営みでもある。 (柏女，2017，p.230)

## (4) 子ども家庭福祉分野における社会連帯を考える

社会的価値には，根源的価値（変化しない価値）と，時代とともに変化する価値とがある。そして，それらの諸価値が絡み合うところに，社会的価値の特性がある。たとえば，子どもの最善の利益を重視することが，親の権利侵害を生む可能性があることなどが，それである。子ども家庭福祉の場合の根源価値としては，子どもの生物的，心理的，社会的特性から生ずる子どもの特性に依拠した「子どもの最善の利益」を保障することが，最も重要とされる。

これに，社会づくりの理念としての社会連帯が加わる。これは，時代の流れのなかで浮かび上がってきた価値で，根源的なものではないといえる。したがって，この理念は，社会的に合意されることが必要である。子どもの分野において，この価値は社会的に合意されることかが問われることとなる。つまり，子ども分野に拠出することに，すでに子育てを終えた高齢者や子どもを産めない方々の理解が得られるかが問われることとなる。

子どもの支援を社会保険で構築することが，一時検討された。しかし，結局，被保険者に拠出を求めるには無理があるとの結論になった。産まない選

---

＊10 「個人の責任に帰することのできない事柄を，社会全体で包み支え合う」ことをいう。また，林（2014，p.30）は社会連帯を，「社会を構成する個々の人々に対する『人間としての責任』を強調する道徳的行動原理である」としている。社会福祉基礎構造改革について（中間まとめ）（1998年）は，「これからの社会福祉の目的は，従来のような限られた者の保護・救済にとどまらず，国民全体を対象として，このような問題が発生した場合に社会連帯の考え方に立った支援を行い，個人が人としての尊厳をもって，家庭や地域の中で，障害の有無や年齢にかかわらず，その人らしい安心のある生活が送れるよう自立を支援することにある」と述べ，「社会連帯」の考え方をその理念としている。なお，その後の「追加意見」にも，同様の記述が見られる。

択をした人，産めない人の存在，ならびに産み育て終えた人にも，給付と負担が直接に結びつく「拠出」を求める理屈を，打ち立てることができなかったからであろう。介護の社会連帯と子ども・子育て支援の社会連帯とは，結論が異なったのである。そこで，消費税など，社会の多くの構成員が負担する方式が考えられることとなる。それが，現在に至る経緯である。

　また，市町村を中心とする体制づくりは，社会的親が身近にできやすい体制づくりが論拠となる。ただしその場合，国親思想に見られるパレンス・パトリエといった視点は薄まる可能性がある。地域格差を是認することとなるからである。それを補完するサブシステムの一つが未成年後見人制度であり，これが市民レベルでうまく機能するかが試金石となる。

　市町村中心のシステムは，社会的親を重視する。一方，都道府県中心システムは，よりパレンス・パトリエ（国親）を重視する。市町村を中心にしつつ，パレンス・パトリエを担保できる仕組みが必要である。これを子どもの発達の視点から見ると，公的責任＝国家責任論だけで論ずることはできず，子どもが，人生早期から多くの人々と関わり，支えられる経験が必要になるといえる。子育て支援施策と社会的養護施策との合流は，こうした意味合いにおいて検討されなければならない。

　子ども家庭福祉はこれまで，公的責任論に寄りかかってきた。そうこうしているうちに，高齢者福祉や障害者福祉が社会連帯の視点からのシステムを整え，子ども家庭福祉に改革を迫ることとなった。2015（平成27）年度から創設された子ども・子育て支援制度は，まさにこの改革を進めるものであった。しかし，改革のプロセスにおいて児童福祉法第24条が残ることとなり，公的責任論も一部残され，複雑な制度とならざるを得なかった。子ども家庭福祉が，モザイク状態になった瞬間であった。

　子ども家庭福祉においては，社会連帯（本人の責任に帰することができない事柄を，社会全体で包み支え合うこと）と，国家責任（親が役目を果たせない場合，国が親の代わりに子どもを保護・救済すること），この2つの価値をどう折り合いづけていくのかが，制度構築上の最も重要な課題である。

## 7. 新しい子ども家庭福祉制度体系

こうして考えてくると，網野（2002）の3P・3Sは，今後，図8-6のように再構築される必要がある。すなわち，PとSとの間に，C（Cooperation：共同）を入れ，「代替」が終点と考えず，そこから特別養子縁組を結んで新しい家族を創り，また，普及（Popularization）に戻るという，循環構造として考えていくことが必要になる。そして，それを支える理念としては，左上から「私的責任」，真ん中が「社会的責任」，右下が「公的責任」であるととらえることが重要である。

子育てに関する家庭と社会のパートナーシップは，私的責任，社会的責

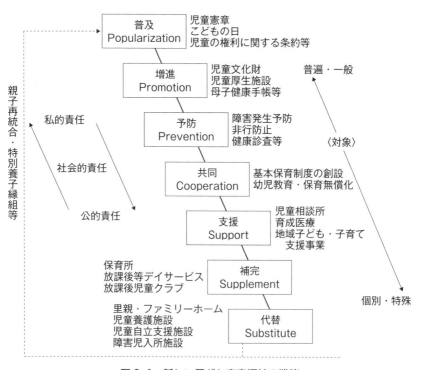

図 8-6　新しい子ども家庭福祉の機能

（網野，2002，p.181 をもとに筆者作成）

任，公的責任が調和しつつ機能することを意味する。私的責任と公的責任の調和は，常に新しくて古い課題である。それは，私と公の対峙による解決よりも，社会的責任の概念を導入することにより，前に進むことができると考えられる。それは，個人と社会との関係を語るうえでの，自助，互助，共助，公助にもつながるものであろう。

## 8. 子ども家庭福祉の 4 つの領域と今後の方向

　筆者は，今後の子ども家庭福祉施策は，図 8-7 に掲げる 4 つの領域と方向を，それぞれ充実していくことが必要であると考えている。戦後の児童福祉，子ども家庭福祉は，イからニの領域に向けてウイングを広げてきたといえる。イは，施設入所等の保護を必要とする養護，非行，障害等の要保護児童を，措置という手法により援助していくものである。ロは，イの周辺にあって，種々の援助を必要としている子どもや家庭に対する援助である。ハは，一般の児童や家庭に対する支援であり，一般に子育て支援・児童健全育成施策といわれている。そしてニは，狭義の子ども家庭福祉の枠組みを越えて，ますます広げていく必要のある領域である。すなわち，「子どもが健や

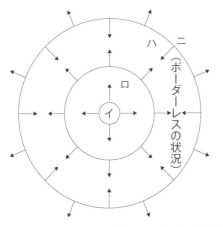

イ　要保護児童に対する措置

ロ　援助を必要とするその他の児童に対する施策

ハ　一般児童の健全育成

ニ　「子どもが健やかに生まれ育つための環境づくり」
　　「自己実現」（連携・協働）

図 8-7　子ども家庭福祉の 4 つの領域と方向

(柏女，1995，p.117 を著者一部改変)

かに生まれ育つための環境づくり」ともいわれる領域である。

　今後の子ども家庭福祉は，これらイ～ニの諸活動を総合的・連続的に展開していくことにより，直接的，間接的に子どもや家庭の福祉を図ることが，重要な課題となってくるものと思われる。それは利用者一人ひとりの「自己実現」を志向する自己実現型福祉を目指すことを意味し，また，他施策との連携・協働を模索する過程を重視することとなる。したがって，その手法も，できる限り統一していくことが求められる。

## 第3節　子どもの権利擁護

### 1. 児童福祉施設入所児童の権利擁護

　続いて，児童福祉施設利用児童の権利擁護を図るシステムの整備について触れておく。社会福祉基礎構造改革は，利用者の権利擁護を大きく打ち出した。ここでは，それらのシステムに現行児童福祉法体系が有しているシステムを加えた，児童福祉施設入所児童の権利擁護システムについて整理することとする。これは，**図8-8**のようにまとめられる。

　まず，児童福祉施設の経営者は，入所児童の意向を十分に尊重した施設運営を行い（社会福祉法第5条：以下，社福法），また，施設サービスの質の向上を図り，事業の透明性を確保しなければならない（社福法第24条）。さらに，施設生活に関する情報の提供に努め（社福法第75条），サービスの質の自己評価を行い（社福法第78条），入所児童からの苦情の適切な解決に努めなければならない（社福法第82条）。施設内で苦情解決ができない場合には，外部機関である運営適正化委員会の場で，調整・解決が図られることとなる（社福法第83条）。社会的養護関係5施設種別の場合は，3年に1回，第三者評価の受審と結果の公表，それ以外の年次は，自己評価と公表が義務づけられている。

　また，入所児童が必要に応じ児童相談所等に相談することも可能である（児福法第11条，12条）。さらに，児福法第33条の10に基づき，措置型施設に入所している児童に対する被措置児童等虐待に対する通告や，児童本人

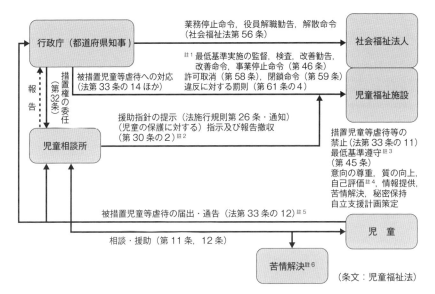

註1：児童相談所長に委任することはできない。
註2：都道府県知事の権限であるが，法第32条により措置権が委任されていれば，当該権限も地方自治法第153条により児童相談所長に委任されていると考えるのが妥当。
註3：最低基準は設備及び運営に関するもの。
　　　目的（第2条），職員の要件（施設長を含む）（第7条），平等に取り扱う原則（第9条），虐待等の禁止（第9条の2），懲戒権の濫用禁止（第9条の3），秘密保持等（第14条の2），苦情への対応（第14条の3）等が関係
註4：社会的養護関係5施設種別は，3年に1度以上，第三者評価の受審と結果公表が義務化。
註5：被措置児童等虐待対応の仕組みは平成21年4月から施行。
註6：施設入所児童からの苦情申立て：運営適正化委員会等による解決（社会福祉法）

**図8-8　児童福祉施設入所児童等の権利擁護と施設，行政機関の対応**

からの相談の受け付け，ならびにそれらの場合の都道府県等の対応に関する仕組みが設けられている。実施のためのガイドラインも定められ，毎年，全国集計結果が報告されている。児童相談所における調査等の後，子どもの訴えの原因が施設の運営に基づくものであれば，児童相談所はこれを施設に対する指導権限を有する行政庁に報告し，改善等の対応を求めることも可能である。

さらに，児童福祉施設は，児童福祉施設の設備及び運営に関する基準，幼保連携型認定こども園の学級の編制，職員，設備及び運営に関する基準，児

童福祉法に基づく指定障害児入所施設等の人員，設備及び運営に関する基準に基づいて都道府県が策定する基準，子ども・子育て支援法に基づく特定教育・保育施設及び特定地域型保育事業の運営に関する基準に基づいて，市町村が策定する基準の遵守も求められる。

行政庁の検査が実施され，遵守されていない場合には，改善勧告・命令，指定の取消等が実施される。児童福祉施設の設備及び運営に関する基準には，入所児童に平等なサービス提供を行うことや，虐待や懲戒権の濫用禁止，秘密保持，利用者からの苦情への対応等の一般的事項のほか，各施設におけるサービス提供の目的，方法等が規定されている。2020（令和2）年度からは，これに体罰禁止規定が加わる。

また，児童相談所から援助指針の提示があり，これに基づき，児童福祉施設の設備及び運営に関する基準に規定するとおり，個々の入所児童の自立支援計画が策定される。個々の子どもに対する援助に不都合が見られる場合には，児童相談所から報告を求められ，必要な指示が与えられる（児福法第30条の2）。

前記の事項が遵守されない場合には，行政庁から指導が行われ，最終的には社会福祉法人の解散，施設の認可取消，閉鎖命令まで行われることになる。このほか，個人情報保護や守秘義務等の法令遵守も重要である。

子ども・子育て支援制度による利用が行われる児童福祉施設は，保育所，幼保連携型認定こども園である。両施設における利用児童の権利擁護も，基本的には児童福祉法に基づく入所を行う児童のそれと同様であるが，特定教育・保育施設及び特定地域型保育事業の運営に関する基準に規定する事項が，それに該当する。すなわち，内容および手続きの説明および同意，利用申し込みに対する正当な理由のない提供拒否の禁止，保育を受ける必要性が高い子どもの優先利用，虐待の禁止，懲戒に係る権限の濫用禁止，苦情解決等がある。なお，2020（令和2）年度には体罰禁止規定も置かれることとなり，用語，概念の整理が必要とされる。

## 2. 苦情解決

### (1) 契機としての社会福祉基礎構造改革

苦情解決制度は，2000（平成12）年の社会福祉基礎構造改革により，社会福祉法に新たに規定された仕組みである。社会福祉基礎構造改革は，利用者と提供者との対等な関係の確立を基本方向として，行政処分である措置制度から，利用者の申請に基づいて支援費を市町村等が支給する制度，すなわち，個人が自ら選択し，それを提供者との契約により利用する制度に転換させる，画期的な制度改革である。このような利用制度を円滑に実施するため，その補完制度として，福祉サービスに関する情報の提供，利用契約を結ぶことが困難な人々の利用の援助を図る権利擁護制度の創設，利用者からの苦情の解決に関する事柄等が盛り込まれたのである。

具体的には，社福法第65条の規定を受けて，保育所，幼保連携型認定こども園を含む児童福祉施設に苦情解決の窓口の設置や苦情への対応，運営適正化委員会の調査への協力義務が規定されている。苦情解決制度は，社会福祉サービス利用の主導権を，利用者に委ねるために必要欠くべからざる仕組みとして，導入されることになったのである。

### (2) 仕組みの概要と意義

子ども家庭福祉事業者（第一種，第二種社会福祉事業を経営する者）は，利用者からの苦情の適切な解決に努める義務を負い，それを担保する仕組みを創り上げることが求められている。具体的には，各施設・事業に苦情解決責任者や苦情受付担当者を置いて，苦情受付体制を利用者に公表し，苦情（意見や要望）があった場合にはそれをきちんと受け止め，場合によっては第三者委員（法人の評議員や弁護士など）を交えてその対応を検討し，そのプロセスを記録に留め，また，結果を公表することなどが求められている。施設として譲れないことについては，事前に利用者に情報提供をしておくことも必要とされる。

施設内で解決が図れない問題については，都道府県社会福祉協議会に設置

された運営適正化委員会が，申出人からの苦情を受け付けたうえで，必要に応じて施設に事情を聴き，話し合いの場の設定や解決のあっせんを図ることとなる。これらを担当する運営適正化委員会の委員は，選考委員会の議を経て選考される。あっせんを受けた施設は，その方針に基づいて苦情の解決に努め，その結果を再び運営適正化委員会に報告することとなる。これらの手続きも，法令に基づいた手続きのもとに実行される。

　これらの仕組みは，サービス利用者の苦情（意見や要望）を密室化せず，その対応に社会性や客観性を確保し，一定のルールに沿った方法で解決を進めることにより，福祉サービス利用者の満足感を高めることを目的としている。それは，各福祉事業者の援助姿勢や，目指す援助を守る手段でもある。さらには，自己評価制度，第三者評価制度とも相まって，援助の質の向上を図るためのひとつの仕組みとして受け止める必要がある。

　自らの福祉援助に関する絶えざる自己評価，利用者からの苦情（意見や要望），第三者の目による評価を通しての指摘，これらを素材として自らの援助のあり方を問い，向上に結びつけていくことが求められている。


## (3)　より良い制度にしていくために

　利用者があまり遠慮せずに，施設に苦情（意見や要望）が言える施設は，普段から利用者との関係ができており，いわば利用者の権利擁護，利用者保護に敏感な施設であるともいえる。苦情（意見や要望）は施設運営の宝であるともいわれる。

　福祉サービス利用者は，まだまだ弱い立場にある。特に，量的整備がいまだ十分でない現状においては，利用者は子どもをお願いしている意識がぬぐい去れず，苦情（意見や要望）を言いにくい関係にある。また，利用者が子ども自身ならなおさらである。そのことは，匿名の申し出人が多いことからもうなずける。さらに，施設に知られることを恐れ，調査の途中で申し出を取り下げる事態も起こっている。

　また，事業者にとっても，苦情（意見や要望）への対応は，エネルギーのいることである。できればなかったことにしたい。つい，そんな気にもなってしまいがちである。自分たちの目指す援助とは異なる苦情（意見や要望）

が寄せられることもある。また，どう考えても利用者の身勝手としか思えないものもある。利用者の声に耳を傾け，より良い援助に結びつく改善は，苦情を契機に実行し，事業者として譲れないことについては利用者に理解を求め，解決が図れない場合には運営適正化委員会にあっせんを求める。そんな仕組みを創り上げることが，子ども家庭福祉援助の質の向上を図るために必要とされているのである。

なお，子ども家庭福祉，特に社会的養護領域において，「子どもオンブズパーソン」制度創設の検討を求める意見があるが，それについては，この苦情解決制度の運用実態の評価をもとに検討されるべきであることを，付言しておきたい。その際には，苦情解決制度の中立性を見定めるとともに，機能としては，チェック機能よりも伴走ならびに調整機能を重視することが，有益ではないかと考えている。

### (4) 苦情の意味

苦情は利用者の人生の縮図でもある。利用者は，ときに自分のやるかたない思いを，苦情という入場券に乗せて来訪する。したがって，苦情受付の面接は，カウンセリングや事情聴取と違って，事実の把握と気持ちを受け止めるという両方のことが必要となる。片方だけではこじれてしまいかねない。以下のような事例がある（事例は一部改変している）。

#### ① 事例

保育園に通う４歳の男の子（Aちゃん）の話である。兄がこの春に卒園し，小学生になった。ある日，母親から主任をしている苦情受付担当者に，「Aが家で急に私に甘えてくるようになって，後ろから飛びついてきたり，情緒不安定になって急に泣き叫んだり，わがままを言ったりしてくる。園で何かあったのではないか」という相談があった。そこで，苦情受付担当者は，苦情解決責任者である園長に相談し，園長の指示で主任が話をうかがうことになった。主任は兄の保育担当者だったため，母との関係ができていた。事実を確認すると，保育園でも担任への甘えが激しくなっていた。担任にしがみついたり，担任が他の子と関わりを持っていると，後でその子に嫉妬して噛みついたり，昼寝の時間も寝なくなって奇声をあげたりする，とい

うようなことがわかった。

　主任は，園での状況を把握したうえで保護者に会って話をした際に，頭ごなしに「園でも困っている」と言うのではなく，「それは心配ですね。園でも担任に聞いたら同じような状態のようなので，もう少し話を聞かせてください」と問いかけた。そうすると母親は，「実は夏休み前に離婚をして，実家に帰ろうかと思っている。パートだったが，しっかりした仕事も探さなければいけない」。いろんな思いが去来して，お母さんも心がいっぱいになっている，そういう話が出てきた。「自分は今，どうしていいかわからないんです」と，自分の相談になっていった。そこで主任は，母の生き方の相談にも乗って，サポートをしていった。

　② 解説

　この事例における最初の苦情は，いわば入場券のようなものである。入場券を入り口として，その後，人生ドラマが語られていくのである。苦情の受付というのは，最初から苦情として言ってくる場合もあるが，この事例のように，社会のなかで呻吟しているこの私の気持ちを聞いてもらいたい，という思いが根底にある場合もある。

　したがって，事実だけを受け止めても解決にはならない。本当に聞いてもらいたいのは，事実だけではなく，それをつくっている気持ちを受け止めて欲しい，ということなのである。運営適正化委員会にあがってくる場合には，その分野を超えているかもしれないが，最初に担当者に持ち込まれる場合には，いわば苦情という具体的な事実は入り口にすぎないことがある。最初の10分間は苦情の問題を話していても，その後には自分の問題や夫婦の問題など，本当にその人が訴えたかったものが見えてくることがある。

　そういう意味で，苦情の聞き方は2つあるといってよい。ひとつは「聞く」である。これは，これは耳で事実を確認していくことをいう。もうひとつの「聴く」は，気持ちを聞いていくということである。苦情に込められた思いを聞くことの大切さを自覚したい。

## 3. 第三者評価と自己評価

　社福法第78条に基づき，児童福祉施設には，自らが提供するサービスの自己評価を行う努力義務や，第三者評価受審の努力義務が規定されている。第三者評価は，サービス内容の質の向上や，利用者の選択に資する情報の提供，納税者に対する説明責任等のために設けられた制度である。児童福祉施設の受審率は低く，受審に対するインセンティヴ（意欲刺激）が働く仕組みの創設も，検討される必要がある。

　なお，社会的養護関係施設（児童養護施設，乳児院，児童心理治療施設，児童自立支援施設，母子生活支援施設）については，子どもが施設を選ぶ仕組みではない措置制度等であり，また，施設長による親権代行等の規定もあるほか，被虐待児童が増加して施設運営の質の向上が必要であることを受け，2012（平成24）年度から，3年に一度以上の第三者評価の受審，およびその結果の公表が義務づけられている。また，該当年以外の年においては，第三者評価基準に従って自己評価を行わなければならないこととされている。

　評価はPDCAサイクルを回していくうえで重要なツールであるが，近年では，参入事前規制をやめるかわりに第三者評価を義務づけるなど，規制緩和のツールとして使われることが目立ってきている。したがって，第三者評価を進んで受審する事業者は少ない。第三者評価を行う事業者の市場からの撤退も目立っている。第三者評価のあり方について，抜本的な検討が求められている。

## 4. 子ども家庭福祉制度の今後

　2015（平成27）年9月，厚生労働省の新たな福祉サービスのシステム等のあり方検討プロジェクトチームが，「誰もが支え合う地域の構築に向けた福祉サービスの実現――新たな時代に対応した福祉の提供ビジョン」と題する報告書を公表した。これは「新福祉ビジョン」と呼ばれ，人口減少社会を視

野に，新しい地域包括支援体制の確立を目指す提言である。具体的には，地域において高齢，障害，児童等分野横断的な総合的な支援を提供することとし，そのための分野横断的な共生型サービスの創設や，総合的な人材の育成・確保を目指すビジョンである。

これを受け，2017（平成29）年の介護保険法や社会福祉法等の一部改正法により，高齢や障害分野でその先取りが進められている。子ども家庭福祉分野でも，障害児支援分野において共生型サービスの創設が図られており，地域子育て支援拠点や利用者支援事業には，高齢者福祉や障害者福祉も含めたワンストップ相談機能を求める規定が設けられている。

なお，新福祉ビジョンは，保育士，介護福祉士，社会福祉士，看護師等の，対人援助専門職の共通資格課程の導入に向けた検討も求めている。一方で，保育士については，幼稚園教諭との資格・免許の併有化が進められている。保育士には，社会的養護や放課後児童クラブにおける子どもの育成支援を担う人材といったチャイルド・ケアワーカーとしての専門性も求められており，今後，保育士資格をめぐって，さまざまな論議が起こることが予想される。

平成期，子ども家庭福祉は格段に進展した。各分野改革のキーワードは，「親と子のウエルビーイング」（保育・子育て支援），「あたりまえの生活の保障（家庭養護の推進と地域化）」（社会的養護），「地域生活支援」（障害児童福祉），「豊かな放課後生活の保障と生きる力の育成」（児童健全育成）である。すなわち，ウエルビーイング，子どもの最善の利益，あたりまえの暮らしの3つを保障することが，通底する理念と言える。

しかし，これからわが国の人口減少は加速する。子ども数の減少も顕著である。こうした時代に，ここで取り上げた制度改革の実現のためには，児童，高齢者，障害者，生活困窮者，女性といった属性，分野別の制度改革だけでは限界がある。対象，分野横断的な制度設計が求められてくるのであろう。そのためには，すでに述べたように，子ども家庭福祉分野の基礎構造改革が必要とされる。

子ども家庭福祉の今後の方向は，分野ごとの分断を解消し，包括的でインクルーシヴな基礎構造を創り上げることである。そうした基礎構造のうえ

に，対象横断的な制度構築が進められるべきである。そうしないと，子ども家庭福祉は，ますます分断されたシステムとなってしまうであろう。それが今後の最も大きな課題である。

## 5. 子ども虐待防止制度に関する具体的提案

筆者ら[11]は2006（平成18）年，「児童家庭福祉制度再構築のための児童福祉法改正要綱試案（最終版）」『日本子ども家庭総合研究所紀要』第42集において，それまで継続的に進めてきた近未来の児童福祉法等一部改正案の最終版を，提示[12]した。そのなかで，児童虐待防止を代表とする子どもの権利擁護システムについて，具体的に提案している。以下，少し長くなるが引用することとしたい。

　6. 児童虐待防止に関する事項
　「3. 実施体制に関する事項」における改正[13]に伴い，児童虐待防止施策も，市町村が一元的に実施することとした。具体的には，①第29条の立入調査の権限を有する行政庁を市町村とし，あわせて，「前条の規定による措置をとるため，」の文言を削除し，必要に応じた調査ができることとしたこと，②市町村が親権「停止」の宣告請求をできるようにし，あわせて，親権停止中の親権者に対して，家庭裁判所が指導命令を出せるようにしたこと，③親権に関わってオール・オア・ナッシングの判断を求めることとなる親権「喪失」宣告の請求について，親権停止の決定に伴い発せられる家庭裁判所による指導命令に保護者が従わない場合に市町村が申し立てるものとし，段階的な親権制限を可能とするこ

---

＊11　解説執筆者は，筆者のほか，佐藤まゆみ，小林理，尾木まり，澁谷昌史の各氏である。
＊12　本試案については，一部修正のうえ，柏女（2008）の「第12章　近未来の児童福祉法改正要綱試案」に掲載し，考察している。
＊13　本試案における実施体制に関する改正事項の根幹は，児童相談所の市設置の促進，里親委託，児童福祉施設入所決定権限の市町村移譲と，市町村における子ども家庭福祉拠点の設置などが核となっている。

と，④家庭裁判所の審判によりとられる入所決定は，決定中にその期間を明示すること，保護者及び市町村長は，当該入所決定の取り消し申し立てを行うことができるものとすること，特に，親権停止がとられた場合には，おおむね6か月ごとに児童の親権者の親権回復について審判を行うこととした。

　これにより，子育て支援からの連続的なサービス供給に責任を有する市町村のもとで一元的に個別的なサービスのパッケージ化が行われることとなる。ただし，法制度上は連続性が担保されるが，実際にそれだけの業務を行うことが困難な児童相談所を設置しない市町村にあっては，当分の間，都道府県児童相談所に委託をすることができるものとし，格差が大きいとされる市町村の対応能力の標準化を図ることとした。これは，市町村の虐待対応能力について疑義が持たれているという実際的評価[14]にかんがみたものであり，本研究班でも議論となった「虐待防止・非行防止等の権利擁護サービスとの分立化を図ったほうがよい」という見解を含めて慎重に継続的評価を行う必要がある。また，あわせて，市町村における権利擁護サービス向上のための財源保障をはじめとする政策誘導のあり方についての検討も不可欠とされる。

　また，市町村一元化とともに，家庭裁判所が，行政と保護者そして子どもの意見を聴取しながら，主体的な判断をすることが現行制度以上に求められる仕組みとした。この司法関与は，児童虐待防止においては行政権限の濫用防止に対する配慮が不可欠であるためであることを，一つの背景としている。

　しかし，実際にこれに関わる各機関等の実務能力という観点でいえ

---

＊14　詳細は，柏女ほか（2006）『平成17年度厚生労働科学研究費補助金（子ども家庭総合研究事業）。子ども家庭福祉サービス供給体制のあり方に関する総合的研究（主任研究者・柏女霊峰）』厚生労働省，を参照のこと。

＊15　才村純ほか（2006）『平成17年度児童関連サービス調査研究等事業報告書。児童相談所における児童の安全確認・安全確保の実態把握及び児童福祉法第28条に係る新たな制度運用の実態把握に関する調査研究（主任研究者・才村純）』財団法人こども未来財団

ば，家庭裁判所，あるいは家庭裁判所からの命令を受けて援助を提供し
なければならない市町村，あるいは市町村からの委託を受ける児童相談
所や民間団体の実施体制整備についても必要な措置がとられなければな
らないだろう。これら実施体制整備の問題は，いうまでもなく，市町村
における権利擁護サービスの重要な部分を構成するものである。

　なお，警察が立入調査に関わることは重要であり，児童相談所実務の
観点[15]からはその要望が強く出されることが多いことにかんがみ，そ
の適切な役割分担が図られるような手立てを講じることが必要となるで
あろう。この点に関しては今後の課題としておきたい。

　これらは，今から10年以上前の提案であり，その後，親権停止は制度化
され，警察との連携強化は現実のものとなってきている。しかし，基礎構造
の改革は滞ったままである。

　今後の子ども家庭福祉制度は，地域包括的で継続的な，市町村を中心とす
る一元的な基礎構造を土台とし，その上に，都道府県の家庭への強制介入を
支援するサブシステムを整備し，その2つのシステムをどのように結びつけ
ていくかを検討することが最大の課題となるだろう。

# 第9章 子ども家庭福祉相談援助と専門職

## 第1節 子ども家庭福祉援助における専門性の諸相

### 1. 専門性の要件

専門職であるための要件として，林（1992 a，p.229）はこれまで指摘されている要件を整理して，以下の5点にまとめている。

①準拠する理論が体系的であること。
②理論的基礎に立脚した特殊技能を，適切な教育または訓練によって修得していること。および，その技能は伝達可能なこと。
③専門的権威を有すること。すなわち，その権威についての社会内の承認があること。
④職務に関する倫理綱領があること。
⑤専門的教養（学識，科学，または高度の知識）があること。

そのうえで，林（1992 a，p.227）は，児童福祉専門家には児童に関する専門職，福祉に関する専門職，児童福祉に関する専門職があり，専門性の規定は資格法による規定，免許制度，任用資格とさまざまであるとの趣旨を述べている。さらに林（1992 a，pp.230-232）は，この考え方を基盤とし，子ども家庭福祉専門職の基本的要件として，①基本的理念・能力に関する要件，②基本的実践能力に関する要件，③臨床的実務能力に関する要件の3要件を提

示し，3つの要件ごとに，具体的に5項目ずつを取り上げて解説している。子ども家庭福祉担当職には，行政事務，相談援助，直接処遇，専門技術，間接業務など，さまざまな分野が考えられるが，いずれの分野で子ども家庭福祉に関わる者であったとしても，この専門性は身に付けていなければならない。

## 2. 子ども家庭福祉専門職の専門性の構造

代表的な法定子ども家庭福祉専門職としては，いわゆるソーシャルワーカーとしての社会福祉士，ケアワーカーとしての保育士が挙げられるが，ここでは保育士をもとに，子ども家庭福祉分野における専門職の専門性の構造について考えてみたい。柏女ら（2009, p.95）は，保育相談支援に関する研究から，保育士の専門性の構造について図9-1のように整理している。

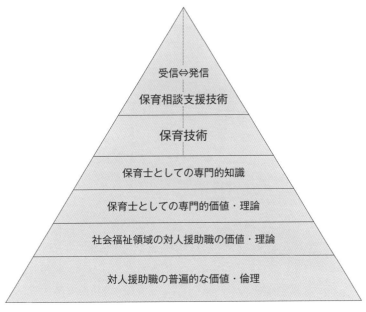

図9-1　保育士の専門性の構造に関する概念図
（柏女ら，2009, p.91を著者一部改変）

また，保育所保育指針では，保育士の力量を，倫理，知識，技術，判断の4点に整理している。このなかでは，対人援助専門職としての価値や倫理が根底となる。対人援助職としての価値・倫理，社会福祉援助職としての価値・倫理を基盤として，保育士としての価値・倫理が存在することとなる。

そして，それらを基盤として，専門的知識，専門的技術が獲得されていくこととなる。まず，保育の知識，技術が基盤となり，その上に保育相談支援の知識，技術が，そしてそれらのすべてが統合された専門性が，「判断」として生きてくるのである。なお，「判断」はこの図の総合展開として具現化することとなる。

このすべてを統合する営みが保育実践であり，子ども家庭福祉実践の構造となる。この点は，社会福祉士であっても大きく変わるところはない。

## 3. 専門性の根幹——ケアとは何か

### (1) ケアとは何か

対人援助職の普遍的な価値・倫理の根底に，網野（2002, p.192）は「ケア」の概念があるとしている。ケアとは，いわゆる日常生活の世話をいう業務の総称であるが，それを超えて，あるいはそれがあるがゆえに，網野（2002, p.193）は，その根底に倫理性とともに，本質的な人間性と感性とに深く関わる資質である，「対象となっている人々を肯定的に受け止めようとする態度，心遣い，気遣い」をともなう人間性，感性があるとし，これを「福祉マインド」と呼んでいる。網野の福祉マインド論については前に述べたが，いわゆる3つの感覚的協応がその根幹をなしている。

ちなみに，高齢者福祉，障害者福祉におけるケアは「介護」と呼ばれるが，これも同じである。保育士，介護福祉士は，子ども・高齢者・障害者など，利用者の気持ちを受け止め，自立を支援し，残存能力を見つけ出して強化し，笑顔で抱きしめる。それを力に，家族も力づけられ，利用者を「かすがい」として家族全体がつながっていく。「一人の人格をケアするとは，最も深い意味で，その人が成長すること，自己実現することをたすけることである」と述べたのはメイヤロフ（Mayeroff, 1987, p.13）であるが，保育も介

護も，子どもや高齢者，障害者，病者の気持ちを受け止め，共有し，支えることで成り立っている。そして，そこでできた一種の共同体が，共生社会の源となるのではないか。人をケアし，人と人とをつなぎ，共生社会づくりの源を創り出すケア実践の可能性に，大きな期待を寄せ続けたい。

## (2) ひざまずく行為としてのケア

筆者は，家族の介護を経験したことがある。介護とは，食事，着替え，入浴やトイレ介助等の連続的営みであり，それは，一日に何度も，立ち尽くす家族の前でひざまずく行為である。そして，日に日にひざまずく回数が多くなっていく。それとともに，「ケアとはひざまずくこと」との確信が生まれてきた。

筆者が敬愛する阿部志郎氏は，アジアの仏教における托鉢を例に，「そこでは，僧は立ったままで，鉢に食物を与える人がひざまずいています。これがサービスの本質なのです」と述べる（2019〈平成31〉年2月24日，全国地域福祉施設研修会メッセージ）。「与える者からひざまずく者へ」，それがケアの本質なのであろう。

トイレ介助などのひざまずく行為は，ときに，自身の情けなさに直面させられることになる。誰も見ていないところで，いや，ほかの誰にも見せてはいけないところで，果てしなく続くひざまずく行為は，ときに介護者自身を追い詰めていく。だからこそ，ケアしている人に対してケアが必要になるのである。またそれは，自分にとって大切な人，あるいはそれを超えた存在，「いのち」への感謝の行為にほかならない。それがケアなのである。

保育も同様である。子どもたちの生きるエネルギーの大きさは，私たちに「いのち」への感動と畏敬の念を起こさせてくれる。その「いのち」のエネルギーそのものに対する畏敬の念を持って子どもたちの前にひざまずくこと，それがケア，保育の本質なのであろう。

## (3) 保育におけるケア

「保育」においてケアを示す用語，概念が，いわゆる「養護」である。保育所保育指針は総則その他随所において，子どもの思いや保護者の意向，気

持ちを「受け止める」ことや，「受容」の大切さを規定している。「受け止める」ことや「受容」は，「受け入れる」ことや「許容」とは異なる。子どもや保護者の行動の意味や思いをしっかりと受信できてはじめて，子どもの発達促進や保護者支援，保護者の理解や協力を得るための発信ができることになる。

　保育とは「養護と教育が一体となった」行為であり，「養護」とは受け止めること，子どもが自ら持つ成長のエネルギーを尊重することといえる。また，「教育」とは，子どもが持つ自ら伸びようとするエネルギーを，意図的に方向づけることであるといえる。阿部（2016, p.12）は，「一切方向づけされていない状態で出生する子どもに対して，他者からの意図的な方向づけによって，その社会のなかで最終的に「自由を行使できる主体」を形成する営みが教育であるともいえる」と述べている。

　子どもの思いを受け止めつつ，意図的に方向づけることとの折り合いをつけて対応すること，日常的に子どもの欲求にていねいに対応していること，子どもの様子に気を配り，興味を持って関わること，子どもが見守られていると感じられるように関わることなどが養護的行為といえ，これが保育におけるケアを意味することとなる。こうした関係は，保護者支援についても同様に考えることができる。保育相談支援において，保護者の気持ちをしっかりと受け止める受信型の支援と，保護者に対して保育の専門性をもとに働きかける発信型の支援は，保護者支援においても一体的に行われることとなる。保育相談支援は，保護者に対するケアワークの側面を強くもつ援助技術の体系といえる。

## 4. チームワークとネットワーク

　社会福祉ニーズを持つ主体は，社会のなかでさまざまな有機的つながりを持って生きている生活者であり，その生活者自体も，種々の心身両面のニーズを複合的に持っている「人」という有機的存在である。子どももその一員であり，しかも，種々の身体的・心理的・社会的特性を有している。子どもと子ども家庭福祉サービスが出会うきっかけは，顕在化された個々のニーズ

であるとしても，そのニーズの裏には別の，あるいは多くの，潜在化された
ニーズが潜んでいることが多い。

　したがって，子どもの福祉援助にあたっては，ソーシャルワークやケア
ワークの援助技術のほか，医学，心理学，教育学，その他，多様な領域の知
見・技術・専門職の関与が不可欠であり，また，子どもおよびそれを囲む生
活構造全体を視野に入れて，援助を考えていく必要がある。したがって，単
一の専門職，機関・施設で，自己完結的に解決できる問題は多くはないとい
える。さらに，子どもの生活構造全体を視野に入れると，制度・政策的に
も，教育，保健・医療，司法，労働等，多くの領域が有機的に機能していか
なければ，当該児童のニーズに総合的に応えていくことは困難である。

　ここに，子ども家庭福祉におけるチームワーク・システム（機関・施設内
部の業務遂行体制），ネットワーク・システム（外部機関・施設との連絡協
調体制）の必要性が生じてくる。子ども，子育て家庭の福祉を総合的に図る
ためには，この両システムが統合されていることが必要である。ネットワー
クが機能しても，同一機関内の専門職同士のチームワークが機能しなけれ
ば，それは単なる個人レベルのつながりとなり，かえって混乱を生みだすこ
ととなる。また，たとえば，機関統合により福祉と保健の統合を図っても，
専門職同士のチームワークが機能しなければ，ネットワークの問題がチーム
ワークの問題に転化しただけのこととなる。

　子ども家庭福祉援助において，チームワーク，ネットワーク・システムが
避けられないことであるとすれば，必然的に，ミクロからメゾ，そしてマク
ロへといった広がりが要請されてくることになる。たとえば，チームワーク
のあり方についても，固定的チームとするのか，課題によって柔軟にチーム
構成を変えていく課題指向的チームにするのかといった論点や，問題種類別
チーム（養護，障害，非行，不登校等）の構成専門職種が，それぞれどのよ
うにあればよいのかといった検討による研究，診断チームワークの課題の整
理，およびその克服（たとえば，専門職間の援助観・価値観のズレ，クライ
エントに対する援助の不一致，秘密保持のジレンマ，構成員間の知識・力量
の不均衡，チームメートに対する依存・責任転嫁等）などに関する検討が必
要である。近年は，子ども虐待に対する親子関係への強制介入と，親子関係

再構築支援の児童相談所組織間の担当分離が議論されているが，これも同様の作業である。これが機関分離になると，マクロレベルの課題も含むこととなる。

　なお，ネットワーク・システムについても，その必要性についてはすでに言い古されているが，その効果的な形成方法，問題別ネットワークのあり方，形成のための必要条件等については，まだまだ研究が必要とされる。

## 5. 子ども家庭福祉援助の社会性

　子ども家庭福祉援助における事例とは，林（1992 b, p.21）によれば，「特定の問題あるいは課題もしくは特定の人とその関係者との専門的関わりにおけるその対象の歴史，現在，将来の見通し及び対象との関わりのすべてを指す，状況全般・生活全般にわたる総体的意味を持った概念」であり，その事例のなかに包含されている子どものみを分析するだけでは不十分であると指摘している。子どもがいわゆるノーマルの状態からどの程度逸脱・欠損しているか，それはなぜかということのみを究明し，それを補充してノーマルな状態にもっていくという手法は，その子どもがなぜそのような状態になったのかという真の理由を究明することを，困難にしてしまうことがある。この場合，子どもに対する福祉的援助は，子どもの社会適応を目的とすることになってしまい，極論すれば，子どもの修理工場としての役割を果たしてしまうだけのことになってしまう。

　子どもに対する福祉的援助とは，子どもの最善の利益を目指すものであり，子どもが生来持っている可能性を最大限発揮すること，すなわち，自己実現に向けての援助でなければならない。したがって，子どもの自己実現を阻むものが子どもを取り巻く環境にあれば，その環境に働きかけていくことが必要である。そのためには，子ども家庭福祉援助においては常に，子どもを囲む環境の状況，生活構造全体，社会のシステムについても取り上げていかなければならない。社会的視点の欠落は，子ども家庭福祉援助が陥りやすい隘路として心に留めておくことが必要である。ケアワーク，ケースワークの視点のみならず，ソーシャルワークの視点が必要とされる。

## 6. 子ども家庭福祉援助実践と倫理

　子ども家庭福祉援助実践は，基本的に法令の枠のなかで行われる。児童相談所や施設で行っているソーシャルワークや，心理療法あるいは訓練のような，いわば臨床的サービスであっても，法律の枠内での活動である。

　しかしながら，そこで行われる臨床活動そのものは，必ずしも福祉活動ではない。それは，あくまでも専門的な学問的基盤に立脚した，法の執行とは別の領域の活動である。したがって，たとえば医療には医療の倫理が，心理臨床には心理臨床の倫理が，法制度の執行上の制約以外にも存在する。そしてそれは，仮に法的規制がなくとも，その職業に従事する限り遵守すべき義務となる。したがって，福祉実践活動に従事する専門職は，法制度の要請する論理と専門職としての倫理の両方に従って，判断していくことが求められている。しかるに，この両者は常に一致するとは限らない。いわゆる倫理的ジレンマの一種である。

　トンプソン（Thompson，p. 1990）は法と専門職の倫理について，以下の6類型に整理している。

　　①倫理的であり，合法的である。
　　②倫理的であるが，非合法的である。
　　③倫理的であるが，法の規定がない。
　　④非倫理的であるが，合法的である。
　　⑤非倫理的で，しかも非合法的である。
　　⑥非倫理的であるが，法の規定がない。

　そして，それぞれの例を挙げているが，これをわが国の場合に当てはめてみると，それぞれ次のような例を挙げることができる。

　　①の例——法によって公表することが禁止されている，クライエントの
　　　秘密を守る。

②の例——裁判所から命令されたとしても，秘密を約束した以上，証言することを拒否する。

③の例——子どもが秘密として話したことは，必要なこと以外は保護者にも告げない。

④の例——入所児童が2歳になったら，乳児院措置を解除して他の措置に切り替える。

⑤の例——法によって公表することが禁止されている秘密の情報を漏らす。

⑥の例——自らの癒やしのために，来談者の依存性を助長する。

このことは，子ども家庭福祉の実践活動に関しても，そのまま当てはまるといえる。特に，行政処分である一時保護や児童福祉司指導，児童福祉施設への入所措置等のサービスにおいて，法と倫理が絡み合う場面が多いと考えられる。公的な子ども家庭福祉機関に所属している専門職は，法の執行者であると同時に臨床家であるという，二面的な性格を持っている。そのため，法と専門家としての倫理との狭間に陥ることがあり，これが担当者に混乱を引き起こしてしまうことがある。

たとえば，児童相談所児童福祉司の行うソーシャルワークは，個々の子ども，家庭に対する臨床的支援であるとともに，行政手続法にいう，行政処分決定のための事前手続きでもある。したがって，そこで行われるソーシャルワークは，行政手続法の求める手続きに沿うものでなければならない。実際には，行政手続法にいう聴聞手続等がソーシャルワークプロセスに含まれているため，行政手続法の適用除外とされているのである。そうであるからこそ，その手続きが担保されるようなソーシャルワーク展開が，必要とされるのである。

また，一時保護の開始ならびにその解除決定という行政処分の権限を有する行政機関は，児童相談所以外にはない。したがって，一時保護すべきときに一時保護しなければ，被虐待児を親の意に反して親から切り離す方法は，ほかになくなってしまう。また，解除してはいけないときに解除してしまえば，子どもの命は守れない。それは，法を適正に執行することをミッション

とする行政職としての専門性でもあり，倫理でもある。このことを，児童相談所の担当者は肝に銘じておかなければならない。

　ここでは，行政機関におけるソーシャルワークを例として取り上げたが，このような問題を解決していくためには，法的問題と倫理的問題が関係している種々の事例について検討し，具体的な対応の仕方を学んでいく以外に，方法はないのではないかと考えられる。対人援助専門職の倫理相互間における倫理的ジレンマにも，こうした点は認められるが，特に社会福祉援助専門職には，専門職倫理と法令との間に生ずる倫理的ジレンマは大きいものがあると自覚しなければならない。

## 7. 児童相談所における相談援助活動の性格と機能

　前項で，児童相談所の児童福祉司の行うソーシャルワークは，行政手続法の行政処分決定のための事前手続きでもあると述べた。ここでは，そのことについて付言しておきたい。

　これからの児童相談所は，まず第一に，要保護児童の権利保障に，より積極的に関与していく機関となることが求められる。第二に，専門職のチームよる各種専門的治療指導（treatment）機能，および市町村に対する技術的・情報的支援等の間接支援機能を，強化していくことも求められてくることとなろう。第三に，措置等児童福祉サービス提供の公平性確保のため，児童相談所運営のガイドライン強化も必要となってくる。この点について，少し詳しく考察したい。

　児童相談所は臨床サービス機関であると同時に，一時保護，措置等の行政処分を行う子ども家庭福祉行政機関でもある。したがって，個別与件個別サービスという臨床的福祉の原理とともに，サービスの公平性・公正性担保のための適正な行政手続きといった，同一与件同一サービスの原理に立脚する制度的福祉の論理が求められている。

　行政サービスの公平性・公正性を確保するためには，適切な基準と適正な手続きが必要である。しかし，児童相談所が行う行政処分の具体的基準や手続きについては，現在かなりの部分が，児童相談所における専門的技術的裁

量に委ねられているのが実情である。すなわち，児童相談所における各種行政サービスの内容や手続きは，ケースの状況により画一的に規定することは困難であり，現実には児童相談所の専門性および運営の基準が確保されているという前提の下に，その専門的技術的裁量に委ねられているのが実態であるといえる。

　専門的技術的裁量が許されるためには，児童相談所が等質の専門性を有し，かつ，運営が基準化されていることが前提条件となる。このため，児童相談所運営指針*¹が厚生労働省から提示されており，児童相談所はこのガイドラインに基づいた運営を行うことで，機関としての専門性を一定水準に保つことが原則となっている。つまり，考え方としては，児童福祉施設入所措置という行政サービスを提供する基準の設定が困難であるため，その実施機関である児童相談所の専門性および運営を基準化することで，サービスの公平性，公正性の担保を図るという方法がとられているのである。

　行政手続法において，いわゆる児童福祉施設入所措置の解除等の措置が，利用者にとって不利益処分であるにもかかわらずその適用除外とされたことは，児童相談所等の行政機関における相談援助のプロセスにおいて，適正な行政手続きが担保されていることを前提にしているからにほかならない。そして，このことは，子どもの権利条約の趣旨を考慮に入れると，措置の解除等の場合のみならず，入所の措置の場合であっても，当然保持すべき姿勢であるといえる。つまり，行政手続法制定とそれにともなう児童福祉法改正により，児童相談所における相談援助サービスは，臨床サービスであるとともに，行政サービス決定のための事前手続きでもあるということが，一層明確にされたと考えることができるのである。

　こうした両面性を抱える児童相談所の臨床サービスは，その性格ゆえに，一定の限界もともなうものであるといえる。たとえば，現在，児童相談所の

---

＊1　児童相談所における措置業務は，これまで国の機関委任事務であり，国が児童相談所における事務手続きを規定するものが，この指針であった。1999（平成11）年のいわゆる地方分権一括法により，機関委任事務は地方自治体固有の自治事務となり，本通知の性格は技術的助言の位置づけとなった。しかし，いわゆる措置基準がない以上，児童相談所の措置決定に至る過程を標準化することにより，措置の正当性を確保する指針として，この通知の重要性は変わるものではない。

課題として指摘されている事項には，「児童相談所における家庭に対する強制介入と支援の両面を行うことの困難性」「里親を支援する機能と，里親が不適格と判断した場合の里子の措置解除の，両面を行う必要があること」などがある。いずれも，児童相談所の臨床サービス機能と，行政機関としての機能との相克の課題といえる。

こうした課題をそのままにして児童相談所の機能強化を図ったとしても，成果は出てこないだろう。この問題を解決するためには，親子関係再構築支援や里親支援等の支援機能を，外部化する以外にはない。つまり，行政権限の行使に直接関わらない部分を，たとえば民間に委ねる外部化が有効であるといえる。むろん，そのためには，民間機関の育成，支援は公的機能として必須であり，いずれにしても，児童相談所の性格を踏まえた機能の分担を考えることが必要とされている。

児童相談所の機能強化を図ることは，児童相談所の行政機関としての機能を強化することにほかならない。たとえば，児童相談所の運営およびサービス提供の事前手続きとしての調査・判定等に関し，一定の基準を設定することが必要と考えられる。さらに，サービス提供の事前手続きとしての面接における必須聴取事項，アセスメントの標準化（ケース・カンファレンス提出ケースの判断基準等も含む），その他子どもの権利に影響を及ぼす各種の制限，聴取した子ども・保護者の意見の採用や，尊重・配慮等に係る基準の明確化，児童記録票等の開示請求に対する対応の明確化，などが必要とされるのである。

このように，行政の執行機関としての児童相談所のあり方に関する検討が，今後の大きな課題であると考えられる。なお，こうした基準の設定は，児童相談所のみならず，市町村の相談援助業務の執行に当たっても，当然求められてくることとなろう。

## 8. 子ども家庭福祉事例研究——「事例で学ぶ」から「事例に学ぶ」へ

子ども家庭福祉援助実践を学ぶことは，援助者にとって必須のことである。事例研究は，最終的には子どもなど，利用者の最善の利益を目指すもの

であることは間違いがない。その学び方には，「事例で学ぶ」という観点と，「事例に学ぶ」という観点とがある。

　まず，「事例で学ぶ」という視座は，事例を福祉現場ないし援助上の問題を具現している事実・現象の集合体と見なす，つまり，福祉制度や援助過程における諸事実の相互関連や因果関係の分析・検討の素材として，あるいは，制度運用上の問題や援助過程の問題点を発見し，それを解決する方途を見出すための素材として，事例を考えるという視座である。このような性格の分析・検討は，福祉サービスの質の向上のため，また，福祉サービスの担い手の知識・技術等の資質を高めていくために，欠くことのできない手法である。さらに，現在では研究法としての事例研究も，いくつかの課題を抱えながらも科学性を指向してきている。

　しかし，このようなパラダイムだけによって事例研究を論じてしまうことは，事例研究が本来持っている大切なものを見逃してしまう危険性がある。前述の視座は，事例を単に学習・研究のための「素材」として対象化し，それによって学習・研究を進める方法となりがちであり，その結果，制度活用の技術や援助過程の枠組みの学習，普遍的事実の抽出のみに学習・研究の重点が置かれがちであって，「福祉における事例とは何か」「事例と関わるということはどういうことか」「援助者は被援助者との関わりのなかから何を学習したか」という，いわば「関係性」「関係を通しての援助者の自己覚知」等の基本的問題が見失われてしまう危険性がある。

　たとえば，自己を援助者の立場に置いたときに，はたして何をなし得るのか，援助者と同じ感性を持って被援助者に迫り得たであろうか，また，援助者や利用者のそのときそのときの心情を，共感的に理解できたであろうか，などについても真剣に考えてみることが必要であろう。もし，そのような事例研究が行われた場合には，学習者の反応として，たとえば「もし私が担当していたら，この場合受け止めきれずに，対象者に対して拒否的な感情を持ったかもしれない。それはどうしてだろう」というように，自分自身の内面に目が向かうこともあろう。

　このような事例研究の視座をとる場合，援助者は，利用者の生活，人間性，生の軌跡に直接触れることによって，そのときそのときの出会いのなか

で利用者の言に耳を傾け，思想・感情に接し，体験を共にし，共に苦しみ，共に喜ぶという時間を共有するなかで，福祉の援助とは何かを学び取っていくことができる。援助者としての成長は，単に知識・技術を獲得するのみならず，このように利用者の生きざまや生活の状況に直接関わりを持つことによって，自らの理解と改造に必要なことを学び取ることでもあるのである。それは，利用者からだけではなく，援助者と利用者との関わりを含む全体構造から，はじめて学ぶことができる。いわば，人間，関係，状況，時間等が一体となって，我々に教えてくれるのである。

　以上述べてきたとおり，事例が症例や判例と決定的に異なる点は，事例とは関係性を含む概念として理解すべきという点である。事例研究は，単なる事実の記録とは異なっている。事例は，その担当者の人生観，世界観，臨床観等が集約された，いわば担当者の人間像ないし人格そのものである。また，担当者が出会った対象者の人間像，人生の集約である。あわせて，人と人との出会いと関わりが集積されているドラマであるといえる。事例というドラマのなかに登場するさまざまな人間の一挙手一投足，語られる言葉から教えられるところは，極めて大きいといえる。「事例に学ぶ」ことは，子ども家庭福祉援助実践を磨く専門職が，持ち続けなければならない基本姿勢といえるであろう。

## 第2節　ソーシャルワークとケアワーク

### 1. ソーシャルワークとケアワーク

　網野（2002, p.199）は，現在の仕組みのもとでは，「……その個人の生活に随時そのニーズに対応してサービスが横糸的に織り込まれていく活動をソーシャルワークという」とし，また，「……その個人の生活に常時あるいは継続的，断続的にそのニーズに対応してサービスが縦糸的に織り込まれていく活動をケアワークという」とし，それらを担う専門職がそれぞれソーシャルワーカー，ケアワーカーとされているとしている。そのうえで，児童養護施設等においては，職員の配置基準が児童指導員と保育士の合算によっ

て定められていることを引き合いにして，子ども家庭福祉においては，「ケアワークとソーシャルワークの関連性が強い」としている。

和製英語である「ケアワーク」（Care Work）や「ケアワーカー」（Care Worker）が，初めて意識的に使われたのは，社会福祉士及び介護福祉士法の議論においてといってよい。それまでは，特に生活型福祉施設においては，介護職員，保育士，児童指導員などが，ソーシャルワークとケアワークを混然一体として展開してきたのであり，網野が指摘したとおり，職員の配置基準も，ソーシャルワーカーとケアワーカーを一緒にして決めていたのである。こうした観点から，大和田（2004，p.169）は，これまでのケアワークの歴史的経過をたどりつつ，生活型福祉施設におけるレジデンシャルワーク（Residential Work）としての意義を重視し，「生活型福祉施設におけるケアワークは，最終的にはソーシャルワークの中に収斂され，統合されるものと考えられる」としている。大和田の説に代表されるように，かつてソーシャルワークは，ケアワークをも包含する，社会福祉実践の総体を意味する概念として用いられていたといってもよい。しかし，それは，社会福祉士及び介護福祉士法の検討のなかで，ソーシャルワークとケアワークとに分離されていくのである。

生活型福祉施設にとどまらず，幅広い分野における福祉専門職の法定化を進めるものである社会福祉士及び介護福祉士法は，ソーシャルワークとケアワークとを分離し，それぞれの専門職を社会福祉士ならびに介護福祉士とした。法の制定に携わった京極（1990，p.68）は，この間の経緯について，「……の制定をめぐっては，実は福祉臨床とソーシャルワークの専門性をどういうふうにとらえるかということが，行政当局でも関係者にとっても政策論的に非常に大きな論点となったのである」と述べている。そのうえで京極（1990，p.70）は，福祉サービス臨床の範囲を示す概念図を，**図9-2**のように描き，「その性格上，ソーシャルワークとケアワークはかなりダブっている部分がある」（京極，1990，p.69）と述べている。

さらに，国家資格化に遅れをとった保育士資格は，それまでの児童福祉施設という働き場所の限定を削除し，対象を18歳未満の児童とその保護者とし，その業務を児童に対する「保育」と保護者に対する「保育指導」とし

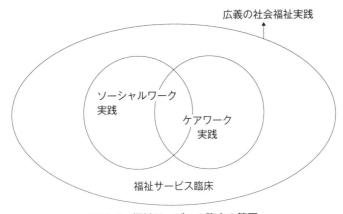

図 9-2　福祉サービスの臨床の範囲

(京極, 1990, p.70)

た。保育は就学前においては「養護と教育が一体となった」概念と法定化され、それ以外の子どもへのケアワークを行う専門職として、規定されることとなった。

　なお、保育指導業務のもとになる援助体系である保育相談支援について、それがソーシャルワークなのか、ケアワークなのか、詳細な検討はなされていない。筆者は、現在のところ、保護者に対するケアワークに近い援助体系と考えている。この点は、介護福祉士の行う介護指導業務についても同様である。

　古川 (2008, p.124) は、社会福祉に関わる諸概念の整理を行うにあたり、**表 9-1** のように整理している。そして、古川 (2008, p.125) は、「ソーシャルワーク＝社会福祉という組み合わせについては疑義がありえよう」と述べ、この場合の「社会福祉」は、制度概念としての社会福祉ではなく、機能概念としての社会福祉であることに留意が必要と述べている。

　このように、社会福祉におけるソーシャルワークとケアワークの概念については、いまだ十分な整理がついていない状況といってよいが、筆者は、これまでの実践上の感覚からしても、両概念は一部重なり合う別個の専門性の体系ととらえることが妥当であると考えている。こうして考えると、現在、わが国においてソーシャルワークを主として担う専門職は社会福祉士であ

## 表 9-1　社会福祉に関わる諸概念の整理

| 資格 | 社会福祉士<br>〈ソーシャルワーカー〉 | 介護福祉士<br>〈ケアワーカー〉 | 保育士<br>〈チャイルドケアワーカー〉 |
|---|---|---|---|
| 機能 | 社会福祉<br>〈ソーシャルワーク〉 | 介護福祉<br>〈ケアワーク〉 | 保育<br>〈チャイルドケアワーク〉 |
| 制度 | 広義の社会福祉事業<br>〈パーソナルソーシャルサービス〉 | | |

(古川，2008，p.124)

り，ケアワークを担う専門職は介護福祉士，保育士であると整理することができ，それぞれの専門職の現在の定義は，法定上，以下のとおりである。

① 社会福祉士

「この法律において「社会福祉士」とは，第二十八条の登録を受け，社会福祉士の名称を用いて，専門的知識及び技術をもつて，身体上若しくは精神上の障害があること又は環境上の理由により日常生活を営むのに支障がある者の福祉に関する相談に応じ，助言，指導，福祉サービスを提供する者又は医師その他の保健医療サービスを提供する者その他の関係者（第四十七条において「福祉サービス関係者等」という。）との連絡及び調整その他の援助を行うこと（第七条及び第四十七条の二において「相談援助」という。）を業とする者をいう」（社会福祉士及び介護福祉士法第 2 条第 1 項）

② 介護福祉士

「この法律において「介護福祉士」とは，第四十二条第一項の登録を受け，介護福祉士の名称を用いて，専門的知識及び技術をもつて，身体上又は精神上の障害があることにより日常生活を営むのに支障がある者につき心身の状況に応じた介護（喀痰（かくたん）吸引その他のその者が日常生活を営むのに必要な行為であつて，医師の指示の下に行われるもの（厚生労働省令で定めるものに限る。以下「喀痰吸引等」という。）を含む。）を行い，並びにその者及びその介護者に対して介護に関する指導を行うこと（以下「介護等」という。）を業とする者をいう。（同法第 2 条第 2 項）

### ③ 保育士

「この法律で，保育士とは，第十八条の十八第一項の登録を受け，保育士の名称を用いて，専門的知識及び技術をもつて，児童の保育及び児童の保護者に対する保育に関する指導を行うことを業とする者をいう。」（児童福祉法第18条の4第1項）

## 2. 子ども家庭福祉におけるソーシャルワークとケアワーク

子ども家庭福祉分野におけるソーシャルワークとケアワークとを考えると，端的にいえば，以下の特徴が浮かんでくる。つまり，子ども家庭福祉分野においては保育というケアワークの比重が高く，これまで研究上ならびに実践上，独自の発展をなしてきた半面，ソーシャルワークについてはあいまい性が残り，その専門性の確立には，今なお大きな課題が残されているといえそうである。このことは，「保育学」の隆盛[2]に代表される一方，今なお，子ども家庭福祉分野の専門職のあり方検討が改正児童福祉法等附則[3]に規定される一方で，日本社会福祉士会や日本ソーシャルワーク教育学校連盟等が子ども分野のソーシャルワーカーの国家資格化反対の声明文[4]を発するといったことが起こっている。

その要因について網野（2002, p.207）は，子ども家庭福祉分野においては，子どもそのものの特徴を十分に踏まえた専門性が求められることについて言及している。また，対象者は子どものみではなく，その養育にあたる

---

[2] ただし，この場合の保育学は Early Childhood Care & Education，つまり就学前の保育に限定されており，18歳未満のいわゆるケアワークに関する研究や，実践の体系化は，不十分である。

[3] 2019（令和元）年改正児童福祉法は，その附則第6条第2項において，「政府は，この法律の施行後1年を目途として，この法律の施行の状況等を勘案し，児童の福祉に関し専門的な知識及び技術を必要とする支援を行う者についての資格の在り方その他当該者についての必要な資質の向上を図るための方策について検討を加え，その結果に基づいて必要な措置を講ずるものとすることとすること」と規定している。

[4] たとえば，日本社会福祉士会や日本ソーシャルワーク教育学校連盟等5団体が，2018（平成30）年7月5日付で公表した声明文，「児童福祉に関する国家資格を創設するという報道についての声明」などが代表的である。

親・保護者・家族が深く関わることとなり，子育て家庭への援助や支援の役割があり，時には子どもの最善利益を保障するため，親・保護者と対峙・対立することもあることを理由に挙げている。つまり，子どもの最善の利益保障のために，親子関係に対して法的強制介入を行うことが，ソーシャルワークに強く求められてきていることが挙げられる。

一方，子ども家庭福祉ケアワークの特徴として網野（2002, p.210）は，「ケアワークは，子どもの生活の基盤，生活の総体そのものの補完，支援，強化に関わっている」「ケアワークは，子どもの生活の基盤の安定的な継続性に関わっている」と述べ，非常に負担と責任が重く，専門性が強く求められる一方，あたかも一般的な家庭生活における家事労働等に受け止められがちであることにも言及している。そして，網野（2002, p.211）は，「子どもの生存，発達，適応のニーズに応じた適切なケアワークは，保護・扶助としての福祉[*5]の根幹をなす機能であり，要保護児童の福祉の基盤を支える」と述べ，京極同様，ソーシャルワークとケアワークの協働を提起している。ケアワークの専門性については，筆者も，保育士の保護者支援の専門性である保育相談支援の研究を通じて痛感しており，そのことについては後節で述べることとする。

なお，保育におけるケア・養護と教育との関係について，阿部（2016）の考察などを参考に前述したが，これらは，保育士が行う保育相談支援の専門性についても，言えることである。保護者の気持ちをしっかりと受け止める受信型の支援と，保護者に対して保育の専門性をもとに働きかける発信型の支援は，保護者支援においても一体的に行われていると考えられる。

こうして考えると，保育士の2つの業務である保育と保育指導（技術としては保育相談支援）の技術は，受信型と発信型に分けられ，その結果，以下のように整理できることとなる。つまり，保育士のケアとしての専門技術は，**図9-3**に示される4種に分けることができるのである。

---

\*5　網野（2002, p.4）は，子ども家庭福祉を，旧来の「保護・扶助としての福祉」（welfare）と，能動的に行為する存在としての人間に信頼を寄せた「健幸としての福祉」（well-being）とに分け，子ども家庭福祉は保護・扶助としての福祉から，健幸としての福祉に転換してきていると述べている。

図9-3 保育士の技術

## 第3節　子ども家庭福祉相談援助の特性と方法，過程

### 1. 子ども家庭福祉における相談援助活動の特性

#### (1) 定　義

　子ども家庭福祉における相談援助活動（以下「相談援助活動」）について，全国レベルで統一された定義はないが，ここでは以下のように定義[*6]しておきたい。

> 　子どもの性格，行動，知能，身体等種々の問題，ならびに家庭，学校，地域等環境上の問題から起こる子どもの問題等について，子ども本人あるいは保護者，学校等から相談を受け，それに対して専門的な方法で援助活動を行い，子どもが心身ともに健全に成長し，その持てる力を最大限に発揮することができるよう援助していく一連の活動（子ども家庭相談援助活動）を，福祉領域および福祉的手法を中心として展開する活動。

　つまり，相談援助活動という場合，一般的にその対象・領域は幅広く，子どもの生活全般にわたるものであるといえる。このことは，子ども家庭福祉の領域における相談援助活動を考えていくうえにおいても，重要なことであ

---

[*6] この定義の初出は，柏女（1987, pp.30-37）「児童相談活動の留意点」である。その後，筆者が厚生省在職中に担当した児童相談所運営指針にも採用され，現在でも使用されている。

る。

　福祉領域における相談援助活動にあっては，教育，医療等の各分野における生活課題に個々別々に対応するのではなく，生活主体，すなわち相談ニーズを持つ本人の生活の全体構造，生活の各側面の相互関連性に配慮しつつ，総合的な解決を図るという視点がどうしても必要になる。もちろん，ひとくちに福祉の領域における相談援助といっても，具体的に相談を受ける機関や職能によって領域や方法に違いがあり，生活構造のとらえ方や相談援助における力点の置きどころに差が出ることは否定できないし，各福祉機関に固有の本来業務もあるため，現実には相談援助に偏りが生じていることも少なくない。しかし，基本的視座としては，先に述べたことを忘れてはならない。

## (2)　子ども家庭福祉ニーズと相談援助活動

　相談援助活動は，通常，主訴と呼ばれる子ども家庭福祉ニーズ[7]が，相談援助機関に持ち込まれることによって開始される。主訴を持ち込む利用者は，通常は子どもの親または親に代わる保護者である場合が多い。しかし，その主訴は，必ずしも保護者本人あるいは子どもの真のニーズを正確には反映していない。主訴は，利用者の意識や感情等のフィルターを通じて，たまたま表面に顕在化したニーズであり，その陰に別の真のニーズが隠されている場合も少なくない。

　また，利用者のニーズは変容する可能性があるということにも，留意しなければならない。人間は固定的な存在ではなく，環境に自分自身を合わせ，環境を自分自身に合わせて変えていくなど，常に変化している存在である。したがって，初期のニーズは，状況により，自分自身や他者に対する気づきなどにより，変容していく可能性を持っている。わが子の問題に関する相談が，いつの間にか親自身の生き方に関する相談に変わっていくことも，よく見られることである。

　すなわち，相談として持ち込まれる福祉ニーズは，そのなかに存在する真のニーズをつかむための，また，その後に展開するニーズの変容に向き合う

---

＊7　子ども家庭福祉ニーズの諸相については，第2章を参照されたい。

ための，いわば入場券としての役割を果たしていると考えられる。相談援助活動を行う者は，この入場券を手がかりとして，子どもと保護者，および彼らが関わりを持っている全体的環境のドラマに，参加していくことになるのである。

### (3) 具体的子ども家庭福祉ニーズ──政策の観点から

では，子ども・子育て支援が対応すべき子ども・子育て問題には，どのようなものがあるのであろうか。現代の子ども家庭福祉ニーズを求められる政策の観点から整理すると，以下のようになる。

#### ① 子ども虐待防止・社会的養護サービス

・早期発見・早期通告の体制づくり
・近隣で声をかけ合える関係づくり
・市区町村子ども家庭総合支援拠点のあり方検討
・市町村の子ども・子育て支援と都道府県の児童相談所，社会的養護のつなぎ
・一時保護のあり方検討
・司法関与の強化
・児童相談所の役割の再検討
・社会的養護改革（家庭養護優先の原則）（家庭養護の振興，自立支援，高等教育進学支援等）
・特別養子縁組あっせんの振興
・妊娠期からの切れ目のない支援（望まない妊娠への対応，特別養子縁組等）

#### ② 地域子ども・子育て支援サービス

・子育て支援の理念の共通理解
・利用者支援事業，子育て世代包括支援センターの展開（包括的支援，ワンストップ）
・放課後児童クラブの待機児童解消，質の向上
・子育て支援拠点，一時保育，ファミリーサポートなどの拡充
・育児の孤立化，育児不安への対応

・有害環境，遊び場不足，交通事故など地域環境上の問題への対応
・子育てに対する経済的支援，子どもの貧困対策

### ③ 保育サービス

・待機児童解消
・保育士不足の解消
・幼保一体化の進展
・保育サービスの質の向上
・多様な保育サービスの拡充

### ④ ひとり親家庭福祉サービス

・子どもの貧困対策（学習支援，子ども食堂，高等教育進学支援等）
・就労支援
・経済的支援
・養育費の確保，面接交渉等
・配偶者間暴力と子どもたちへの支援
・生活支援（母子生活支援施設，ヘルパー派遣の充実等）

### ⑤ 障害

・子ども・子育て支援一般施策における障害児支援の充実
・子ども・子育て支援施策から障害児支援施策へのつなぎの配慮
・子ども・子育て支援施策に対する障害児支援施策の後方支援
・障害児支援施策の充実
・新しい課題への対応（医療的ケア児への支援，発達障害児童への支援，障害児童の地域生活支援，合理的配慮等）
・難病児対策

### ⑥ その他

・ひきこもり・不登校への支援
・非行防止，矯正施策の充実
・いじめなど子どもの生活環境上の問題への対応
・多胎児支援
・その他

## 2. 相談援助活動の方法と特徴

### (1) 相談援助活動の方法と特徴

　相談援助活動にはいくつかの方法がある。アプテカー（Aptekar, 1955）は，代表的援助方法であるケースワーク（casework：個別援助技術），カウンセリング（counseling），心理療法（psychotherapy）の，それぞれの関係について整理している。これに，後述する相談援助活動の技術である助言指導（ガイダンス：guidance），ならびに親教育（parenting）・訓練（training），保育士の保護者支援技術体系である保育相談支援を加えた，6つの技法の相互の関係を整理すると，**図 9-4** のようになる。

　すなわち，ケースワーク（現在では，ソーシャルワーク〈social work：

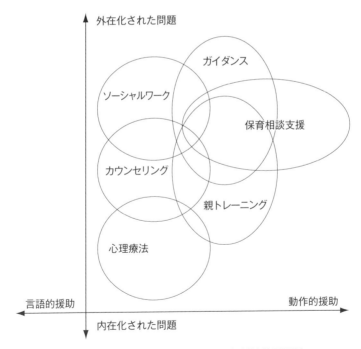

**図 9-4　子ども家庭福祉援助方法の相対的位置関係**

(柏女，2018, p.201)

社会福祉援助技術〉と総称される）は，より外在化されたニーズに対して，具体的サービスを通じて援助することに重点を置き，反対に心理療法は，より内面化されたニーズに対して治療的に関わることに重点を置き，カウンセリングはその中間に位置すると，一般的には考えられるのである。さらに，保育相談支援は，言語的援助とともに動作的援助をその体系に持っていることが，大きな特徴とされる。以下，それぞれについて考察したい。

## （2）　助言指導（guidance）

指導とは「指し導く」と書き，相談援助活動の本旨からはあまり適切な言葉とはいえないが，用語として定着しているので，ここではこの用語を用いることとする。これは，「より意識的，外在化された問題に対して，行動や意識等の改善を目的として広い範囲の対象者に，集団または個人単位に助言，支持，承認，解説，情報提供，行動見本の提示等を与えること」と定義できる。具体的には，1回あるいは継続的な助言，支持，解説，承認情報提供等のほか，他機関あっせん，電話相談，関係者に対するコンサルテーション（consultation）等の活動が挙げられる。

## （3）　保育相談支援

2008（平成20）年3月に告示された旧保育所保育指針に関する厚生労働省の解説書は，保育指導について，「子どもの保育の専門性を有する保育士が，保育に関する専門的知識・技術を背景としながら，保護者が支援を求めている子育ての問題や課題に対して，保護者の気持ちを受け止めつつ，安定した親子関係や養育力の向上をめざして行う子どもの養育（保育）に関する相談，助言，行動見本の提示その他の援助業務の総体」（厚生労働省，2008，p. 179）と定義している。これは，指針，解説書執筆に携わった筆者らの定義をもとにしたものである。これを受け，2011（平成23）年度入学生から導入された保育士養成課程においては，「保育相談支援」が演習として1単位，教授されていた。2019（平成31）年度入学生から導入された新保育士養成課程においては，「子育て支援」のシラバスに，「保育相談支援」が明記されている。保育相談支援について，筆者らは別途，考察を深め，体系化を模索

（柏女・橋本，2008，2011，2012 ほか）しているが，援助体系としてはガイダンスに近い専門技術であり，かつ，動作的援助を伴う体系であり，ケアワークと一体になった技術体系といえる。

## （4） 継続指導（ソーシャルワーク，カウンセリング，心理療法）

　これは，ひとことでいえば，利用者が自らの問題を解決することができるように実施する，種々の継続的な心理的・社会福祉的援助活動のことである。社会環境への働きかけに重心を置くものがソーシャルワークであり，心理的な援助に重心を置くものがカウンセリング，心理療法である。具体的には，種々の実践理論と技法に立つ種々の方法があり，さらには，各種の指導キャンプや，児童相談所の一時保護所における短期入所指導，児童福祉施設におけるグループワークも，こうした側面を持っている。また，システム理論に基づいて確立され，わが国においても浸透してきている家族療法も，このなかに含まれる。

　なお，旧保育所保育指針解説書は，保育所におけるソーシャルワークについて以下のように整理している。

　　　生活課題を抱える対象者と，対象者が必要とする社会資源との関係を調整しながら，対象者の課題解決や自立的な生活，自己実現，よりよく生きることの達成を支える一連の活動をいいます。対象者が必要とする社会資源がない場合は，必要な資源の開発や対象者のニーズを行政や他の専門機関に伝えるなどの活動も行います。さらに，同じような問題が起きないように，対象者が他の人々と共に主体的に活動することを側面的に支援することもあります。　　　　　　（厚生労働省，2008，p. 185）

## （5） 親教育（parenting）・訓練（training）

　これは，特定の子ども，保護者等に具体的な課題を設定し，新たな態度や技能等を習得せしめることを目的とするものである。知的障害や発達障害，肢体不自由等を有する子どもたちの療育・訓練，非行を有する子どもの再教育等が挙げられ，主として児童福祉施設において実施されている。なお，近

年では，さまざまなペアレンティング・プログラム（parenting program：親教育プログラム）*8 も導入されており，それぞれファシリテーターや援助者養成も進められている。これらのプログラムを子ども家庭福祉援助活動においてどのように整理するか，今後の大きな課題である。

## 3. 相談援助活動の過程——ソーシャルワークを中心に

　相談援助の過程は決して平坦な過程ではない。ここでは，社会福祉援助の代表格であるソーシャルワークを念頭に置いたうえで，その過程について簡潔に整理しておきたい。

　まず，相談援助機関の利用者，つまり子ども本人やその関係者たちに，個々の相談援助機関の固有機能や独自性を正確に区別して認識し，問題の性格によって相談先を使い分けることを期待することには，無理がある。そもそも相談の内容や問題は，そう簡単に割り切ったり，単純化したりできるものではない。したがって，機関本来の役割や固有機能になじまない問題が持ち込まれたり，相談の過程でそういう問題が生じたり，表面化したりすることがよくある。それとは逆に，いくら援助者が努力しても，問題解決の糸口さえつかめないということもしばしば起きてくる。このような場合には，援助者と利用者の間の作用関係，つまり相互に影響を与え合う人間関係の基盤が，形成されていなかったことになる。関係者相互の連携・協力が叫ばれたり，援助者の基本的姿勢が問われたりするのは，こうした相談援助過程の特性によるのである。

　相談援助の過程は変化に富むとはいえ，それを時間的経過の面から整理してみると，どのような相談も過程の局面の推移はおおむね共通していて，次のような経過をたどる。

---

*8　たとえば，子育て家庭に対してはノーバディズ・パーフェクト（Nobody's Perfect：NP）プログラム，コモン・センス・ペアレンティング（CSP）等があり，子ども虐待の家族関係調整に関しては，サインズ・オブ・セーフティ・アプローチ（SoSA）等が導入され，幅広く行われつつある。

①相談の受付——紹介・問い合わせ，通告等による相談ニーズの表明と，相談の申し込み等。

②受付面接，受理会議——インテーク面接と呼ばれる。フェースシート，主訴，子どもや保護者等の生活状況等の把握，受理の可否の判断，受理の場合は担当者とその後の手順の決定，不受理の場合の他機関への紹介・あっせん等。

③スタディ（調査，診断，判定の実施と関連諸会議における検討）とアセスメント（評価）——面接・電話・照会等による調査と社会診断，面接・検査・観察等による心理診断，医学診断等による諸資料の収集と分析，問題の分析と原因の究明，援助方針の検討・決定，援助担当者の決定等。

④プランニングと援助の実施・モニタリング——アセスメントに基づく援助方針と支援のための計画の策定。訪問，通所，入所等による援助（助言指導，心理療法，カウンセリング，ソーシャルワーク，訓練，その他の援助）の実施，援助効果の評価（モニタリング）とそれに基づく援助方針・内容の変更・修正等。

⑤終結——援助目的達成度評価，目的達成による終結，援助能力の限界による終結（この場合は他機関紹介），その他の理由による終結。

⑥アフターケア——学校適応・家庭生活適応等に対する援助，問題再発の予防等。

　なお，これらの各段階は，全体の流れについての一応の概念的枠組みにすぎず，各段階が時系列上に整然と順序性を持って存在するわけではない。たとえば，援助者に対する信頼が深まって，やっと本音が聞けるといったことや，援助に対する反応から，家族や子どもの別の側面を理解する資料が得られたりするといったこともあり，その場合には，④の段階から③の段階に戻って，再度援助方針を検討することになる。

　このように，相談援助の推移は常に流動的であることを，心に留めておく必要がある。

## 4. 相談援助活動の基本原理

　相談援助活動の基本原理については，ソーシャルワークの基本原理，カウンセリングや遊戯療法に関する原理等さまざまなものがあるが，ここでは，それらを参考にしつつ，共通的な原理を 10 点挙げておきたい。

### (1)　受　容
　これは，利用者のありのままを，無条件に受け入れることである。利用者のどのような経験や態度，感情であろうと，その人の一部として受け入れ，しかも「～ならあなたを受け入れる」といった条件つきでないということである。具体的には，たとえば「今のあなたのお気持ちは～なのですね」といった対応になる。

### (2)　個別性
　相談は，同じものは二つとない個々の特性を持っている。相談内容を分類整理し，対応方法を類型化していくことは可能であるが，個々の相談は，あくまで個々の問題に対応する 1 回きりのものであり，個別性を大切にすることが求められる。

### (3)　相互信頼関係
　この人になら何でも話せそうだという相互信頼と親和の関係が成立しなければ，相談援助は進展しない。この関係は通常，ラポール（相互信頼関係）と呼ばれる。

### (4)　自立・自己決定への援助
　相談援助活動の目的はあくまで利用者の自立・自己決定への援助であり，援助が利用者の主体性を摘み取ってしまうことのないよう，十分注意しなければならない。

### (5) 総合的アプローチ

#### ① 関わる側の総合性

子ども家庭福祉問題は，子どもの素質，養育環境，誘因，所属集団・地域・社会環境等の，さまざまな要因の複合体として存在しており，そのため，医師，公認心理師，社会福祉士，保育士，保健師等の，さまざまな専門職の総合的なアプローチによって，問題の理解と解決を図っていくことが必要となる。その場合，誰かがキーパーソン（通常は社会福祉士）となってチームワークを図る必要があり，また，そのような体制がとれない場合には，必要なマンパワーが状況に応じて活用できるよう，ネットワークの形成に努め，さらに，自らの限界について熟知していることが求められる。

#### ② 子どもを含む環境全体に総合的に関わること

利用者や子どもの訴えを十分に聴き，理解していくと同時に，子どもを囲む家族・所属集団等の全体的環境のなかで，どこ（誰）が最も援助を必要としているか，利用者が問題解決に向けて動ける力を持っているか，子どもと家族にとって鍵となる人物は誰か，といったことについて判断し，最も効果的な支援の方法を決めていくことが必要となる。

### (6) 内的世界の尊重

利用者の語る主観的な世界は，たとえそれが客観的事実に基づかない思い込みのように思われても，それはとりもなおさず利用者にとっての現実であり，周囲に対するものの見方である。そうした利用者の主観的世界を共感的に理解していくことなくして，客観的な判断基準のみに従って助言等を行っていくことは，両者の関係を壊してしまうことにもなりかねない。また，利用者の自立を目指す援助の基本からもはずれてしまいかねず，注意が必要である。

### (7) 秘密保持

相談援助を行ううえで，相談により知り得た事柄の秘密を守ることは，最も基本的なことである。このことが基本にあるからこそ，利用者は自らの問

題について語り，自らを見つめることができるのである。また，個人情報の適切な取り扱いや秘密の守秘についても留意が必要である。

## (8) 自己覚知

相談援助は，単純な情報提供は別として，利用者の内面に関わることが多いだけに，援助者自身の人間観や価値観，パーソナリティ，自分自身の子育て観等が深く関与することが多くなる。そのため，援助者自身が自らのそれらについての理解を深めておくこと（自己覚知）が必要となる。そうでないと，ある特定の相談について拒否的になったり，過度に同情的になって巻き込まれてしまったりする事態も生じがちである。援助者はこうした事態を避けるため，すすんでスーパービジョンを受ける機会を持つことが必要とされている。

## (9) スーパービジョン

援助者は，相談援助のプロセスでさまざまな困難に突き当たる。また，自分自身が気づかないうちに，利用者に巻き込まれてしまうことも起こりがちである。このため，相談内容や子どもと保護者に対する正確な理解を深め，援助者の知識・技術の不足を補い，また，援助者自身が自分自身の価値観，対人関係の特徴，情緒的反応の傾向等，相談援助に影響する個人的傾向を理解するために，スーパービジョンを受ける機会を持つことが必要とされている。そのことが，援助者自らの力量を高めていくことにつながるとともに，利用者の福祉向上にもつながっていくことになるのである。

## (10) 子ども家庭福祉相談援助の特殊性

最後に，子ども・子育て問題の特殊性についても，触れておかねばならない。誰もが子ども時代を経験し，子育ては多くの人が経験しているだけに，子どもや子育てに関する相談援助については，ややもすると自分のものさしで判断しがちとなる。しかし，子育ての問題で悩んでいる利用者も，その人自身の人生のシナリオを，その人なりに精一杯生きようとしている。自分の人生のシナリオと他人の人生のシナリオとは，違っていて当然である。固定

観念や自己の経験を一度封印し，まず，利用者の話を十分に聴いて，利用者の人生のシナリオの世界に入り，利用者の人生ドラマに一緒に参加していきたいものである。

## 第4節 児童福祉施設における子ども家庭福祉援助活動

### 1. 施設における子どもたちの生活の保障

施設ケアにおいて最も重視されるべき点は，入所児童のウエルビーイングを保障するという視点である。すなわち，子どもが自立したひとりの人間として育ち，その人らしく生き，その尊厳が尊重されつつ，自己の可能性を最大限発揮することができるよう支援することである。言い換えれば，人間としての「あたりまえの生活」（児童養護施設運営指針等）を保障することであるといってよい。

あたりまえの生活とは，私たちがふだん，社会であたりまえに行っている生活そのものである。日課やチャイムもなく，学校から帰れば「今日のおやつは？」と勝手に冷蔵庫を開けたり，おなかがすけばつまみ食いをしたりする生活，部活の朝練のときは早く起き，何もない日曜日は昼ごろまで寝坊を楽しむ生活である。外出するときはドアの鍵を閉め，ガス栓を閉じ，夜はカーテン，雨戸を閉め，こたつでみかんをつまみながら団欒する生活である。こうした社会におけるあたりまえの生活をまず保障していくことが，施設生活において最も重視されなければならない。

そのためには，ケア単位の小規模化，ケアの個別化，ケアの連続化，ケアの透明化，アドボカシー（権利擁護）等の視点が担保されなければならない。そのうえで，施設における子ども家庭福祉の具体的援助活動が展開されなければならない。

2012（平成24）年3月には，社会的養護関係5種別児童福祉施設の運営指針，ならびに里親・ファミリーホーム養育指針が，厚生労働省から通知されている。2014（平成26）年度末には，自立援助ホーム運営指針も通知された。社会的養護関係施設の種別ごとの運営指針の策定は，子どもの最善の利

益保障のために提供される養育の平準化，社会的養護の社会化，支援・養育の質の向上を促すことなどを目的として実施された。施設間格差の是正を目指し，かつ，施設運営の透明性，説明責任の確保のため，施設種別ごとの運営指針の作成が必要とされたのである。

各施設運営指針の総論部分は，ほぼ共通するように策定されている。たとえば児童養護施設運営指針にあっては，施設運営指針の目的のあと，社会的養護の基本理念として，①子どもの最善の利益のために，②すべての子どもを社会全体で育む，の2点が挙げられ，原理としては，①家庭的養護と個別化，②発達の保障と自立支援，③回復を目指した支援，④家族との連携・協働，⑤継続的支援と連携アプローチ，⑥ライフサイクルを見通した支援，の6点が掲げられている。その後，児童養護施設の役割と理念，対象児童，養育のあり方の基本，児童養護施設の将来像と続き，この後は第三者評価基準と連動した各論が続く。

## 2. 児童福祉施設における援助活動

子どもとその家庭のウエルビーイングを保障していくために，児童福祉施設の社会福祉専門職に求められる専門性，ソーシャルワーク活動について，主として養育系の施設を念頭に整理しておきたい。

近年では，特に社会的養護分野において，居住型施設におけるケアワークとソーシャルワークとを一体的に展開する，レジデンシャルワークも提唱されている。なお，施設における援助においては，アドミッションケア（admission care），インケア（in care），リービングケア（leaving care），アフターケア（after care）という一連の流れのなかで，以下の方法を総合的に用いた援助が行われる。

### (1) ケアワーク（生活援助技術）

これは，いわゆる保育や養護活動のことであり，子どもの生活全体を視野に入れ，直接支援を通じて生活を総合的に支援していくことである。具体的には，食事等身の周りの世話，介助，しつけ，発達支援等，各種の日常生活

援助活動がある。生活自体のノーマライゼーションが最も求められる。また、入所児童の意向を尊重した取り組みや、生活上のさまざまな思いへの対応を含めた、いわゆる苦情解決に向けた取り組みも必要とされる。さらに、そのノウハウを社会化していくことが求められる。具体的には、ソーシャル・サポート・ネットワーク[*9]の中心的機能を担い、また、ショートステイ等の具体的サービスを提供することであり、また、たとえば親性（ペアレントフッド）を育てるための講座等の開催等がある。

## (2) 保育相談支援

　児童福祉施設においては、保育士が行う保護者支援の専門性である、保育相談支援を主として用いた援助も展開されている。子どもたちの施設での様子について保護者に伝え、また、保護者の養育力を高めていくようなアドバイスや行動見本の提示、体験の提供等は、ケアワークから導き出された保護者支援のスキルとして、今後、その体系化が必要とされる。そのうえで、ソーシャルワークとの役割分担が必要とされる。

## (3) ソーシャルワーク（社会福祉援助技術）

　子どもの生活・発達の保障、特にケアの連続性確保のため、保護者の生活を支援し、子どもの生活基盤を整える環境調整を継続的に行う活動である。前述のソーシャルワークの諸原則に従うことが最も重視される。児童福祉施設におけるケースワーク援助は、子どもの福祉のために親を裁くことではない。また、親の事情により欠けてしまった子どもの保育、養育を補完・代替するだけでもない。保護者とともに、子育てに対する専門性を蓄積し、その機能やノウハウを子どもや保護者に提供することにより、家庭環境を調整し、家族再統合を促していくことである。また、子どもの自立を支援したり、退所後の支援を行うことも大切である。

---

[*9]　社会福祉実践において、公的な機関や専門家によるフォーマルな援助に加え、家族や親類、ボランティアや近隣等によるインフォーマルな資源も含めて、それらを有機的に結合し、多面的に支援するネットワークおよびその形成を図ることである。

### (4) グループワーク（集団援助技術）

　これは，意図的なグループ経験を通じて個人および集団の社会的機能を高め，子どもが有する社会生活上の諸課題を達成するために実施される，集団的技法であるといえる。児童福祉施設においては，子どもの安定感の獲得，社会的規範の修得，対人関係の学習等を目指して行われることが多い。

### (5) ファシリテーション（相互援助強化技術）

　これは，利用者の内的な力を強化し，仲間集団による相互援助を活性化させていく活動である。子育てグループ等のセルフヘルプ・グループの育成・運営や，保護者のつどい等の場において，欠かせない技術となる。

### (6) コーディネーション（連絡・調整活動）

　いわゆる連絡・調整活動のことである。子どもや保護者の福祉増進のため，地域社会の理解を得る活動や，地域における社会資源との連絡・調整，行政との連携等の活動が挙げられる。特定の子どもや保護者を支援するために，ケースマネジメント活動を通じて，前述したソーシャル・サポート・ネットワークを形成していく活動も，重要である。

### (7) アドボケーション（権利擁護活動）

　子どもや保護者の意見やニーズを反映し，サービスを円滑に利用できるように支援する，いわゆる代弁・権利擁護活動のことである。特に，子どもの場合は自らの意思を表明する力が十分でないため，子どもの真の福祉ニーズについて，周囲の理解を求めていく活動が必要となる。苦情解決のための各種取り組みも重要である。

## 3. 児童福祉施設における援助体系の再構築

　全国社会福祉協議会は1995（平成7）年10月に「児童福祉施設再編への提言」と題する報告書を公表した。筆者も委員として参画したこの報告書で

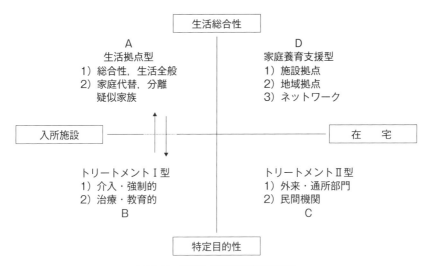

図 9-5 児童福祉施設機能俯瞰図
（全国社会福祉協議会児童福祉施設のあり方委員会，1995，p.20）

は，当時の社会的養護関係施設5種別について，図9-5に示す4つに類型化し，その機能統合，再編を提言している。

　この報告書は，将来の施設再編を視野に入れたものであるが，援助論からいえば，児童福祉施設における機能面を整理しているといえる。すなわち，施設ケアの専門性には，すべての施設種別に共通するものと，施設種別ごとに個別性を有する特徴があるとする。いわば，現在の社会的養護関係5施設種別に関する，運営指針の総論と各論に相当する部分であり，それは，生活総合性の専門性と，特定目的性の専門性であるといえる。ここでいう生活総合性の専門性とは，いわゆるケアのことをいっている。それは，世話を通して子どもの安全基地となることであり，このことを網野（2002，p.216）は，「子どもの生活の基盤である施設での〈当たり前の〉生活を保障すること，そしてQOLを保障することである。それは，一人ひとりの子どもが，施設での生活が，当たり前の，普通の生活であること，安定，安寧，安らぎのある幸せな生活であることが実感できることである」と述べている。

　これらを保障することが，生活総合性の専門性であるといえる。すべての施設に共通する，いわゆるケアの専門性といってよい。家庭養護の推進は，

こうした生活を，家庭環境を奪われた子どもたちに提供することを意図している。つまり，里親，ファミリーホームを第1優先順位と考えることを示している。

　一方，特定目的性の専門性は，福祉を必要とするニーズの内容に即応した心理治療的，教育指導的，医療・保健的，機能訓練的等の専門性をいう。この分野については，入所が必要な機能と，通所により担保できる機能とに分化させ，それぞれの臨床実践的専門性の確立が必要とされる。施設ケアの再編が，課題として浮かび上がってくることとなる。

　筆者は以前，これを踏まえた施設機能の再編成を，児童福祉法等一部改正要綱試案[10]において提示している。以下，抜粋する。このなかには一部実現した事項もあるが，いずれも今後に残された課題として継続している。

### 【児童福祉施設の再編成及びその運営，養育家庭等に関する事項】

1. 児童福祉施設の再編成に関する事項

（一）児童の養育・養護・生活治療（トリートメント）を行う児童福祉施設として「児童育成ホーム」及び「小規模児童育成ホーム（グループホーム）」を創設すること。これにともない，政令において「児童育成ホーム」及び「小規模児童育成ホーム（グループホーム）」に関し，児童の養育・養護を行う「児童養育ホーム」及び児童の生活治療（トリートメント）を行う「生活治療ホーム」をそれぞれ定めるものとすること。

（二）これにともない，現行の乳児院，児童養護施設，情緒障害児短期治療施設及び児童自立支援施設，自立援助ホームを再編成すること。また，再編成については，個々の施設の混乱を招かぬよう一定の経過措置を設けるものとすること。

---

＊10　本研究は，日本子ども家庭総合研究所担当部長時代に，継続的に続けてきたチーム研究の成果をまとめたものであり，最終版は2006（平成18）年の，『日本子ども家庭総合研究所紀要』第42集に掲載された，「児童家庭福祉制度再構築のための児童福祉法改正要綱試案（最終版）」である。最終版は，拙著（柏女，2008，pp.165-195）の「第12章　近未来の児童福祉法改正要綱試案」に収載している。

（三）ひとり親家庭及びその児童を保護し支援する児童福祉施設として「家庭支援ホーム」及び「小規模家庭支援ホーム（グループホーム）」を創設すること。

（四）「障害」児関係児童福祉施設の再編成を行うものとすること。通所により「障害」児の療育，訓練を行う児童福祉施設として「障害児通園施設」を創設すること。これにともない，知的障害児通園施設，肢体不自由児通園施設及び難聴幼児通園施設を再編成すること。

2．児童福祉施設の業務及び運営に関する事項

（一）「児童育成ホーム」，「小規模児童育成ホーム（グループホーム）」及び「小規模家庭支援ホーム（グループホーム）」「家庭支援ホーム」支援児童の支援期間について，高等教育機関進学その他特別の事由がある場合に20歳を超えて支援を継続することができるものとすること。

（二）市町村は，児童福祉施設支援中の児童に対し，支援の継続の可否に関し，児童自立支援計画に基づきおおむね6か月ごとに審査を行うものとすること。また，その際，児童福祉施設長及び児童の意見を聴取し，考慮するものとすること。

（三）児童福祉施設長及び職員の罰則付きの守秘義務に関する規定を創設すること。

## 第5節　専門職論
### ――保育士の保育相談支援の専門性をめぐって

### 1．保育士資格再構築の課題

保育士資格は2003（平成15）年11月29日に法定化された。保育士は，義務教育就学前の乳幼児に対する保育（early childhood education & care：エデュケア）と，就学後から18歳未満の児童の養護等のケアワーク（childcare work），ならびにそれらの保護者に対する保育に関する指導を行う専門職として，規定されている。しかし，保育士資格の本質的課題については，十分な論議がなされないまま今日に至っている。ちなみに，法定化まで

**図 9-6　保育士資格の再構築案 1**

（柏女，2008，p.206）

| 就学前保育 | 養護 | 療育 | 医療 | 子育て支援 |
|---|---|---|---|---|
| 保育士基礎資格 ||||||

**図 9-7　保育士資格の再構築案 2**

（柏女，2008，p.206）

の経過については，拙著（柏女，2008）の「第 13 章　子ども家庭福祉専門職の課題——保育士資格の法定化と保育士の課題」に詳述している。また，その後の保育士資格の課題ならびに今後のあり方については，拙著（柏女，2017）の「第 3 章　待機児童問題の隠れた課題」ならびに「第 4 章　法令からみた乳幼児期の「保育」と「教育」」で，課題提起している。前著では，保育士資格の再構築案として**図 9-6**，**図 9-7** の 2 案を提示している。

厚生労働省のいわゆる新福祉ビジョン[*11]によって，今後，介護福祉士，保育士，社会福祉士，看護師等の，対人援助専門職の共通資格課程の導入に向けた検討も，視野に収められている。一方で，保育士については，幼稚園教諭との資格・免許の併有化が進められている。保育士には，社会的養護や放課後児童クラブにおける子どもの育成支援を担う人材，といったチャイルド・ケアワーカーとしての専門性も求められており，今後，保育士資格をめ

---

*11　2015（平成 27）年 9 月，厚生労働省の新たな福祉サービスのシステム等のあり方検討プロジェクトチームが，「誰もが支え合う地域の構築に向けた福祉サービスの実現——新たな時代に対応した福祉の提供ビジョン」と題する報告書を公表した。これは「新福祉ビジョン」と呼ばれ，人口減少社会を視野に，新しい地域包括支援体制の確立を目指す提言である。具体的には，地域において，高齢，障害，児童等，分野横断的な総合的な支援を提供することとし，そのための分野横断的な共生型サービスの創設や，総合的な人材の育成・確保を目指すビジョンである。第 6 章で詳述している。

ぐって，さまざまな論議が起こることが予想される。

なお，現時点における今後の保育士資格のあり方について列挙すると，以下の点が指摘できる。

①介護福祉士同様（2022〈令和4〉年度卒業生から施行と，これまで延期されているが……），養成校で受験資格取得後の国家試験導入を図る必要がある。また，社会福祉士及び介護福祉士法に倣い，保育士独自の資格法制定が必要であり，その前提として，保育士資格のあり方（教育職か福祉職かなど）について検討を行い，社会的合意を得る必要がある。

②保育士資格の構造化や分化を検討する必要がある。たとえば，2年の共通課程に，就学前保育課程，養育福祉課程，療育課程，医療課程，子育て支援課程等を上乗せして3年課程以上にするなど，専門性の向上を図ることが必要とされる。なお，少なくとも就学前保育士と施設保育士は分化し，施設保育士を養育福祉士（仮称）として，その専門性を強化する必要がある。

③これらの検討とあわせ，さらなる待遇向上を図る必要がある。特に，長く勤務できるよう，ベテラン職員の給与改善とともに，福利厚生やキャリア支援（キャリア・ラダーの構築）が必要とされる。子育て支援専門員や管理保育士など，キャリアアップ資格も検討する必要がある。

## 2. 保育相談支援の専門性

保育士の業務として法定化されている「児童の保護者に対する保育に関する指導」（保育指導）業務とは，旧版保育所保育指針解説書（2008年）によれば，「子どもの保育の専門性を有する保育士が，保育に関する専門的知識・技術を背景としながら，保護者が支援を求めている子育ての問題や課題に対して，保護者の気持ちを受け止めつつ，安定した親子関係や養育力の向上を目指して行う子どもの養育（保育）に関する相談，助言，行動見本の提

表 9-2　保育相談支援技術の類型化と定義

| | | 技術類型 | 技術の定義 | 下位項目 |
|---|---|---|---|---|
| 受信型 | 情報収集/分類 | 観察 | 推察を交えず視覚的に現象を把握する行為 | ・経過観察<br>・行動観察<br>・状態の観察 |
| | | 情報収集 | 保護者や子どもの状態を把握するための情報を集める行為 | ・情報収集の働きかけ<br>・情報の把握 |
| | | 状態の読み取り | 観察や情報収集により把握された情報に，保育士の印象，推察を交えながら保護者や子どもの状態を捉える行為 | ・現状の把握<br>・状態の読み取り<br>・表情の読み取り |
| | 受容的な技術 | 受容 | 保護者の心情や態度を受け止める発言や行為 | ・受け止め |
| | | 傾聴 | 聴くことの重要性を認識した上で，保護者の話を聞く行為 | ・話をきく |
| | | 共感・同様の体感 | 保護者と同様の体感をする，もしくは保護者の心情や態度を理解し，共有しようとする行為 | ・共感<br>・子どもの成長を喜び合う |
| 発信型 | 言語的援助 | 会話の活用 | 保護者との関係の構築を目標として，挨拶，日常会話などを意識的に活用している行為 | ・あいさつ<br>・会話<br>・声をかける<br>・話すきっかけ（機会）をつくる |
| | | 承認 | 保護者の心情や態度を認めること | ・承認<br>・労う<br>・褒める |

示その他の援助業務の総体」である。これは，当時の保育所保育指針検討会委員であった筆者の定義をもとにしたものである。そして，その業務を行使するための専門性の体系が，「保育相談支援」である。

　保育相談支援技術とは，主として意識化，外在化された，子育ての問題や課題を有する保護者に対して，保育士の5つの保育技術[*12]を基盤とし，保護者の気持ちを受け止めつつ支持，承認，解説，情報提供，助言，行動見本の提示，物理的環境の構成，体験の提供等を行う技術（柏女・橋本，2008）であり，柏女・橋本らの研究によって，保育所において26の技術が確認されている（柏女ら，2009）。それは，**表9-2**のとおりである。保育相談支援は，

────────────

[*12]　5つの保育技術として，①発達援助の技術，②生活援助の技術，③環境構成の技術，④遊びを展開する技術，⑤関係構築の技術が挙げられている。厚生労働省（2008，p.13）および，柏女霊峰・橋本真紀編著（2016）『保育相談支援（第2版）』，pp.59-62を参照。

第 9 章　子ども家庭福祉相談援助と専門職　　*279*

### 表 9-2　つづき

| | | 技術類型 | 技術の定義 | 下位項目 |
|---|---|---|---|---|
| **発信型** | 言語的援助 | 支持 | 保護者の子どもや子育てへの意欲や態度が継続されるように働きかけること | ・支持 |
| | | 気持ちの代弁 | 現象から対象者の心情を読み取って他者に伝えること | ・子どもの気持ちの代弁<br>・母親の気持ちの代弁 |
| | | 伝達 | 子どもの状態，保育士の印象を伝えること | ・子どもの良いところの伝達<br>・状況の伝達（印象・感情なし）<br>・保育者の気持ちの伝達 |
| | | 解説 | 現象に保育技術の視点から分析を加えて伝える発言や行為 | ・解説 |
| | | 情報提供 | 広く一般的に活用しやすい情報を伝えること | ・情報提供 |
| | | 紹介 | 保護者が利用できる保育所の資源，他の機関のサービスについて説明し，利用を促すこと | ・紹介 |
| | | 方法の提案 | 保護者の子育てに活用可能な具体的な方法の提示 | ・方法の提案 |
| | | 依頼 | 保育士が必要性を感じ，保護者に保育や子どもへの関わりを頼むこと | ・依頼 |
| | | 対応の提示 | 保育所における子どもや保護者に対する保育士の対応を伝えること | ・対応の提示<br>・承認を得る |
| | | 助言 | 保護者の子育てに対して抽象的に方向性や解決策を示すこと | ・助言 |
| | 動作的援助 | 物理的環境の構成 | 援助のための場や機会の設定 | ・場の設定<br>・手段の活用 |
| | | 観察の提供 | 保護者が子どもの様子等を観察する機会を提供すること | ・観察の提供 |
| | | 行動見本の提示 | 保護者が活用可能な子育ての方法を実際の行動で提示すること | ・行動見本の提示 |
| | | 体験の提供 | 保護者の子育ての方法を獲得するための体験を提供すること | ・体験の提供 |
| | | 直接的援助（保護者） | 保護者の養育行為を直接的，具体的に援助している行為 | ・養育に対する直接的なケア |
| | | 子どもへの直接的援助 | 子どもに対して直接的に援助を行うことで，保護者の子育てを支えている行為 | ・子どもへの直接援助<br>・子どもへの関わり |
| | | 媒介 | 親子や保護者，家族の関係に着目し，働きかける行為 | ・斡旋<br>・話題の提供<br>・父親への働きかけ<br>・現状の打開 |
| | 方針の検討 | 協議 | 保育所職員間における話合い，相談等の作業，行為 | ・協議<br>・方針の検討<br>・相談 |

（柏女ら，2009，p. 79）

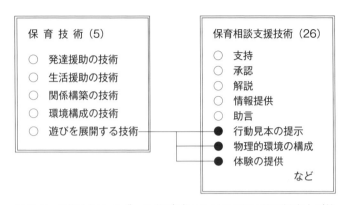

**図 9-8　3歳男児とのボール遊びがうまくできない父を保育士が仲立ちして支援する事例における保育相談支援の構造**

(柏女, 2016, p.22)

保育の技術と保育相談支援の技術の組み合わせによって展開されているととらえ，その可視化を進めている。それは**図 9-8**のように示される。

　さらに，筆者らの日本子ども家庭総合研究所の調査研究では，児童養護施設，乳児院，障害児施設等の保育士にも幅を広げて調査を行い，**表 9-3**の技術を抽出することができている。これらの試案については，今後も追調査等によって，可視化と体系化の継続が望まれる。

　なお，保育相談支援は保育技術をベースにしており，保育はいわゆるケアワークである。それをベースに成り立つ保育相談支援は，保護者に対するケアワークの一環として理解することが妥当である。したがって，ケアワークとソーシャルワークとの関係図を参考にしつつ，保育，保育相談支援とソーシャルワークとの関係については，**図 9-9**のように整理した。また，その専門性の構造については第1節図9-1に，他の援助技術との関係については，第3節図9-4に示したとおりである。

　このように，保育士の専門性を生かした保護者支援の援助技術体系の可視化，体系化は，保育士資格の創設，なかでも「児童の保護者に対する保育に関する指導」業務の法定化にこだわった筆者にとって，保育士資格のあり方に関する最大のテーマであり，これまで継続的に研究[13]を進めてきた。今

## 表9-3 保育相談支援技術の再整理

| | 保育所保育士 | | 施設保育士 | |
|---|---|---|---|---|
| | 受信型 | 発信型 | 受信型 | 発信型 |
| 言語的援助技術 | 情報収集 | 方法の提案 | 情報収集 | 保護者への提案 |
| | 状況の読み取り | 代弁 | 状況把握 | 代弁 |
| | 承認（支持） | 解説 | 承認 | 解説 |
| | 傾聴 | 伝達 | 傾聴 | 伝達 |
| | 共感・同様の体感 | 関係調整（会話の活用） | 共感 | 関係調整 |
| | 感情への応答 | | 感情への応答 | |
| | | 連携 | | 連携 |
| | | 対応の提示 | | |
| 動作的援助技術 | 観察 | 体験の提供 | | 体験の提供 |
| | | 観察の提供 | | |
| | | 行動見本の提示 | | |
| 物理的環境の構成 | 物品の選択 | | 環境構成 | |
| | 空間の構成 | | | |
| | 時間の管理 | | | |
| | 人的環境の活用 | | | |
| | 情報の作成と提供 | | | |
| | 機会の提供 | | | |

※文字背景の反転項目は，表札，下位項目ともに類似の項目が認められなかったもの。

(柏女・橋本ほか，2012，p.24)

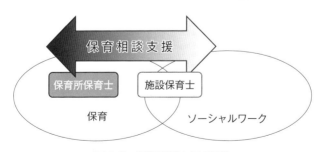

図9-9 保育相談支援の特徴

(柏女・橋本ほか，2012，p.29)

後も，継続的に追試等を進め，体系化が進められていくことを願いたい。

## 3. 保育相談支援とその他の援助技術

なお，本研究を進める際，保育相談支援の可視化，体系化を進めるために，保育相談支援，ソーシャルワーク（特にソーシャル・ケースワーク），カウンセリングの研究者，エキスパートにヒアリングを行った文献で整理した事項に，ヒアリング結果を加味してまとめたものが，**表9-4**である。子ども家庭福祉援助活動ではこれらの専門性が駆使されており，それぞれの比較考察も必要とされるであろう。

## 4. 保育士の責務と倫理

### （1） 対人援助専門職の倫理綱領の意味するもの
対人援助の専門職は，その行為が利用者の人権や人としての尊厳，生命ならびに発達などに大きな影響を与えるため，専門職としての倫理を守ること

---

＊13　筆者らのこれまでの保育士の保護者支援に関する代表的な研究，図書には，法定化前後では柏女（2003）『子育て支援と保育者の役割』フレーベル館，があり，その後の共同研究としては，柏女霊峰・橋本真紀・西村真実・高山静子・山川美恵子・小清水奈央（2009）『保育指導技術の体系化に関する研究』こども未来財団，柏女霊峰・橋本真紀ほか（2012）「児童福祉施設における保育士の保育相談支援技術の体系化に関する研究（3）――子ども家庭福祉分野の援助技術における保育相談支援の位置づけと体系化をめざして」『日本子ども家庭総合研究所紀要』第47集，などがある。また，これらと前後して発刊した保育士の保護者支援に関する図書としては，以下などがある。
・柏女霊峰・橋本真紀（2008）『保育者の保護者支援――保育指導の原理と技術』フレーベル館
・柏女霊峰・橋本真紀（2010）『増補　保育者の保護者支援――保育相談支援の原理と技術』フレーベル館
・柏女霊峰・橋本真紀編（2011）『保育相談支援』ミネルヴァ書房
・柏女霊峰監修編，橋本真紀・西村真実編（2010）『保護者支援スキルアップ講座　保育者の専門性を生かした保護者支援――保育相談支援（保育指導）の実際』ひかりのくに

第9章 子ども家庭福祉相談援助と専門職　　283

表9-4　ヒアリング等による保育相談支援と近接領域との比較検討

| | 保育相談支援 | ソーシャルワーク（ソーシャルケースワーク） | カウンセリング（来談者中心療法） |
|---|---|---|---|
| 担い手 | 保育士 | ソーシャルワーカー，社会福祉士 | 臨床心理士等[注] |
| 援助活動の定義 | 保育相談支援とは「子どもの保育の専門性を有する保育士が，保育に関する専門的知識・技術を背景としながら，保護者が支援を求めている子育ての問題や課題に対して，保護者の気持ちを受け止めつつ，安定した親子関係や養育力の向上を目指して行う子どもの養育（保育）に関する相談，助言，行動見本の提示その他の援助業務の総体」である。 | ソーシャルワーク専門職は，人間の福利（ウェルビーイング）の増進を目指して，社会の変革を進め人間関係における問題解決を図り，人々のエンパワメントと解放を促していく。ソーシャルワークは，人間の行動と社会のシステムに関する理論を利用して，人々がその環境と相互に影響しあう接点に介入する。人権と社会正義の原理は，ソーシャルワークの拠り所とする基盤である。 | 来談者中心療法とは「クライエントは自ら問題解決する力をもっている」と考え，クライエントの主体性や自発性が優先される（守られる）カウンセリング技法である。カウンセリングとは，適応時用の問題をもち，その解決に援助を必要とする個人と，専門的訓練を受けた援助者としての資質を備えた専門家とが面接し，主として言語的手段によって心理的影響を与え，問題解決を助ける過程。 |
| 倫理綱領 | ①子どもの最善の利益<br>②子どもの発達保障<br>③保護者との協力<br>④プライバシーの保護<br>⑤チームワークと自己評価<br>⑥利用者の代弁<br>⑦地域の子育て支援<br>⑧専門職としての責務 | 価値と原則<br>①人間の尊厳<br>②社会正義<br>③貢献<br>④誠実<br>⑤専門的力量<br>倫理基準<br>(1) 利用者に対する倫理責任<br>①利用者との関係<br>②利用者の利益の最優先<br>③受容　④説明責任<br>⑤利用者の自己決定の尊重<br>⑥利用者の意志決定能力への対応<br>⑦プライバシーの尊重<br>⑧秘密の保持<br>⑨記録の開示<br>⑩情報の共有<br>⑪性的差別，虐待の禁止<br>⑫権利侵害の防止<br>(2) 実践現場における倫理責任<br>①最良の実践を行う責務<br>②他の専門職等との連携・協働<br>③実践現場と綱領の遵守<br>④業務改善の推進<br>(3) 社会に対する倫理責任<br>①ソーシャル・インクルージョン<br>②社会への働きかけ<br>③国際社会への働きかけ | 一般社団法人日本臨床心理士会<br>①基本的倫理（責任）<br>②秘密保持<br>③対象者との関係<br>④インフォームドコンセント<br>⑤職能的資質の向上と自覚<br>⑥臨床心理士業務と関わる営利活動等の企画，運営及び参画<br>⑦著作等における事例の公表及び心理査定用具類の取り扱い<br>⑧相互啓発及び倫理違反への対応<br><br>※説明責任が重要<br><br>財団法人<br>日本臨床心理士資格認定協会<br>①責任<br>②技能<br>③秘密保持<br>④査定技法<br>⑤援助・介入技法<br>⑥専門職との関係<br>⑦研究<br>⑧公開<br>⑨倫理の遵守 |

注：本研究当時は，公認心理師は検討されていなかったが，現在では，ここに公認心理師を含めたとしても，大きな問題はないと考えられる。

## 表9-4 つづき

| | 保育相談支援 | ソーシャルワーク（ソーシャルケースワーク） | カウンセリング（来談者中心療法） |
|---|---|---|---|
| 倫理綱領 | | (4) 専門職としての倫理責任<br>①専門職の啓発<br>②信用失墜行為の禁止<br>③社会的信用の保持<br>④専門職の擁護<br>⑤専門職の向上<br>⑥教育・訓練・管理における責務<br>⑦調査・研究 | |
| 原理原則 | ・子どもの最善の利益を考慮する<br>・保護者とともに子どもの成長の喜びを共有する<br>・保育士の専門性や保育所の特性を生かす<br>・保護者の養育力の向上に資する<br>・保護者の気持ちを受け止める<br>・相互の信頼関係を基本に，保護者一人ひとりの自己決定を尊重する<br>・秘密保持に留意する<br>・子育て支援に関する地域の関係機関，団体等との連携及び協力を図る | バイステックの7原則<br>（援助関係構築の原則）<br>①個別化<br>②意図的な感情表出<br>③統制された情緒関与<br>④受容<br>⑤非審判的態度<br>⑥自己決定<br>⑦秘密保持 | ○人間は本質的に成長に向かう存在，前進する存在，基本的可能性の実現に向かう存在であるという概念<br>○ありのまま受け入れられば「良い」方向に向かい，彼ら自身をも社会をも高めるような生き方ができるという信念<br>○ロジャーズの3つの基本的態度<br>○アクスラインの8つの原理 |
| 活用場面 | 生活場面（送迎時，連絡帳，おたより等の発行，保育参加，保育体験等の行事，保護者懇談会，保育体験，講座） | 相談面接場面<br>生活場面面接 | 心理面接，カウンセリング，心理療法 |
| 展開過程 | 支援の前提<br>支援の開始<br>情報収集・情報交換<br>事前評価<br>フィードバック<br>支援計画の作成<br>支援の実施<br>経過観察<br>事後評価<br>終結 | （主語を「クライエント」として）<br>開始期・インテーク<br>アセスメント<br>援助計画の立案<br>フィードバック<br>援助計画の実施<br>モニタリング<br>終結 | ○確たる展開過程はない<br>○「繰り返し（反復）」と「感情の反射による明確化（ミラーリング）」の繰り返し<br>○対決<br>○クライエントに起こる展開過程については，ロジャーズの12段階や内山等の6段階等がある。<br><br>※アセスメントは必要 |
| 支援技術 | 受信型（代表例）<br>①観察　②情報収集<br>③状態の読み取り<br>④共感・同様の体感<br>発信型<br>⑤承認　⑥支持<br>⑦気持ちの代弁　⑧伝達<br>⑨解説　⑩情報提供<br>⑪方法の提案　⑫対応の提示 | ①アイコンタクトを活用する<br>②うなずく<br>③相槌をうつ<br>④沈黙を活用する<br>⑤開かれた質問をする<br>⑥閉じられた質問をする<br>⑦繰り返す<br>⑧言い換える（感心）<br>⑨言い換える（展開） | ①場面構成<br>②一般的リード<br>③感情の受容・簡単な受容（うなずき，相槌）<br>④感情の反射<br>⑤内容の再陳述<br>⑥感情の明確化<br>⑦非支持的リード<br>⑧時間の切り上げ |

第9章　子ども家庭福祉相談援助と専門職　　*285*

## 表9-4　つづき

| | 保育相談支援 | ソーシャルワーク<br>（ソーシャルケースワーク） | カウンセリング<br>（来談者中心療法） |
|---|---|---|---|
| 支援技術 | ⑬物理的環境の構成<br>⑭行動見本の提示<br>⑮体験の提供<br>（すべては表9-2参照） | ⑩言い換える（気づき）<br>⑪要約する<br>⑫矛盾を指摘する<br>⑬解釈する<br>⑭話題を修正する<br>⑮感情表出をうながす<br>⑯感情を表情で返す<br>⑰感情表現を繰り返す<br>⑱感情表現を言い換える<br>⑲現在の感情を言葉で返す<br>⑳過去の感情を言葉で返す<br>㉑アンビバレントな感情を取り扱う | ⑨治療的コミュニケーション<br>⑩制限<br>⑪その他（沈黙や質問への対応など） |
| 特性 | ・子どもの存在により援助の必要性が発生し，援助の結果が子どもに帰結する<br>・援助過程において常に子どもの存在，親子と保育士の三者関係を意識する必要がある<br>・親から子，子から親への代弁機能を果たすことによって両者の関係調整を図る<br>・子どもの発達段階を的確に把握し，援助に活用する<br>・物理的関係や手段が援助過程で活用される頻度が高い<br>・親子関係を見極める | ○援助過程で「社会資源」を活用する<br>○クライエントの「ニーズ」に対応する | ○基本的にはケースバイケース<br>○クライエントにフィットする技法を選ぶことが重要<br>○カウンセラーの権威は不必要（※命の危機がある場合にはオーソリティとしての権威が必要）<br>○カウンセラーの態度は重要<br>○無条件の肯定的感心と共感的理解，純粋性<br>○クライエントの感情に焦点を当て，それを和らげる，あるいは解放してもらうことを重要視する |
| 参考文献 | 柏女霊峰・橋本真紀編著（2011）<br>厚生労働省（2008）など | ・米本秀仁監訳（1999）<br>・岩間伸之（2008）など | ・諸富祥彦（1997）<br>・田畑治（1982）<br>・内山・高野・田畑（1973）など |

（柏女・橋本ほか，2012，pp.37-38を一部修正）

は絶対的に必要である。このため，ほとんどの対人援助専門職が専門職団体をつくり，また，法定化された倫理以外の事項も含めた独自の倫理綱領や，それを実践レベルに落とし込んだ行動規範を定めている。こうした倫理綱領，行動規範は，それぞれの専門職が最も大切にしている価値を実現するための，具体的行動指標・規範であるといえる。それは，それぞれの専門職における価値と規範の共通理解を図るものであると同時に，利用者や連携する他の専門職種，一般市民，利用者等に対する，役割の提示や宣言という意味も持っているのである。

2003（平成15）年2月26日，保育所に働く保育士を中心とする組織である全国保育士会が，倫理綱領を採択した。倫理綱領の採択は，保育士資格法定化を目前にして，保育所ならびに保育士たちが行った，子どもの保育・子育て支援の専門職としての決意表明であった。全国保育士会倫理綱領は，保育所保育士等の全国団体である全国保育士会と，保育所の全国団体である全国保育協議会が，同時に採択した。つまり，専門職倫理と職場倫理の両方を兼ねた綱領といえる。

## (2) 「全国保育士会倫理綱領」の内容

　全文は前文と8カ条からなるが，その意味するところは以下のとおりである。まず，前文では，すべての子どもの受動的権利と能動的権利を認め，子どもが自ら育つ力を支え，保護者の子育てを支え，さらに，子どもの育ち，子育てを支援する専門職として，そこから見えてくることを社会に対して発信し，子どもと子育てにやさしい社会を創り上げることを高らかに謳い上げている。そして，続く8カ条において，保育士の社会的使命と責務を簡潔に示している。

　第1条は，保育士が依拠すべき行動原理は，「子どもの最善の利益の尊重」であることを表現している。第2〜4条は，対人援助，子どもの発達支援の専門職である保育士の，「利用者に対する倫理」を表現している。第2条は子どもと関わる際の原理であり，それは「子どもの発達保障」であることを示している。続いて第3条は，保護者と関わる際の原理であり，それは「協力関係」，すなわち保護者とのパートナーシップであることが示される。第4条は，その両者を支援する際の根源的倫理として，プライバシーの尊重，すなわち，保育や保護者支援を通して知り得た個人の秘密の保持と，個人情報の適切な取り扱いを提起している。

　続いて第5条は，所属機関（この場合は保育所等）における業務改善のための努力を表現している。それは，職場内のチームワークと外部とのネットワークを図る姿勢，自己点検・自己評価に基づいて業務の改善に努力する姿勢として示される。

　第6条，第7条は，社会との関係に関する倫理を表現している。第6条

は，保育を通して理解された子どもと保護者のニーズを，社会に対して代弁することを求めている。そのうえで，行政や地域社会に働きかけていくことを表現している。第7条は，地域のネットワークによって子育て家庭に対する支援を進め，子どもと子育てにやさしい地域社会づくりに貢献することを誓っている。保育士が，福祉社会づくりを目指す社会福祉職の側面を持つことを示す条文といえよう。

最後の第8条は，文字どおり専門職としての責務を表現している。それは，第1〜7条までに示されている社会的使命・責務を誠実に果たしていくこと，そのための研修，自己研鑽に励むこととされている。全体を通じ，簡潔な表現のなかにも，専門職としての厳しい自覚と守るべき倫理が示されているといえる。

### (3) 倫理綱領の具体的意味

倫理綱領に示されていることを，実際の保育に当てはめた場合の保育士の関わりは，大人と子どもとの間の絆をもとにして，人として生きるのに欠かせない民主的な人間関係の取り結び，個の尊重等を培う保育士の役割としてとらえられる。

保育者はまず，特定の子どもとの応答的な関わりを続けて，子どもとの絆を創り上げる。絆，安全基地ができた子どもは，歩き始め，手を使い，言葉を話すことができるようになり，外界との接触を開始し，他児とのコミュニケーションや探索活動を開始する。保育士は，それに対応して探索に適した環境を整え，また，子ども同士で円滑なコミュニケーションが図れるよう仲立ちを行うのである。つまり，これまでの応答的環境という配慮された人間関係から，個と個のぶつかり合いという民主的な人間関係の取り結びへと，子どもたちは動いていくこととなる。保育士は，その成長を支援するのである。

やがて，3歳以上児になると，子どもたちは葛藤等を通して，他者と共存することの大切さや楽しさを学び，そして，それが「きまり」があることによって担保されることに気づいていく。つまり，性格や関心の異なる一人ひとりの子どもたちが共存していくために，3歳未満児では「保育士の仲立

ち」が必要であったが，年長児になると「きまり」がその役割を果たしていくことになる。保育士の役割は，子どもたちの「仲立ち」をすることから，「見守り，必要に応じ介入」することへと，成長にともない変化していくこととなる。そして，そのことが，生きる力の基礎を培う保育士の最大の専門性ととらえられるのである[14]。

## 5. 子ども家庭福祉相談援助活動の今後の課題

　子ども家庭福祉相談援助活動の今後の課題としては，その専門性の根幹を子どもの最善の利益などのキー概念とともに体系化し，かつ，助言指導（ガイダンス），保育相談支援，親教育・訓練，ソーシャルワーク（相談援助），カウンセリング，心理療法の6つの援助体系に，ケアワーク，保育を加え，これらを整理し体系化していくことが挙げられる。そのためには，今なお未整理のままに残されている「保育」の定義も，はっきりさせなければならない。児童福祉法，学校教育法，いわゆる認定こども園法，それぞれの保育の定義は異なっている。制度的側面においては，保育所と幼稚園が一体化した幼保連携型認定こども園が，新しい児童福祉施設，学校として創設されているが，そこで行われることはどのような「保育」なのか，その定義を整理することも必要である。福祉と教育がクロスオーバーしつつある現在，教育福祉学の確立も必要とされるのであろう。

　なお，近年，児童相談所における虐待対応の専門性強化の必要性から，児童福祉司等児童分野のソーシャルワーカーの新たな国家資格化といった議論も一部で見られるが，人口減少社会が叫ばれるなか，児童分野に限定したソーシャルワーカー資格を新たに設けることは妥当ではない。子ども分野に限定した国家資格・免許は，保育士や教諭といった子ども育成，教育分野に限定し，必要であれば，社会福祉士，精神保健福祉士，保健師等の国家資格の上乗せ資格[15]として創設するべきであろう。

　最後に，社会福祉士養成教育の課題も克服されなければならない。まず，

---

＊14　なお，この視点と保育士の関わりの解説については，柏女（2011）で詳述している。また，本書でも第1章で引用している。

社会福祉士養成課程に，ケアワークをしっかりと位置づけることが必要とされる。子ども家庭福祉分野でいえば，社会的養護や保育，保育相談支援などが挙げられる。こうした科目を養成課程に加味していかなければならない。さらにいえば，2019（令和元）年度から導入される新保育士養成課程において削除されてしまった「相談援助」の復活や，「子育て支援」の「保育相談支援」への名称変更も，実現しなければならない。新保育士養成課程から「相談援助」を消失させたことは，将来に大きな禍根を残すことになった。保育施設における「保育ソーシャルワーク」の位置づけを失うことにもつながり，早急に再考すべきことを付言しておきたい。

---

＊15　上乗せ資格創設の方法としては，介護支援専門員や相談支援専門員等のように，一定の資格・経験を有する者に対する試験や研修を課したうえで国家が認定する方式と，たとえば小児科医師などのように，学会も含めた業界団体が認定する方式とが考えられる。なお，社会福祉士養成校におけるスクール・ソーシャルワーク課程のような付加的課程を創設する方法も考えられる。

# 補章 仏教の視点から考える社会福祉の可能性

## 第1節　はじめに——社会福祉の意義と仏教

### 1. 社会福祉の定義について

　日本学術会議社会学委員会社会福祉学分野の参照基準検討分科会は，社会福祉について以下のように定義している。

　　人々が抱える様々な生活課題の中で社会的支援が必要な問題を対象とし，その問題の解決に向けた社会資源（モノやサービス）の確保，具体的な改善計画や運営組織などの方策や，その意味付けを含んだ「社会福祉政策」（以下，政策と略す）と，問題を抱えた個人や家族への個別具体的な働きかけと，地域や社会への開発的な働きかけを行う「社会福祉実践」（以下，実践と略す）によって構成される総体である。
　　（日本学術会議社会学委員会社会福祉学分野の参照基準検討分科会報告書 2015,　p. 1）

　また，古川は，これまでの諸家の多様な社会福祉概念規定を俯瞰し，自身の研究の推移を踏まえたうえで，社会福祉の統合論的規定を A〜C の 3 通り提示している。最も短く理解しやすい規定として，社会福祉の統合論的規定A が挙げられるが，それは以下のとおりである。

社会福祉とは，現代社会において，人々の自立生活を支援し，自己実
現と社会参加を促進するとともに，社会の統合力を高め，その維持発展
に資することを目的に展開される一定の歴史的，社会的な施策の体系で
ある。その内容をなすものは人々の生活上の一定の困難や障害，すなわ
ちその個別的な表現としての福祉ニーズを充足あるいは軽減，緩和し，
最低生活の保障，自立生活の維持，自立生活力の育成，さらには自立生
活の援護を図り，またそのために必要とされる社会資源を確保し，開発
することを課題に，国・自治体ならびに各種の民間組織によって策定運
営されている各種の政策制度ならびにそのもとにおいて展開されている
援助の総体である。　　　　　　　　　　　　　（古川，2008，pp.39-40）

　一方，社会福祉を定義するためには，その大きな構成要素である「方法」
を形作るソーシャルワークの定義を無視するわけにはいかない。ソーシャル
ワークの定義としては，国際ソーシャルワーカー連盟による 2000（平成 12）
年の以下の定義が，最も浸透している。

　　　ソーシャルワークの専門職は，人間の福利（ウェルビーイング）の増
　　進を目指して，社会の変革を進め，人間関係における問題解決を図り，
　　人々のエンパワメントと解放を促していく。ソーシャルワークは，人間
　　の行動と社会システムに関する理論を利用して，人々がその環境と相互
　　に影響し合う接点に介入する。人権と社会正義の原理は，ソーシャル
　　ワークの拠り所とする基盤である。　　　　　　　　（IFSW2000.7.）

　ここでは，「人々がその環境と相互に影響し合う接点に介入」する援助技
術として規定されている点が，大きな特徴である。
　このように，社会福祉実践，ソーシャルワークは，個人や家族の生活，個
人やその家族とそれらを包む環境との接点に起こる課題に介入する。した
がって，その支援のターゲットはすべての分野にわたる。高齢者福祉，障害
者福祉，子ども家庭福祉，女性福祉，公的扶助，地域福祉などの分野を包含
する。また，介護や保育はケアワークであり，ソーシャルワークとともに，

社会福祉の体系に入る重要な分野であるといえる。

　なお，「福祉」の語源をたどれば，「福」は「神に捧げる酒壺，〈福のつくり＝畐＝酒壺〉」に由来し，神に酒を捧げ，酒だるのように豊かに満ち足りて幸せになることを祈るさま」とのことである。また，「祉」は，「神が止まるところにいることの幸せ」を意味するという。つまり，「福祉」とは，「幸せ」や「より良く生きること」を指す。

## 2. 社会福祉の意義と仏教──本章の意義

　複雑化した現代社会においては，個人や家族はさまざまな生活課題に直面することとなる。その生活課題を焦点として，個人や家族と環境との接点に介入し，さまざまな援助を進めるのが社会福祉実践，ソーシャルワークである。個人や家族に対してのみ働きかけるのではなく，その個人や家族が生活している社会そのものに対しても，働きかけを行うこととなる。それは，いわば社会づくりの視点である。つまり，社会福祉においては，人間に対する理解や支援のほかに，福祉国家としてのあり方や，地域包括支援など地域福祉のあり方検討も必須とされる。その際，それらの社会づくりを目指す「理念」の検討が，最も重要なテーマとなる。近年では，「共生」社会がその理念として語られることも多い。

　ところで，世界三大宗教のひとつとされる仏教も，個人の内面や生活上の課題を焦点とし，その人がその人らしく生きる術を提示する思想と実践の体系であるといえる。また，仏教が目指す生き方として，後述するように，共生が語られることも多い。つまり，社会福祉という思想と実践の体系は，仏教のそれと類似する構造を有しているといえる。社会福祉の思想や実践について，仏教を土台として考察する意義がここにある。

　本章においては，現代社会が直面している福祉課題に，社会福祉政策や実践がいかに対処できるかについて，仏教における共生概念をはじめとする仏教の考え方を中心に論じることとする。西欧の福祉原理を中心に展開し，体系化されつつある社会福祉であるが，そこにおける仏教を基調とした社会福祉の可能性を考察することが，本章の目的である。

## 第2節　現代の社会福祉が直面している課題

　現代の社会福祉が直面している問題としては，筆者が専門とする子ども家庭福祉分野では，出生率低下問題，待機児童問題，子ども虐待問題，子どもの貧困問題等が代表的である。その他の分野も含め，現在の福祉課題・生活課題の多くは，つながりの喪失とその結果引き起こされる社会的孤立といったことと関わりが深い。いわば，孤立と分断の社会がもたらす課題といってよい。「今だけ，金だけ，自分だけ」の3だけ社会の問題である。しばらく前には，NHK特集で，無縁社会が大きな反響を呼んだ。個人情報保護法等，制度自体も孤立を促す方向を加速させている。

　このような方向は，主として3つの要因の複合によってもたらされる。第一は，社会の要因である。便利さ，豊かさを追求する社会により，手間暇かかることを厭う社会状況が生み出される。速さを競う新幹線社会は，それを一時的にでも降りることを求める子育てや子どもの生活を大切にしない効率優先社会を創り出し，親や子どもたちの子育て，生きた体験を奪っていく。まさに，ミヒャエル・エンデの『モモ』の世界そのものである。時間泥棒の灰色の紳士たちに時間を奪い取られ，余裕のなくなった社会に真っ先に異を唱えたのは子どもたちであり，これを救ったのが，親も力もなく，ただ「聴く」ことを得意とする少女「モモ」であったということは象徴的である。また，そのモモを助けたのが高齢者のマイスター・ホラと，歩みはのろいが着実な亀のカシオペイアだったのである。この象徴的な話からいえば，子どもたちの暮らしと子育てに時間を，取り戻さなければならない。

　第二は，人の要因である。手間暇かかることを厭う社会は，人とつながることを面倒と思う人々を生み出していく。人とゆるやかにつながること，共に生きることは，周りの縁ある人たち同士が一歩手を差し伸べ合うという努力が，必要とされる。この一歩を厭うとき，匿名性という居心地の良さを獲得することと引き換えに，私たちはつながりを失うこととなる。

　第三は，システムの要因である。人と人との接触を厭う社会が生み出す，個人情報保護法といった社会システムは，これらの方向を加速する。また，

「公」の取り組みが充実することによって，私たちは「共」を失うこととなる。その問題を私たち全体の問題と考える素地を，奪ってしまうからである。

たとえば，子ども虐待の早期通告が主張され，全国児童相談所共通ダイヤル「189（いちはやく）」も，2015（平成27）年夏から定められている。そのことを否定するつもりはないが，本当に必要なのは即時の通告ではなく，隣人として話を聞き，自らにできるちょっとした身近な支援を行うことであろう。公共のうちの「共」がやせ細ってきているのであり，そのことが「公」の肥大化を生み出しているのである。私たちは，古いしがらみ，束縛から解放された反面，新しい連帯がつくれず孤立している。個の自立を前提として，人々が緩やかにつながる新しい連帯のかたちをつくり上げられるかが問われている。

もともとわが国は，個人の自立より集団の秩序維持を優先する国民性を有していた。これに対し，戦後，特に個人の自立や尊厳を第一に考える価値観が広がり，いわゆるソーシャルキャピタルの弱体化と相まって，人々の孤立化が進んでいくこととなった。社会福祉の新たな課題は，その多くはこの「つながりの喪失」，社会的孤立の進展に由来している。

社会福祉は，人と人との間，人とサービス，制度との隙間を埋めるべく，社会的排除のないソーシャル・インクルージョン（社会的包摂）の視点に立ち，官民協働の福祉の姿を目指していくことが必要とされる。「孤立と分断」から「連帯と共生」の社会への移行が，必要とされている。

## 第3節　共生について

福祉国家とは，ジャンボジェット機に似ている。強力なエンジンと大きな翼がないと飛ばない。強力な経済力というエンジンのほかに，社会連帯という翼が必要なのである。これが細ってきているのが現代であるといえる。その根底には，「共生」の喪失がある。

「共生」とは，『現代国語辞典』によれば，異種類の生物が同じところに棲み，互いに利害をともにしている生活様式をいう。また，共生とは，人間社

補章　仏教の視点から考える社会福祉の可能性　*295*

会における各種の営みを「関係を生きる」共生の視点からとらえることであり，また，「共生」を形作ることのできる社会の仕組みや土壌を構築する営みを，考えることである。さらに，対人援助や社会福祉における共生論とは，援助関係や社会福祉という事象を，共生の視点から考えることをいう。

「共生」の喪失を取り戻すかのように，「共生」は一種の流行語のように，近年では生活や政策を語るときの常套句として使用される。内閣府「共生社会」政策統括官といった行政部署名として使用されたり，「……相互に人格と個性を尊重しあいながら共生する社会を実現するため……」（障害者の日常生活及び社会生活を総合的に支援するための法律第1条の2）など，法律用語として使用されたりもしている。政府関係報告書[1]にも随所に見られている。さらに，「社会福祉学を学ぶことは……（中略）……社会の連帯に基づいた共生社会の実現に貢献しうる市民の育成に必要な基礎を提供するものである」との表現[2]に見られるとおり，社会福祉学や専門職養成においても，重要な目的概念として使用されている。さらに，厚生労働省・新たな福祉サービスシステム等のあり方検討プロジェクトチーム（2015，p.2）は，政策的視点から，福祉の世界における共生社会の実現について，「高齢者，障害者，児童，生活困窮者等，すべての人が世代やその背景を問わずに共に生き生きと生活を送ることができ，また，自然と地域の人々が集まる機会が増え，地域のコミュニティが活発に活動できる社会の実現」と規定している。

しかし，その定義は定まったものがなく，諸書においても明確な定義のもとに使用されているわけではない。ここでは，内閣府の研究会[3]が引用し

---

[1]　たとえば，本章でも取り上げた，内閣府・共生社会形成促進のための政策研究会（2005）『「ともに生きる新たな結び合い」の提唱』や，文部科学省中央教育審議会初等中等教育分科会特別支援教育の在り方に関する特別委員会（2012）『共生社会の形成に向けたインクルーシブ教育システム構築のための特別支援教育の推進（報告）』などがある。

[2]　日本学術会議社会学委員会社会福祉学分野の参照基準検討委員会（2015）「大学教育の分野別質保障のための教育課程編成上の参照基準——社会福祉学分野」p.3

[3]　内閣府・共生社会形成促進のための政策研究会（2005）『「ともに生きる新たな結び合い」の提唱』p.13

た代表的な定義である，寺田（2003, p.60）の定義，「人々が文化的に対等な立場であることを前提とし，その上で，相互理解と尊重に基づき，自一他の相互関係を再構築するプロセスであり，それと同時に，双方のアイデンティティを再編するプロセスである」を引用するにとどめておきたい。

阿部は，ボランタリズムの存在理由について，聖書の「1匹の迷える羊」のたとえ話から次のように述べている。

　　今までの福祉は1匹の羊を守ることに特別の使命を感じ，1匹の幸せを追い求めてきた。しかし，新しい福祉は，99匹に1匹のもつ価値と社会的意味を訴え，参加を促そうとする。そして，1匹が99匹とともに役割をもつことを願う。なぜならば，1匹の問題は，100匹全体の問題だからだ。1匹と99匹は不可分で，1匹の幸せが100匹全体の幸せを高めるとの認識に基づく。この1匹と99匹を結びつける絆を「連帯」とよぶ。連帯とは，100匹全体のなかで，それを構成する1匹と1匹とが協同する精神をいう。
　　　　　　　　　　　　　　　　　　　　　　　　（阿部，1997, p.88）

共生の理念は，社会連帯[4]の理念とも深く結びつくのである。

## 第4節　ソーシャル・インクルージョンと共生

ソーシャル・インクルージョン（社会的包摂）とは，1980年代にイギリスやフランスで起きた，移民労働者や少数民族への排斥運動が発端となって

---

[4]　「社会福祉基礎構造改革について（中間まとめ）」（1998）は，「これからの社会福祉の目的は，従来のような限られた者の保護・救済にとどまらず，国民全体を対象として，このような問題が発生した場合に社会連帯の考え方に立った支援を行い，個人が人としての尊厳をもって，家庭や地域の中で，障害の有無や年齢にかかわらず，その人らしい安心のある生活が送れるよう自立を支援することにある」と述べ，「社会連帯」の考え方をその理念としている。なお，その後の「追加意見」にも，「個人の責任に帰することのできない事柄を社会全体で包み支え合う」ことをいうと，同様の記述が見られている。また，林（2014, p.30）は社会連帯を，「社会を構成する個々の人々に対する『人間としての責任』を強調する道徳的行動原理である」としている。

いる。住民票がない，貧困，障害等，複数の問題を抱え社会的に排除される人がいる状況に対して，社会の構成員として包み支え合う多様な社会を目指そうと，90年代から政策運動が広がった。

わが国では2000（平成12）年，厚生労働省に設置された「社会的な援護を要する人々に対する社会福祉のあり方に関する検討会」において，「包み支え合う（ソーシャル・インクルージョン）ための社会福祉を模索する必要がある」と，新しい社会福祉の考え方が示された。従来は，戦後の混乱した社会を背景に社会福祉が構築されてきたが，現代ではストレスなどを含めた「心身の障害・不安」，外国籍等の「社会的排除や摩擦」，虐待等の「社会的孤立や孤独」といった問題が重複・複合化しており，これらの問題が社会的孤立や排除のなかで表面化しないため，複眼的な取り組みの必要性を指摘している。そのうえで，地域社会のつながりの強化等が求められたのである。

子ども家庭福祉分野においても，2010（平成22）年1月に閣議決定された「子ども・子育てビジョン」では，「一人ひとりの子どもの置かれた状況の多様性を社会的に尊重し（インクルージョン）」と謳っている。ひとり親家庭の子どもや，障害のある子ども，社会的養護を必要とする子ども，定住外国人の子どもなど，特に支援が必要な子どもを含めて，インクルージョンの概念で「子どもの貧困や格差の拡大を防ぐ」と提起している。

その後，貧困，虐待，孤独死等，社会福祉のひずみが増大しており，全国社会福祉協議会（2010，p.ii，2）が2010（平成22）年12月にまとめた『全社協・福祉ビジョン2011』では，「さまざまな福祉課題・生活課題の多くは，家庭機能の低下，地域社会の機能の脆弱化と深く関わっている」と指摘し，また，特に「子どもの貧困，虐待などについては，世代間を連鎖するという深刻な問題」でもあると指摘している。さらに，そのような社会における生活問題の解決にあたっては，「現在の福祉課題・生活課題の多くは，つながりの喪失と社会的孤立といったことと関わりが深く……」と認識し，制度内の福祉サービスの改革とともに，制度外の福祉サービス・活動の開発・展開を主張している。

このように，ソーシャル・インクルージョンは，失われ，やせ細りつつある「共生」を，政策的に解消しようとする概念であり，方向性であるといえ

る。今後は，共生社会を創出するためのソーシャル・インクルージョンが強調されなければならない。

## 第5節　共生社会創出のための「共生」概念の可能性──仏教社会福祉の視点から

　ところで，起源や意味内容は異なるが，仏教においてもソーシャル・インクルージョンにつながる思想は見られる。それは，「一切衆生悉有仏性」（すべての存在ことごとく仏性を有している）といった考え方や，椎尾弁匡の「共生（ともいき，ぐしょう）」の提唱，歎異抄の「悪人正機*5」にも通ずるものである。後述するノーマライゼーションにしても同じである。

　第3節で述べたとおり，「共生」概念は多義的である。ここでは，仏教社会福祉の視点から「共生」をとらえてみる。仏教は，そもそもこの問題に焦点を当てるべく展開してきたのではないかとの考えのもと，仏教社会福祉の視点について試論を展開し，仏教社会福祉における共生について考えることとしたい。

### 1.　思想，実践の体系としての仏教と社会福祉

　増谷（1971，pp. 52-53）の言葉を借りれば，仏陀釈尊以来の教えとは，「自己の自由なる選択に任されている自己の行為につき，なにをなすべきか，なにをなさざるべきかを，透徹した知恵の導きによって正しく判断し，かつ，確固たる所信をもって実践する」ものであり，そのため，仏教では業・宿業思想*6や縁起説その他の世界観と人間観を展開し，六波羅密*7や八正道*8

---

＊5　悪人（自らが罪深き人間であるという自覚を持っている人）こそが，真っ先に救われる人であるという考え方。悪人正機説といわれる。

＊6　仏教にいう「業」は，もともとはあくまで現在において行われる行為「現業」を指していたが，本来的には，人間の自由な選択に任されるべき「業」が，必ずしも思うに任せないという現実に突き当たったとき，古代インド思想である三世因果の考え方と結びつき，時を隔て，生を隔て，先人の行を因として結ぶ業果としての「宿業」が，仏教における業の考え方として定着することとなった。

等の実践方法を体系化してきたといえる。いわば，仏教は信仰であると同時に，膨大な思想と実践の体系であるといえる。この体系から，社会福祉援助者が学ぶべきことは，「思想」すなわち「理念」と，「実践」の視点・方法の，大きく２点に分けることができる。仏教はそもそも人間救済，援助の体系でもあり，それと近代文明が生み出した，これまた思想と実践の学問である社会福祉学，ソーシャルワーク体系との比較や援用等を考えるのが仏教社会福祉であるといえるであろう。

## 2．大乗仏教の登場と浄土教思想，種々の実践方法の開発

釈尊における人間の行いとは，まさに正しい智恵と実践によって選択されるものであった。しかるに，思うにまかせない人間の現実に向き合うとき，宿業〔しゅくごう〕，阿頼耶識〔あらやしき〕*9 等，独自の人間観が生み出され，それらが大乗仏教の浄土教思想として独自の世界観，救済観として体系化され，今日に至っているのである。

つまり，此岸から彼岸*10 に至るには，もともとの仏教は六波羅密を実践して，自ら泳いで渡るというものであった。しかるに，すべての者が泳ぐ力を身につけられるわけではなく，実践できるわけでもないことに気づいたとき，阿弥陀如来*11 から用意されている「弥陀の願船*12」ともいうべき大き

---

＊7　此岸から彼岸に渡る方法としてのパーラミター（波羅密）は，布施，持戒，忍辱，精進，禅定，智慧の６つで，これを六波羅密と呼ぶ。

＊8　釈迦が最初の説法（初転法輪）において説いたとされる，涅槃に至る修行の基本のことである。正見，正思惟，正語，正業，正命，正精進，正念および正定の８つがあり，あわせて八正道と呼ばれる。

＊9　仏教における人間の認識作用である「識」には，眼識，耳識，鼻識，舌識，身識，意識，末那識，阿頼耶識の八識があるとされ，阿頼耶識は最も根源的な識であり，感覚も意識もすべて阿頼耶識によって存し，規定されていると考えられている。人間の日常生活の営みの一切が阿頼耶識から生まれ，すべての営みがこの種子の中に収蔵され，その種子がまた新しい営みを生み出していくととらえる。

＊10　梵語のパーラミター（到彼岸）の意訳。我々の住む煩悩や迷いの世界を，大河のこちら側という意味で此岸と呼び，これに対し，その迷いを離れた悟りの世界を，大河の向こう側という意で彼岸と呼ぶ。

な船に乗って彼岸に渡ることができることに感謝しつつ，此岸で精一杯生きるという生き方が生み出されたのである。

こうした思想が法然，親鸞によって体系化され，最も弱き者，悪人こそが，この船に最初に乗ることができるという思想に結実していくことになる。ここに至って，浄土教体系は，独特の世界観，人間観と救済観を具備した思想体系，実践体系として，我々の前に顕現するのである。同時に，これまでの流れのなかで，さまざまな実践方法も編み出されてくる。各種の観法，座禅，対機説法*13，称名念仏等がそれであり，それらの一部は心理療法*14等としてわが国においても発展している。したがって，仏教は，現代的にいえば，独自の思想体系と実践体系（そのなかには援助技術体系といってよいものも多く含まれているが……）を有する学問体系を成しているといえるであろう。

こうした体系を持つ仏教の人間観，世界観，救済観から，社会福祉学が学ぶべき点は多い。特に，現在のようなつながりの喪失と倫理観の劣化が進みつつある社会にあっては，重要な意義を持つといえる。

## 3. 仏教と共生

仏教は，「共生」の生き方を強調する。共生（仏教では，「ともいき」「ぐしょう」と読むことが多い）とは，縁起思想に基づく自他の関係を表す概念

---

* 11　法蔵菩薩が修行のうえ，すべての存在が生まれることのできる浄土を建立して，阿弥陀如来になったという，法蔵説話に基づく仏である。阿弥陀は，梵語のアミターユス（無料寿）とアミターバ（無量光）を表す。また，如来とは同じく梵語のタターガタ（真如より来るものの意）を表す。すなわち，限りないいのちと限りない光を併せ持つ世界から来るもの，という意味の仏である。
* 12　親鸞の和讃「生死の苦海ほとりなし/久しく沈めるわれらをば/弥陀弘誓の船のみぞ/乗せて必ず渡しける」に由来。此岸から彼岸に渡る船は，阿弥陀如来が用意してくれているとの意。
* 13　仏陀の説法の方法をいい，その相手の置かれている状態や，精神的な力などに応じて，それにふさわしい手段で説法することをいう。
* 14　たとえば，森田療法や内観療法などが代表的であるし，啐啄や対機説法等は，カウンセリングでもよくいわれる原理の一つである。

であり，人々が構成する社会のありようと生き方を示す概念であるといえる。縁起とは，物事はそれ自体として存在しているわけではなく，種々の要因（縁）が相互に関連し合うことによってのみ存在するという考え方である。

　中国の善導大師は『往生礼讃』のなかで，「願共諸衆生/往生安楽国」（願わくは諸の衆生と共に/安楽国に往生せむ）と語る。これが，前述したとおり，椎尾弁匡＊15によって共生（ともいき，ぐしょう）として提起され，仏教社会福祉における独自の共生概念を形作ることとなる。それは，同時代の人々が共に生きるという横軸の共生だけではなく，過去から未来へつながる「いのち」の共生，つまり縦軸の共に生きる意味も有していると考えられる。私たちのいのちは，はるか昔から連綿と伝えられているのと同時に，子や孫といった未来へとつながっていくいのちでもあるという意であり，過去から未来へつながっていく多くのいのちと共に生かされていることも含まれている。

　仏教における「共生」について清水（2014, pp.123-124）は，貧困問題への仏教の視点という項で，椎尾弁匡の「共生」概念を取り上げつつ，「縁起思想に基づいて現実社会のすべての存在が性別・職業・貴賎・貧富などの別によらず，共に協同して相互に補完しつつ共に生きること」を重視している。

　また，藤森（2006, p.79）は，椎尾の言葉を取り上げつつ，「「往生」の生は，共に生きるということ」と述べるとともに，人間が本当に生き，心の人生を全うすること（真生）こそ，「縁起を認識すること」であるとして，「縁起」をいいかえ，より近代的な意味づけを果たす概念として「共生＝ともいき」と表現したのであった」と述べている。そのうえで，「「自他不二」の縁起的相関関係を基盤にもつ「共生」は，現代社会に対応する仏教の社会的役割を根拠づけ，相互の交流と連帯を強化しながら，みんなのためのみんなの福祉を具現化する仏教社会福祉の重要な価値概念になっている」と主張する。さらに，藤森（2006, pp.78-79）は，「共に苦しみ，共に生きることを願

---

＊15　椎尾弁匡（1876-1971）は，「共生（ともいき）」を提唱した浄土宗僧侶。大正大学学長。椎尾は，「社会的に解脱し真の共生（ともいき）を完うすべきである」とし，諸縁和合による仏教の社会化を求める共生運動を主唱し参画した（池田，2006, p.127）。

う人々の営みをとおして，自他の尊厳性に目覚め，生命を全うしていくことのなかに「共生」の意味がある」と述べている。

　ちなみに，「自他不二」とは，自己と他者が一体であることを指す。自分も他者も関係のなかの存在であり，自分を愛することは，他者と不可分の関係にある自分，すなわち他者を愛することにもつながるとの視点である。それは，自と他は本質的に分けられないという，いわば「無の哲学」（佐伯，2014，p.26）ともいうべき思想体系に通ずるものである。そこから，自と他も一体として生かされている感覚が生まれる。「共生」は「生かされている」感覚から生じ，生かされているいのちを他者のために使うという「利他共生」につながり，社会福祉の理念としての意義を持つこととなる。

　「利他共生」とは前述した縁起観に基づく原理であり，この世の存在がすべて他との縁によって生じ存在するという視点であり，「私」は「他者」との関係性において存在するという視点を重視するといってよい。つまり，関係が先にあり，関係があるから私が存在するという立場をとる。この点は，西洋の「私」という「個」が存在することから始まるとするデカルト以来の考え方とは，正反対の視点を持つ。このことを足立（2015，p.1）は，「関係の先験性」と呼んでいる。

　仏教には福田思想という考え方がある。福田思想とは，ある対象を敬ったり，それに奉仕したりすることによって，それをなした人に幸せが生ずるという考え方といえる。困窮者や病者に心を痛め，関わりを持って生きるとき，その行為者は幸せになる。つまり，困窮者や病者が幸せを実らせてくれる「田」であるということであり，これが対象者と共に生きるということにつながる。福田（福を生み出す田）が共生を生み出していくのである。

　日本仏教社会福祉学会が総力を挙げて編纂した『仏教社会福祉入門』のエピローグで，中垣（2014，p.193）は，吉田久一の言葉「……第3に，欧米社会福祉の原点である『自己決定』理念を吸収しながら，仏教教理の「自他不二」に基づく「共生」を発展させることも仏教社会福祉の役割である」を引用している。

　このように，「共生」は，仏教社会福祉の鍵となる概念であるといえ，その視点から現代社会福祉を照射することは，大きな意義を有するといわねば

ならない。

---

## 第6節　仏教の教義と社会福祉の理念
### ——浄土教の教義から

### 1. 仏教の教義——親鸞の教義を中心として

　仏陀釈尊以来，長きにわたって人間の行為，存在の意味について洞察を深め，今なお多くの人々に救いをもたらしている仏教の教えや，善を積み，修行を重ねた者だけが仏になれると信じられていた時代に，悪人正機を唱えた法然，親鸞の教えから，社会福祉の理念が学ぶべき点は多いといわねばならない。前述したとおり，仏教は，学問的に見た場合，独自の思想体系であるとともに援助技術体系であるといえる。そして，その根底には，人間や社会事象に対する分析枠組み，すなわちアセスメント体系も含まれているとみるべきである。ここでは，それらについて，法然ならびに親鸞の教義を中心として，社会福祉学の分析視点に沿いつつ試論的に整理することとする。

　ちなみに，親鸞の教義[*16]は，次の3点に要約される。まず，その根底に見られるのは，自らの意のままにならない身の事実に対する鋭い洞察であり，人間の弱さに対する限りない自覚のまなこである。次いで，人間がそのような存在であることを「あるがまま」に見据え，それにもかかわらず，さらには，人間がそのような存在であるからこそ，阿弥陀如来の救いの光が私たちに差しのべられていることを感得できると述べる。

　そして最後に，阿弥陀如来の救いの光に出会う者は，その光に感謝しつつ，自らこの人間界における生活を精いっぱい生きるとともに，周りの人たちとともにその光のなかで生きていこうと願う人となると教える。

　筆者の敬愛するキリスト者であり社会福祉実践者である阿部は，福祉の哲学の意義について，以下のように述べている。

---

＊16　親鸞の生涯と教えを解説した著者の著作としては，柏女（2005）がある。あわせてご参照いただきたい。

仏教でいう「慈悲」の悲とは，サンスクリットの原語で「呻（うめ）き声」だときく。他人が苦しくて洩らす呻き声に，自分の胸も痛んで呻く苦しみの共有，悲しさの同感をいうのだろう。主体的にニードの呻きを聴き，それを全体的に理解し，それのもつ意味を考えることが，福祉の哲学ということになろうか。

（阿部，1997，p.11）

仏教は，社会福祉の哲学的視点を支える重要な体系としても，理解することができるのである。

## 2. 対象たる人間に対する視点

仏教の人間観をひとことでとらえるならば，「不合理で意のままにならぬ存在としての人間」ということになる。およそほとんどすべての宗教と呼ばれる営みが有している観点として，人間存在に対する深い洞察のまなこを挙げることができる。仏教の「宿業」の考え方や，「煩悩」に関する省察は，増谷（1971）によれば，そのまま聖書の「善を欲することわれにあれど，これを行うことなければなり。わが欲するところの善はこれをなさず，かえって欲せぬところの悪はこれをなすなり。……（中略）……われもし欲せぬところのことをなさば，これを行うはわれにあらず，わがうちに宿る罪なり」（ロマ書）という，使徒パウロの省察にもつながる。

仏教は，こうした人間存在のありようを解く思想として，唯識[*17]や阿頼耶識を発展させていった。また，臨床心理学では，フロイトの発見による無意識や，ユングの集合無意識や元型[*18]の考え方に連なっていく。「原罪」にせよ「宿業」「煩悩」あるいは「無意識」にせよ，人間を不合理で意のま

---

[*17] 仏教が発展させてきた認識論。人間の八識が外界を認識するときに，認識される側も存在し，また，認識する主体である人間も，この認識作用により生ずるものであると考える。つまり，いっさいは実体のないものであり，存在するのはただ認識のみということになる。これが唯識思想の根幹である。

[*18] ユングが提唱した分析心理学における概念で，夜見る夢のイメージや，象徴を生み出す源となる存在，とされている。集合無意識の所産ともいえる。主な元型としては，自我，影，アニムス・アニマ，太母，老賢人などがある。

まにならぬ存在として理解することは，人間理解の出発点といってよい。

## 3. 社会のありように対する理念，目的概念
### ——浄土とノーマライゼーション

　こうした人間観を持つ仏教において，そのような人間が構成する理想社会のありようは，どのようにとらえられていたのであろうか。その回答のひとつが浄土，なかでも阿弥陀如来の西方極楽浄土であるといってよい。西方極楽浄土を建立するべく法蔵菩薩が立てた四十八願のうちの，第十八願[*19]は画期的である。

　古来，極楽浄土とは，現世において善行を積み，または修行をして悟りを開いた者のみが，死後に至ることのできる国土とされていた。しかし，親鸞は，それでは一握りの意志の強い人は救われても，煩悩の炎が燃え盛る凡夫は救われようがないという事実に着目した。つまり，前述の人間観に立つと，浄土は我々の外に存在する理想郷でしかないということになる。親鸞は，浄土を凡夫の理想郷として再構成することとし，大無量寿経の法蔵菩薩の四十八願のなかの第十八願こそが本願であり，この願によって，一切衆生はすでに阿弥陀如来の働きによって，浄土にまいるべく約束されていると理解したのであった。親鸞は，一部の健常な人の世界となっていた浄土を，すべての人々に開放した。この世で最も弱い人，自らを悪人と自覚している人こそが，浄土に最も近い人であるという悪人正機がこのことをよく示している。

　この教えは，今なお福祉の理念として主流をなしている，「ノーマライゼーション」の思想と一致している。いうまでもなくノーマライゼーションとは，「障害のある人もない人も，大人も子どもも高齢者も，すなわち，いろんな人々がともに暮せる社会こそが，ノーマルな社会である」という考え方である。従来，障害を有する人々を社会から隔離して施設において処遇し

---

*19　「設ひ我仏を得んに，十方衆生心を至し，信楽して我が国に生れんと欲うて乃至十　　念せん。もし生れずば正覚を取らじ」（浄土に生れようと願うすべての衆生が救われ　　なければ，私は悟りを得ることはしない）（大無量寿経）。

てきたことが，必ずしも障害者本人の願いから出発したものではない，という反省から生まれてきた考え方である。そこには，親鸞の説いた浄土のありようと同様の，視点の転換が見られるのである。

## 4. 援助観の根底

　人間存在のありようを意のままにならぬ存在ととらえ，その人間社会の理想郷を悪人正機の浄土ととらえたとき，救済，すなわち援助の基本視点として，以下の視点がおのずと浮かび上がってくる。

### (1) 人間の弱さをあるがままに受け入れる

　第一に，人間の弱さ，宿業や煩悩を抱えた人間そのものを，あるがままに受け入れる姿勢である。このことは，親鸞が行き着いた「自然法爾」[20] の考え方，態度にも示されている。

　社会福祉援助とは，一面では，不合理な人間存在に寄り添い，彼らの生活上の諸問題に対して援助を行うことであるといってよい。したがって，前述したとおり，利用者の身の事実の「受容」や呻きに対して，「共感」的に理解する姿勢は，欠くことができないものとなる。

　これらは，ソーシャルワークやカウンセリング，心理療法の原理としても取り上げられている。また，ソーシャルワークやカウンセリングなどによって，利用者が自らのありようについて洞察を得ていく姿に出会うと，親鸞の悪人正機の正しさを再確認させられる。悪人とは，自らの宿業，煩悩の興盛なることに，心からうなずく人であることに気づかされるのである。親鸞が述べた機の深信，法の深信の一体化，機法一体[21] の視点がそこにある。

### (2) 縁起律に基づく援助観

　仏教に基づいて人間や人間の行動を理解するとき，その成り立ちについて2つの理解の仕方があることに心したい。ひとつは，原因があって結果があ

---

＊20　阿弥陀如来の救済のわざは，他のはからいによるのではなく，おのずから法としてしからしむるということ。それに身を任せて生きる姿勢をいう。

補章　仏教の視点から考える社会福祉の可能性　　*307*

るという因果に基づく理解の仕方である。もうひとつは，縁起の法則に基づく理解の仕方である。

　前述したとおり，縁起とは，「これあるによりてこれあり，これ生ずるによりてこれ生ず。これなきによりてこれなく，これ滅すればこれ滅す」という考え方をいう。物事はさまざまな「縁」，「要因」が重なって生じている，と考えるのである。また，それは，因と果の縁をも包み込む概念として規定される。

　この考え方に従えば，問題の原因を捜して，結局はその問題に最も苦しんでいる本人自身を追い込んでしまいがちな因果を乗り越え，その人を含む環境のなかで最もキーとなりそうな環境に働きかけ，そこを変えることにより全体を変化させ，ひいてはその人の問題をも変化させようとする方向を，目指すことができる。

　万華鏡は，その模様を構成する細片はまったく変わらないが，一振りでまったく違った模様を形作る。むろん，人間やその環境はそんなに簡単に変われるものではないが，考え方としては，縁起に基づく人間理解が根底に必要である。臨床心理学的援助における家族療法や，ソーシャルワークにおけるエコロジカル・アプローチにも通ずる援助観である。万華鏡援助論を提言したい。

## (3)　菩薩行と自利利他

　菩薩とは，仏になろうと志し，修行する人をいう。菩薩は，自ら仏になろうとするとともに，他の人々を教化して仏になってもらおうという願いを起こし，長い期間にわたって修行を積み，ついに仏となる。その菩薩の修める道が，菩薩道といわれる。それは，自利利他の二行を完備する修行をいう。法蔵菩薩の建てた四十八の誓願と，それを達成するために行った修業のプロ

---

＊21　親鸞は，心の転換による宗教的新生（回向）が起こるためには，二種の深信がなければならないとした。二種とは，自身が罪深い人間であるということを心から受け入れる「機の深信」，阿弥陀如来の慈悲がこの身に常に注がれていると深く信じる「法の深信」であり，この二種の深信は別々に起こるのではなく，一体として起こるというのが「機法一体」である。つまり，機の深信が感得されるためには法の深信がもとになり，法の深信は機の深信が感得されるときに起こる，と述べている。

セスが，まさに菩薩道であるといってよい。

　親鸞が説いた，往相回向および還相回向の二種回向の思想も，これに連なる。往相とは，自らの積んだ善根を人々に振り向け，それが与えられることによって浄土に往生することをいう。また，還相とは，浄土に往生して，再びこの世界に入り来たって人々を救う働きのことをいう。

　この２つの働きは，ともに阿弥陀如来の本願力に拠っていると，親鸞は明らかにしている。心の狭い自分に，一切衆生とともに浄土に生まれたいという心が起こり，再び煩悩に満ちたこの世界に戻って衆生を教化したいと願う心が生じるのは，阿弥陀如来の働きによっているのだと，親鸞は語っているのである。親鸞はまた，善導大師のことばを引いて，「自信教人信」（自ら信心にめざめ，他の人に信心を伝える）の大切さを説いている。これも，菩薩道に通ずるものである。仏教社会福祉の拠って立つ援助観といってよいであろう。

## 5. 実践に対する示唆

　以上の援助観，実践観は，筆者が専門とする子ども家庭福祉分野についていえば，以下の具体的実践像をもった支援者像を示唆することとなる。

> ①意のままにならない親子の絆，そんな親子のありように寄り添い絆を紡ぐ。
> ②子どもや保護者のありようを，そのままに受け止める。
> ③弱い存在にこそ，徹底的に寄り添う。
> ④縁ある人々とのつながりを紡ぐ。
> ⑤反省，内省しつつ歩む。
> ⑥因果律より縁起律——万華鏡援助論の提唱。

　これらを根底とする子ども観や保育観，援助観とは，子どもの発達，人間のいのちの神秘に対する限りない信頼の眼であり，生きる力[*22]の基礎を培う保育者，援助者の関わりとなって示されることとなる。それは，関係を通

補章　仏教の視点から考える社会福祉の可能性　　*309*

してはじめて具現化されるものであり，大人と子どもとの間の絆をもとにして，人として生きるのに欠かせない民主的な人間関係のとり結びを子ども同士で育み，また，子ども一人ひとりの個の尊重などを培う保育者の役割*23として顕現する。

　大正末期から昭和初期にかけて活躍した童謡詩人，金子みすゞの代表作『私と小鳥と鈴と』の末尾に，「みんなちがって，みんないい」というフレーズがある。一人ひとりは皆違うけれど，「みんなちがって，みんないい」世界が広がる社会が求められる。

## ‖ 第7節　仏教から社会福祉を照射する ‖

　これまで見てきたとおり，仏教が救済の思想，実践の体系であることは，社会福祉学とまさに一致するところであり，社会福祉学を仏教の視点から再構築していくことは，可能であると考えられる。

　仏教は「科学の知」の体系であると同時に，「臨床の知」*24の体系でもある。一方，網野（1992，pp. 2-12）は，社会福祉を制度的福祉と臨床的福祉に分けて整理し，その構成原理の相違に着目している。筆者（柏女，1995，pp. 51-63）も，両者の構成原理の相違に着目するとともに，これまでその克服のための方法論をいくつか提起*25している。仏教も同様の体系を有して

---

＊22　文部省の中央教育審議会答申（1996）のなかで使用された用語であり，教育改革のスローガンとしての意味も持っている。「自分で課題を見つけ，自ら学び，自ら考え，主体的に判断し，行動し，よりよく問題を解決する資質や能力」「自らを律しつつ，他人とともに協調し，他人を思いやる心や感動する心などの豊かな人間性」「たくましく生きるための健康や体力」などの資質や能力を，これからの社会における「生きる力」と称している。

＊23　筆者の保育所保育指針における人間観，社会観，保育観に関する考察から得られた視点であり，その詳細は，拙著『子ども家庭福祉・保育の幕開け』（柏女，2011）の第5節「保育システムという舞台で何を演ずるか——保育観の確認を」で詳述している。本書においても，第1章でとり上げている。

＊24　「科学の知」および「臨床の知」の整理については，中村（1992，pp. 125-140）『臨床の知とはなにか』等を参照されたい。本書においても，第8章でとり上げている。

いると考えられる。学問は「耳で聞く」が，聞法は「毛穴で聴く」といわれる。仏教学をいかに頭で学んでも，信仰に近づくことはできない。蓮如[*26]も，「それ八萬の法蔵をしるといふとも，後世をしらざる人を愚者とす。たとひ一文不知の尼入道なりといふとも，後世をしるを智者とすといへり」（御文五帖目第二通）と述べている。

　社会福祉をいくら科学の知で学んでも，真の援助者に近づくことはできない。援助者には，「関わるための知」である臨床の知の獲得が，必要欠くべからざるものとなるからである。「臨床の知」を可視化することによって，科学の知として体系化していかねばならない。

## 第8節　「淑徳の福祉」と共生

　筆者は，長谷川良信が開学した大乗淑徳学園淑徳大学に，四半世紀勤務している。淑徳大学の建学の理念は，いわゆる「淑徳の福祉」である。淑徳の福祉は，仏教社会福祉から来ている。実学，利他共生，感恩奉仕と菩薩道，Not for him, but together with him.「尚，救済は相互救済でなければならない。即ちフォアヒム（彼の為めに）ではなくて，トギヤザーウイズヒム（彼と共に）でなければならない」（長谷川，1919, p.86）などがキー概念である。

　本章は，社会福祉と共生を，仏教社会福祉の視点から論ずることをテーマとしているが，筆者が現在勤務する淑徳大学の建学の理念はそれと深く関わりを持つため，本章の締めくくりとして淑徳大学の建学の理念について，若干の考察をしておくことをお許しいただき，最後に，仏教に基づく社会福祉

---

＊25　たとえば，方法・実践の構成原理と制度の構成原理の両方に通じた，いわゆる翻訳者を配置すること，相互人事交流や相互職場研修等の相互組み込みシステムの整備，合同研修，共同研究等の相互刺激システムの実施，などを提示している。第8章で詳述。

＊26　蓮如(1415-1499)は，親鸞没後さびさびとしていた本願寺の第八代であり，本願寺を再興させたことから中興の祖と呼ばれている。講という手法を用い，また，親鸞の教えを平易に説いた「御文」と呼ばれる手紙を信徒に多く送ることによって，布教を進めた。

の可能性と「淑徳の福祉」について述べておきたい。

## 1. 共生と感恩奉仕, 菩薩道

　淑徳大学の建学の理念のなかでも最も重要な理念とされる "Not for him, but together with him"（「彼の為に」ではなく「彼と共に」）は, 共生の理念を表すものである。淑徳大学の広報誌である『Together』No. 211（2016. 4. p. 7）「学祖[*27]を訪ねて――学祖が私たちに託したこと」は, このことについて,「淑徳大学の建学の精神を支える「共生き」のこころ, これは人間と人間との共生にとどまらず, 人間と自然との, およそいのちあるものすべてとの共生を意味しています」,「自分が成仏（悟りを開く, 煩悩を脱する, この世の苦しみから解放される）を求めるには, まず苦の中にあるすべての生き物たち（一切衆生）を救いたいというこころ「菩提心」が必要であるという考え方です。このため, 他者の救済を優先する利他行が大切になります」と述べている。

　これまで述べてきた社会福祉の理念に即していえば,「彼のために」は公的責任であり,「彼とともに」は社会連帯の精神, 共生を示していると考えられる。また, 利他行は, いわば「今だけ, 金だけ, 自分だけ」の正反対の生き方を模索することにつながる。

　仏教は「慈悲」を強調する。前述したように,「悲」は「いのちあるものは, それゆえに必ず痛み苦しみをこうむる, その叫び声」をいい,「慈」は,「その叫び声を耳にして, 思わず手を差し伸べる行為」をいう。これこそが, 仏教社会福祉の原点ともいえる原理である。

　また, 淑徳大学の建学の理念である「感恩奉仕」と「菩薩道」は,「共生」の自覚から生起する。仏教も社会福祉も, 思想と実践の体系であり, おのず

---

＊27　淑徳大学の学祖は長谷川良信（1890-1966）である。1890年に現茨城県笠間市に生まれ, 6歳のとき寺に養子となり, 出家得度する。大学予科卒業して病を克服後, 西巣鴨の通称二百件長屋にてセツルメント事業を開始し, マハヤナ学園を創設。欧米に社会事業研究のために派遣。その後, 大乗淑徳学園を創設し, 社会事業と教育事業を両輪として進める。1965（昭和40）年, 淑徳大学を開学。

と実践を伴うものとなる。淑徳大学校歌は，「天地の恩に/覚むる時/誰れか奉仕を/思わざる」とうたう。

同じく『Together』No. 211（2016, 4, p. 7）は，感恩奉仕について，「生かされていることに感謝し（感恩），自分の与えられたいのちを他者にお返しする（奉仕）ことです。つまり，自分の尊いいのちを自他の自己実現に向けて燃焼させることが「自利利他」になります」としている。感恩の恩とは，因を心に留めるという意である。自己がかく生かしめられている，「縁起」によって生かされている因と縁を省察し，自己のいのちのありよう（縁起）が明らかになったとき，人は他のいのちに対する働きかけ（奉仕）が自然と行われるようになる。換言すれば，他者のためではなく自らの生きる証としての一歩を，踏み出さざるを得なくなる。これが感恩奉仕である。先述した福田思想とも通ずるところがある。

校歌ではこれを，「天地の恩」といったのである。天地の恩を感じるとき，それを返していこうという実践につながる。これが「奉仕」であり，それを仏教では菩薩道と呼ぶ。菩薩は，自利利他[28]の二行を完備する修行を行う道を歩む。いわゆる往相回向と還相回向の二種回向[29]はセットであり，社会福祉や仏教が思想と実践の体系といわれる所以がここにある。

## 2. 実学

淑徳大学の校是は実学である。校歌は「実学四年/勇者我れ　未来を開く/菩薩道」とうたう。これまで述べてきた感恩奉仕と菩薩道という基本を，「実学」という視点で貫く。実学とは，「実践を通して吟味，体得された学問」「真の自己の人格に実りをもたらす学問」（長谷川良信）であり，学び方や生き方の心構えをいう。『Together』No. 211（2016, 4, p. 8）は，実学につ

---

[28]　自らの修行により得た功徳を，自分のものとすると同時に，他者の利益を図るために活用することをいう。

[29]　往相とは，自らの積んだ善根を人々に振り向け，それが与えられることによって浄土に往生することをいう。また，還相とは，浄土に往生して再びこの世界に入り来たって，人々を救う働きのことをいう。この2つとも，阿弥陀如来の働きによって我々の心に生じていると，親鸞は感得している。

いて,「社会とかかわりながら自己の人格を磨いていく実りある学びが,淑徳大学の教育の柱である「実学」なのです。宗教・社会福祉・教育の三位一体による人間開発(人材育成)・社会開発(社会貢献)とは,「実学」を意味するともいえます」と述べている。

また,足立(2000, p.1)は,実学について,「「実証」的な現実認識に立って,その現実に働きかける自らの行為の「実践」を通して,個としての自立と他者との連帯を「実現」していく3つの「実」の統合に向けての「実学教育」」であると述べる。つまり,「マハヤナ」(大きな乗り物)としての社会の実現と,それを実現する社会福祉専門家の養成としての実学教育を重視するのである。前述したとおり,仏教も社会福祉も,学問・思想と実践の体系であり,実践行が必須である。

宮沢賢治は「雨ニモマケズ　風ニモマケズ」とうたう。しかし,人間存在はときに,雨に負け,風に負ける存在でもある。そういう人間存在に寄り添い,共に「おろおろ」してくれる姿勢,共に生きる姿勢が根幹にある実務家養成が,「淑徳の福祉」ではないかと思う。

## 第9節　おわりに

高森(1993, p.107)は,社会福祉と共生について,「社会福祉はこのような共生の社会をつくりだしてゆく社会的な連帯のいとなみであり,差別や隔離あるいは上からのあわれみによる救済の営みは不調和を生み出す」と述べている。高森は,18世紀イギリスの社会思想およびキリスト教思想を中心に,こうした視点にたどり着いているが,この言葉はこれまで見てきたとおり,仏教社会福祉の視点からも導き出される到達点といえるであろう。

社会福祉学の体系は,多くの場合,西洋の思想的土壌にその淵源を持っている。前述したソーシャル・インクルージョンなどは,まさにそうであるといえる。その西洋の思想について佐伯(2014, p.208)は,「西洋の近代的合理主義や科学を特徴づけている論理は,何らかの意味で,主体を客体から分立させ,対立させ,主体が客体を理性的に捕捉する」と述べる。これを個人に当てはめると,自他の区別と「自の確立」がその根本原理ということにな

り，その根底にはキリスト教的価値観が横たわる。個の自立と自立した個同士のゆるやかな連帯，「共生」にはそうした意義があるといえる。

　その一方で，本章においては，仏教における共生（ともいき）の意味と意義を中心に整理してきた。そこには，同時代の人々が共に生きるという視点を超え，一切衆生，すなわち生きとし生けるものとの共生が概念として含まれ，かつ，過去から未来へと続くいのちの共生の重要性が含まれていることも，大きな特徴とされている。

　キリスト教的価値と仏教的価値という，根本的な価値の基盤が異なるところから出発する「共生」概念やその違いをいかに扱うかは，筆者の力を超える課題である。しかし，その違いを克服しなければ，わが国における社会福祉，子ども家庭福祉のあり方は整理できないという問題意識と，そのことに対する謙虚さは持ち続ける必要があると思っている。本章はそのための素描であり，今後も，このテーマについて自分なりに考え続けていきたい。

# 文　献

## 序章

網野武博（1992）「福祉心理臨床とはなにか」網野武博ほか編『福祉心理臨床』星和書店

網野武博（2002）『児童福祉学』中央法規

福田垂穂（1986）「児童福祉理念の発展」厚生省児童家庭局企画課監修，福田垂穂・吉沢英子『児童福祉論』全国社会福祉協議会社会福祉研修センター

古川孝順（2002）『社会福祉学』誠信書房

古川孝順（2004）『社会福祉学の方法』有斐閣

古川孝順（2008）『社会福祉学の新地平』有斐閣

平塚良子（2004）「人間福祉における価値」秋山智久・平塚良子・横山譲『人間福祉の哲学』ミネルヴァ書房

児童家庭福祉懇談会（1989）『あらたな「児童家庭福祉」の推進をめざして』全国社会福祉協議会

柏女霊峰（1992）「福祉行政，制度と心理臨床」網野武博ほか編『福祉心理臨床』星和書店

柏女霊峰（1995）『現代児童福祉論［初版］』誠信書房

柏女霊峰（1999）『児童福祉の近未来——社会福祉基礎構造改革と児童福祉』ミネルヴァ書房

柏女霊峰（2002）「社会福祉の制度と臨床」江幡玲子・深澤道子編『現代のエスプリ』第 422 号

柏女霊峰（2009）『子ども家庭福祉論［初版］』誠信書房

柏女霊峰（2008）『子ども家庭福祉サービス供給体制——切れ目のない支援をめざして』中央法規

柏女霊峰（2011）『子ども家庭福祉・保育の幕開け』誠信書房

柏女霊峰（2018）『子ども家庭福祉論［第 5 版］』誠信書房

柏女霊峰（2017）「子どもの身体的・心理的・社会的特性と子ども家庭福祉ニーズ」『淑徳大学研究紀要（総合福祉学部・コミュニティ政策学部）』第 51 号

京極高宣（1998）『改訂　社会福祉学とは何か——新・社会福祉原論』全国社会福祉協議会

中村強士（2009）「「子ども家庭福祉」概念の検討」『佛教大学大学院紀要　社会福祉学研究科篇』第 37 号

日本学術会議社会学委員会社会福祉学分野の参照基準検討分科会（2015）「報告　大学教育の分野別質保証のための教育課程編成上の参照基準　社会福祉学分野」p. 1

日本社会福祉学会『社会福祉学を学ぼう』日本社会福祉学会ホームページ〔http://

www.jssw.jp/ssw/pdf/ssw_learn_print.pdf］（最終閲覧日 2019 年 2 月 4 日）

佐藤まゆみ（2012）『市町村中心の子ども家庭福祉』生活書院

下平幸男（1986）「児童福祉を考える視点」『立正大学文学部論叢』第 83 号

山縣文治（2015a）「社会福祉」山縣文治・柏女霊峰編集代表『社会福祉用語辞典［第 9 版］』ミネルヴァ書房

山縣文治（2015b）「社会福祉の価値・理念」山縣文治・柏女霊峰編集代表『社会福祉用語辞典［第 9 版］』ミネルヴァ書房

## 第 1 章

赤川学（1993）「差異をめぐる闘争」中川伸俊・永井良和編著『子どもというレトリック』青弓社

網野武博（1987a）「児童福祉とは何か」網野武博・枴尾勲編『児童福祉』チャイルド本社

網野武博（1988）「児童の権利，義務と自立」『季刊社会保障研究』第 24 巻

網野武博（1987-1988）「子どもとおとなの間」『季刊　児童養護』第 18 巻第 1-4 号

網野武博（2002）『児童福祉学』中央法規

網野武博（2006）「子ども期及び未成年期の年齢範囲に関する考察—— 子どもの権利保障の視点から」『上智大学社会福祉研究』第 31 号

Aries, P.（1960）*L'Enfant et la Vie Familiale sous l'Ancien Regime.*（フィリップ・アリエス著／杉山光信・杉山恵美子訳〈1980〉『〈子供〉の誕生——アンシャン・レジーム期の子供と家族生活』みすず書房）

有村大士（2015）「子ども家庭福祉の理念と価値」山野則子・武田信子編『子ども家庭福祉の世界』有斐閣

Biestek, F. P.（1957）*The Casework Relationship.*（フェリス・P・バイステック著／尾崎新・福田俊子・原田和幸訳〈1996〉『ケースワークの原則［新訳版］——援助関係を形成する技法』誠信書房）

柏女霊峰（1995）『現代児童福祉論［初版］』誠信書房

柏女霊峰（2008 a）『子ども家庭福祉サービス供給体制——切れ目のない支援をめざして』中央法規

柏女霊峰（2008 b）「児童福祉の意義と理念」柏女霊峰・伊藤嘉余子編『児童福祉』樹村房

柏女霊峰（2009）『子ども家庭福祉論［初版］』誠信書房

柏女霊峰（2011）『子ども家庭福祉・保育の幕開け——緊急提言　平成期の改革はどうあるべきか』誠信書房

柏女霊峰（2016）「在宅子育て家庭通園保育モデル事業と基本保育制度構想——切れ目のない子育て支援をめざして」『家庭教育研究所紀要』第 37 号

厚生労働省雇用均等・児童家庭局保育課編（2008）『保育所保育指針解説書』

Mahler, M.（1975）*The Psychological Birth of the Human Infant.*（M・マーラー著／高橋雅士・織田正美・浜田紀訳〈1981〉『乳幼児の心理的誕生』黎明書房）

松崎芳伸（1948）『児童福祉法』日本社会事業協会

皆川邦直（1980）「青春期・青年期の精神分析的発達論——ピーター・ブロスの研究をめぐって」小此木啓吾編『青年の精神病理 2』弘文堂

永井良和（1993）「有害環境の所在」中河伸俊・永井良和編著『子どもというレトリック』青弓社

Postman, N.（1982）*The Disapperance of Childhood.*（ニール・ポストマン著／小柴一訳〈1985〉『子どもはもういない』新樹社）

佐藤まゆみ（2012）『市町村中心の子ども家庭福祉——その可能性と課題』生活書院

下平幸男（1986）「児童福祉を考える視点」『立正大学文学部論叢』第83号

芹沢俊介（2013）『子どものための親子論』明石書店

高橋恵子（1984）『自立への旅立ち』岩波書店

寺嶋正吾（1988）「Forensic Child Phychiatry の領域——その法理，課題および傾向」『児童精神医学とその近接領域』第29巻第5号

東京都生活文化局（1988）東京都青少年問題協議会答申「現代青少年と性をめぐる社会的諸問題について——成熟ギャップをどう超えるか」

Winn, M.（1981）*Children without Childhood.*（マリー・ウィン著／平賀悦子訳〈1984〉『子ども時代を失った子どもたち』サイマル出版会）

山縣文治（2002）『現代保育論』ミネルヴァ書房


## 第 2 章

網野武博（2002）『児童福祉学』中央法規

Biestek, F. P.（1957）*The Casework Relationship.*（フェリス・P・バイステック著／尾崎新・福田俊子・原田和幸訳〈1996〉『ケースワークの原則［新訳版］——援助関係を形成する技法』誠信書房）

古川孝順（2008）『福祉ってなんだ』岩波書店

Goble, F. G.（1970）*The Third Force: The Psychology of Abraham Maslow.*（F・G・ゴーブル著／小口忠彦監訳〈1972〉『マズローの心理学』産業能率大学出版部

林茂男・網野武博編（1992）『児童福祉事例研究』日本児童福祉協会

弘中正美（1997）「子どもの心理臨床の特殊性——親・家族の要因が及ぼす影響について」『千葉大学教育学部研究紀要』第45巻 I，教育科学編

柏女霊峰（1987）「児童相談活動の留意点」『子どもと家庭』第24巻第9号

柏女霊峰（2001）「児童福祉ニーズと相談援助活動」新・社会福祉学習双書編集委員会編『児童福祉論』全国社会福祉協議会

柏女霊峰（2007）『現代児童福祉論［第8版］』誠信書房

柏女霊峰（2008 a）『子ども家庭福祉サービス供給体制——切れ目のない支援をめざして』中央法規

柏女霊峰（2008 b）「児童家庭福祉ニーズと家庭への援助体制」新・保育士養成講座編集委員会編『家族援助論』全国社会福祉協議会

柏女霊峰（2008 c）「児童福祉の意義と理念」柏女霊峰・伊藤嘉余子編『児童福祉』樹村房

柏女霊峰（2011）『子ども家庭福祉・保育の幕開け——緊急提言　平成期の改革はど

うあるべきか』誠信書房

柏女霊峰・林茂男（1989）「児童に対する相談援助活動」福祉士養成講座編集委員会編『児童福祉論』中央法規

三浦文夫（1985）『社会福祉政策研究——社会福祉経営論ノート』全国社会福祉協議会

新保幸男（2016）「第1章　児童福祉の理念と目標」子ども家庭福祉研究会レポート2016年7月30日（未発表）

津田耕一（2005）「社会福祉のニード」足立叡編『新・社会福祉原論』みらい

## 第3章

圷洋一（2017）「福祉の原理への理論的接近」『社会福祉学習双書 2017』編集委員会編『社会福祉概論I——現代社会と福祉』全国社会福祉協議会

阿部志郎（1997）『福祉の哲学』誠信書房

網野武博（1996）「福祉心理学論考I——論考の視点及び福祉マインド」『東京経済大学　人文自然科学論集』第102巻

網野武博（1999）「福祉心理学論考——自己と他者の利益〈1〉　福祉心理学からみたアイデンティティの特性」『上智大学社会福祉研究　平成10年度年報』上智大学文学部社会福祉学科

網野武博（2002）『児童福祉学——〈子ども主体〉への学際的アプローチ』中央法規

藤森雄介（2006）「共生」日本仏教社会福祉学会編『仏教社会福祉辞典』法蔵館

Goble, F. G.（1970）*The Third Force: The Psychology of Abraham Maslow.*（F・G・ゴーブル著／小口忠彦監訳〈1972〉『マズローの心理学』産業能率大学出版部

林信明（2014）「社会連帯」日本社会福祉学会辞典編集委員会編『社会福祉学辞典』丸善出版

平塚良子（2004）「人間福祉における価値」秋山智久・平塚良子・横山譲『人間福祉の哲学』ミネルヴァ書房

池田敬正（2006）「椎尾弁匡」日本仏教社会福祉学会編『仏教社会福祉辞典』法蔵館

柏女霊峰（2011）『子ども家庭福祉・保育の幕開け——緊急提言　平成期の改革はどうあるべきか』誠信書房

柏女霊峰（2015a）『子ども家庭福祉論［第4版］』誠信書房

柏女霊峰（2015b）『子ども・子育て支援制度を読み解く——その全体像と今後の課題』誠信書房

柏女霊峰（2016）「社会福祉と共生——仏教における共生の視点から考える社会福祉の可能性」『淑徳大学大学院総合福祉研究科研究紀要』第23号

柏女霊峰（2017a）『これからの子ども・子育て支援を考える——共生社会の創出をめざして』ミネルヴァ書房

柏女霊峰（2017b）「子ども家庭福祉における地域子育て家庭支援の理念と原理」『淑徳大学大学院総合福祉研究科研究紀要』第24号，1-24.

京極高宣（2017）「社会福祉の理念」社会福祉学習双書 2017 編集委員会編『社会福祉概論I——現代社会と福祉』全国社会福祉協議会

文　献　*319*

日本学術会議社会学委員会社会福祉分野参照基準検討分科会（2015）「大学教育の分野別質保証のための教育課程編成上の参照基準——社会福祉学分野」

新野三四子（2011）「ダイバージョナルセラピーワーカー養成講座の授業内容とその論考」『追手門学院大学社会学部紀要』第 5 号，77-105.

小田兼三（1993）「福祉原理」京極高宣監修『現代福祉学レキシコン』雄山閣

佐伯啓思（2014）『西田幾多郎——無私の思想と日本人』新潮社

社会的な援護を要する人々に対する社会福祉のあり方に関する検討会（2000）「社会的な援護を要する人々に対する社会福祉のあり方に関する検討会報告書」厚生労働省

寺田貴美代（2003）「社会福祉と共生」園田恭一編『社会福祉とコミュニティ——共生・共同・ネットワーク』東信堂

友枝龍太郎（1970）「仁」山崎正一・市川浩編『現代哲学事典』講談社

全国社会福祉協議会（2010）『全社協　福祉ビジョン 2011』

## 第 4 章

網野武博（2002）『児童福祉学——〈子ども主体〉への学際的アプローチ』中央法規

網野武博（2006）「子ども期及び未成年期の年齢範囲に関する考察——子どもの権利保障の視点から」『上智大学社会福祉研究』第 31 号

Biestek, F. P. (1957) *The Casework Relationship.*（フェリス・P・バイステック著／尾崎新・福田俊子・原田和幸訳〈1996〉『ケースワークの原則［新訳版］——援助関係を形成する技法』誠信書房）

英国保健省編／林茂男・網野武博・柏女霊峰・新保幸男・渋谷百合訳（1995）『英国の児童ケア——その新しい展開』中央法規

福田垂穂（1991）「国際連合『児童権利条約』とわが国への影響」『明治学院論叢第 76 号　社会学・社会福祉学研究』第 86 号

福田垂穂訳（1992）「児童の権利に関するジュネーブ宣言」厚生省児童家庭局企画課監修『子ども家庭福祉情報』第 5 巻

Goldstein, J., Frend, A., & Solnit, A. J. (1980) *Beyond the Best Interests of the Child.*（ジョセフ・ゴールドスティン，アンナ・フロイト，アルバート・J・ソルニッツ共著，島津一郎監修・解説，中沢たえ子訳（1990）『子の最善の利益 1　子の福祉を超えて——精神分析と良識による監護紛争の解決』岩崎学術出版社）

波多野里望（2005）『逐条解説　児童の権利条約［改訂版］』有斐閣

林浩康（2013）「子どもの最善の利益に適った児童福祉システムの再構築」『世界の児童と母性』第 75 巻，15-19.

平野裕二（2013）「国連勧告に見る「子どもの最善の利益」の現状」『世界の児童と母性』第 75 巻，11-14.

石川稔・森田明編（1995）『児童の権利条約——その内容・課題と対応』一粒社

柏女霊峰（1995）『現代児童福祉論［初版］』誠信書房

柏女霊峰（1997）『児童福祉改革と実施体制』ミネルヴァ書房

柏女霊峰（2003）『子育て支援と保育者の役割』フレーベル館

柏女霊峰（2017）『これからの子ども・子育て支援を考える——共生社会の創出をめざして』ミネルヴァ書房

柏女霊峰・網野武博・鈴木真理子（1992）「英・米・日の児童虐待の動向と対応システムに関する研究」『児童育成研究』第10巻

小島蓉子（1990）「西欧児童福祉思想の先駆者たち」吉沢英子編『児童福祉を拓く——思想と実践』海声社

国連・子どもの権利委員会著／平野裕二訳（2013a）『「自己の最善の利益を第一次的に考慮される子どもの権利（第3条第1項）」に関する一般的意見14号』国連文書番号 CRC/C/GC/14ARC（平野裕二の子どもの権利・国際情報サイト［https://www26.atwiki.jp/childrights/］）

国連・子どもの権利委員会著／平野裕二訳（2013b）『「意見を聞かれる子どもの権利」に関する一般的意見12号』国連文書番号 CRC/C/GC/12ARC（平野裕二の子どもの権利・国際情報サイト［https://www26.atwiki.jp/childrights/］）

厚生省児童家庭局編（1991）『改訂　児童福祉法の解説』時事通信社

許未恵（1995）「1989年英国児童法」英国保健省編／林茂男・網野武博・柏女霊峰・新保幸男・渋谷百合訳『英国の児童ケア——その新しい展開』中央法規

森田明（1986）「子どもの保護と人権」『ジュリスト増刊総合特集—— 子どもの人権』第43巻

森田明（1991）「少年手続における保護とデュープロセス——比較法史的考察」『憲法学の展望』

森田明（1992）「少年法と『子供の権利』考」厚生省児童家庭局企画課監修『子ども家庭福祉情報』vol. 5　日本総合愛育研究所

新保幸男（2013）「子どもの最善の利益について」『世界の児童と母性』第75巻, 7-10.

杉田孝夫（1991）「児童の権利条約——その思想的背景」『子どもと家庭』第28巻第2号

高橋重宏（1994）『ウェルフェアからウェルビーイングへ』川島書店

高橋重宏（1998）「ウェルフェアからウェルビーイングへ」高橋重宏編『子ども家庭福祉論』日本放送出版協会

高橋重宏, イト・ペング（1992）「児童と家族に関するサービス・システムの国際比較——日本, オンタリオ州（カナダ）と英国を中心に」『平成3年度 日本総合愛育研究所紀要』第28集

寺嶋正吾（1988）「Forensic Child Phychiatry の領域——その法理, 課題および傾向」『児童精神医学とその近接領域』第29巻第5号, 2-5.

山縣文治（2013）「子どもの最善の利益と社会的養護の課題」『世界の児童と母性』第75巻, 2-6.

山縣文治（2015）「子ども家庭福祉と子ども中心主義——政策視点と支援視点からみた子ども」『子ども社会研究』第21号

## 第5章

網野武博（2002）『児童福祉学』中央法規

古川孝順（1993）「社会福祉の供給体制（1）──供給主体・配分原理・供給型態」古川孝順・庄司洋子・定藤丈弘『社会福祉論』有斐閣

堀勝洋（1987）『福祉改革の戦略的課題』中央法規

児童福祉施設のあり方委員会（1995）『児童福祉施設再編への提言』全国社会福祉協議会

児童家庭福祉懇談会（1989）『あらたな「児童家庭福祉」の推進をめざして』全国社会福祉協議会

柏女霊峰（1995）『現代児童福祉論［初版］』誠信書房

柏女霊峰（1997）『児童福祉改革と実施体制』ミネルヴァ書房

柏女霊峰（1998）『現代児童福祉論［第2版］』誠信書房

柏女霊峰（1999）『児童福祉の近未来』ミネルヴァ書房

柏女霊峰（2001）『養護と保育の視点から考える──子ども家庭福祉のゆくえ』中央法規

柏女霊峰（2005 a）『次世代育成支援と保育』全国社会福祉協議会

柏女霊峰編著（2005 b）『市町村発子ども家庭福祉』ミネルヴァ書房

柏女霊峰ほか（2006 a）「児童家庭福祉制度再構築のための児童福祉法改正要綱試案（最終版）」『日本子ども家庭総合研究所紀要』第42集

柏女霊峰（2006 b）「子ども家庭福祉サービス供給体制の過去，現在，未来」『子ども家庭福祉学』第6号

柏女霊峰（2008）『子ども家庭福祉サービス供給体制──切れ目のない支援をめざして』中央法規

柏女霊峰（2009）『子ども家庭福祉論［初版］』誠信書房

柏女霊峰（2011）『子ども家庭福祉・保育の幕開け──緊急提言　平成期の改革はどうあるべきか』誠信書房

柏女霊峰（2015）『子ども・子育て支援制度を読み解く──その全体像と今後の課題』誠信書房

柏女霊峰（2017）『これからの子ども・子育て支援を考える──共生社会の創出をめざして』ミネルヴァ書房

柏女霊峰（2019）「第7章　児童家庭福祉の未来」『社会福祉学習双書』編集委員会編『児童家庭福祉論』全国社会福祉協議会

厚生労働省・新たな福祉サービスのシステム等の在り方検討プロジェクトチーム（2016）「誰もが支え合う地域の構築に向けた福祉サービスの実現──新たな時代に対応した福祉の提供ビジョン」

京極高宣（1998）『改訂・社会福祉学とは何か』全国社会福祉協議会

松原康雄（1998）「児童福祉政策・実践の動向をめぐる6つのPとABCDE」児童福祉政策研究会発表資料

坂田周一（2017）『社会福祉政策──現代社会と福祉［第3版］』有斐閣

田邉泰美（2006）『イギリスの児童虐待防止とソーシャルワーク』明石書店

山縣文治（2002）「子ども家庭福祉サービスの考え方」柏女霊峰・山縣文治編著『増補　新しい子ども家庭福祉』ミネルヴァ書房

## 第6章

網野武博（2002）『児童福祉学──〈子ども主体〉への学際的アプローチ』中央法規，pp. 180-181.

新たな子ども家庭福祉の推進基盤の形成に向けた取り組みに関する検討委員会（2014）『子どもの育ちを支える新たなプラットフォーム──みんなで取り組む地域の基盤づくり』全国社会福祉協議会

地域包括ケア研究会（2009）『地域包括ケア研究会報告書──今後の検討のための論点整理（平成20年度老人保健健康増進等事業）』地域包括ケア研究会

地域包括ケア研究会（2013）『地域包括ケアシステムの構築における今後の検討のための論点（持続可能な介護保険制度及び地域包括ケアシステムのあり方に関する調査研究事業報告書）』三菱UFJリサーチ＆コンサルティング

地域包括ケア研究会（2016）『地域包括ケアシステムと地域マネジメント（地域包括ケアシステム構築に向けた制度及びサービスのあり方に関する研究事業報告書）』三菱UFJリサーチ＆コンサルティング

柏女霊峰（1995）『現代児童福祉論［初版］』誠信書房

柏女霊峰（1997）『児童福祉改革と実施体制』ミネルヴァ書房

柏女霊峰（1999）『児童福祉の近未来』ミネルヴァ書房

柏女霊峰編（2005）『市町村発子ども家庭福祉』ミネルヴァ書房

柏女霊峰（2008）『子ども家庭福祉サービス供給体制──切れ目のない支援をめざして』中央法規

柏女霊峰（2009）『子ども家庭福祉論［初版］』誠信書房

柏女霊峰（2011）『子ども家庭福祉・保育の幕開け──緊急提言　平成期の改革はどうあるべきか』誠信書房

柏女霊峰（2015）『子ども・子育て支援制度を読み解く──その全体像と今後の課題』誠信書房

柏女霊峰（2016）「社会福祉と共生──仏教における共生の視点から考える社会福祉の可能性」『淑徳大学大学院総合福祉研究科研究紀要』第23号

柏女霊峰（2017a）「要保護児童福祉施策の展開と今後の論点──社会的養護を中心に」『社会保障研究』第2巻第2・3号

柏女霊峰（2017b）『これからの子ども・子育て支援を考える──共生社会の創出をめざして』ミネルヴァ書房

柏女霊峰（2017c）「子ども家庭福祉分野における地域包括的・継続的支援の可能性」『第23回日本子ども虐待防止学会学術集会ちば大会特別講演』PPT，31，32.

柏女霊峰（2017d）「子どもの身体的・心理的・社会的特性と子ども家庭福祉ニーズ」『淑徳大学研究紀要（総合福祉学部・コミュニティ政策学部）』第51号

柏女霊峰（2017e）「子ども家庭福祉における地域子育て家庭支援の理念と原理」『淑徳大学大学院総合福祉研究科研究紀要』第24号

柏女霊峰（2018）「総括報告　すべての子どもが日本の子どもとして大切に守られる
　　ために――子ども家庭福祉分野における地域包括的・継続的支援の可能性」『平成
　　29年度日本財団助成事業報告書』日本の子どもの未来を考える研究会（麦の子会設
　　置・柏女霊峰座長）

柏女霊峰・佐藤まゆみ（2017）「共生社会創出のための子ども家庭福祉サービス供給
　　体制，すべての子どもが日本の子どもとして大切に守られるために」『平成28年度
　　日本財団助成事業報告書』日本の子どもの未来を考える研究会（麦の子会設置・柏
　　女霊峰座長）

坂田周一（2014）『社会福祉政策――現代社会と福祉［第3版］』有斐閣

佐藤まゆみ（2012）『市町村中心の子ども家庭福祉――その可能性と課題』生活書院

社会的な援護を要する人々に対する社会福祉のあり方に関する検討会（2000）「社会
　　的な援護を要する人々に対する社会福祉のあり方に関する検討会報告書」厚生労働
　　省

田邉泰美（2006）『イギリスの児童虐待防止とソーシャルワーク』明石書店

全国社会福祉協議会（2010）『全社協　福祉ビジョン2011』

## 第7章

網野武博（2002）『児童福祉学――〈子ども主体〉への学際的アプローチ』中央法規

網野武博（2015）「保育における家庭支援論／保育相談支援」「家庭支援の意義と役
　　割」新保育士養成講座編纂委員会編『新保育士養成講座10　家庭支援論――家庭支
　　援と保育相談支援』全国社会福祉協議会

有村大士（2015）「子ども家庭福祉の理念と価値」山野則子・武田信子編『子ども家
　　庭福の世界』有斐閣

地域包括ケア研究会（2009）「地域包括ケア研究会報告書――今後の検討のための論
　　点整理」地域包括ケア研究会（平成20年度老人保健健康増進等事業）

地域包括ケア研究会（2013）「地域包括ケアシステムの構築における今後の検討のた
　　めの論点」『持続可能な介護保険制度及び地域包括ケアシステムのあり方に関する
　　調査研究事業報告書』三菱UFJリサーチ＆コンサルティング

地域包括ケア研究会（2016）「地域包括ケアシステムと地域マネジメント」『地域包括
　　レアシステム構築に向けた制度及びサービスのあり方に関する研究事業報告書』三
　　菱UFJリサーチ＆コンサルティング

Erikson, E. H.（1963）Childhood and Society（Revised Edition）.（エリク・H・エリ
　　クソン著／仁科弥生訳〈1977〉『幼児期と社会』みすず書房）

橋本真紀（2015）『地域を基盤とした子育て支援の専門的機能』ミネルヴァ書房

石﨑淳一（2016）「学童期の子育てにおける子どもの「安心感」」『児童心理』第1033
　　号

亀﨑美沙子（2015）「保育相談支援に関する先行研究の検討――保育所における家庭
　　支援の研究を手がかりに」『保育士養成研究』第32号

柏女霊峰（1995）『現代児童福祉論［初版］』誠信書房

柏女霊峰（2003）『子育て支援と保育者の役割』フレーベル館

柏女霊峰（2010）「保育相談支援の原理」柏女霊峰・橋本真紀『増補版　保育者の保護者支援——保育相談支援の原理と技術』フレーベル館

柏女霊峰（2011）『子ども家庭福祉・保育の幕開け——緊急提言　平成期の改革はどうあるべきか』誠信書房

柏女霊峰（2015 a）『子ども家庭福祉論［第 4 版］』誠信書房

柏女霊峰（2015 b）『子ども・子育て支援制度を読み解く——その全体像と今後の課題』誠信書房

柏女霊峰（2017）『これからの子ども・子育て支援を考える——共生社会の創出をめざして』ミネルヴァ書房

これからの地域福祉の在り方に関する研究会（2008）「地域における「新たな支えあい」を求めて——住民と行政の協働による新しい福祉」

厚生労働省編（2008）『保育所保育指針解説書』厚生労働省ホームページ

厚生省児童家庭局企画課（1989）「児童の健全育成に向けて——家庭支援相談体制の確立」財団法人厚生問題研究会編『厚生』中央法規

Mahler, M.（1975）*The Psychological Birth of the Human Infant.*（M・S・マーラー著／高橋雅士・織田正美・浜田紀訳〈1981〉『乳幼児の心理的誕生』黎明書房）

文部科学省（2011）『子どもたちの未来をはぐくむ家庭教育』文部科学省ホームページ（2017 年 8 月 11 日閲覧）

文部科学省・家庭教育支援の推進に関する検討委員会（2012）『つながりが創る豊かな家庭教育』

森岡清美（1993）「家族とは」森岡清美・望月嵩『新しい家族社会学［三訂版］』培風館

中村徳子（2016）「乳幼児に求められる適切な環境」『児童心理』第 1033 号

社会保障国民会議（2008）「第 2 分科会（サービス保障（医療・介護・福祉））中間とりまとめ」

社会的な援護を要する人々に対する社会福祉のあり方に関する検討会（2000）「社会的な援護を要する人々に対する社会福祉のあり方に関する検討会報告書」厚生労働省

鈴木和子（2012）「家族看護の定義・目的・評価・焦点」鈴木和子・渡辺裕子『家族看護学　理論と実践［第 4 版］』日本看護協会出版会

高橋重宏（1998）「ウェルフェアからウェルビーイングへ」高橋重宏編『子ども家庭福祉論』日本放送出版協会

山縣文治（2002）『現代保育論』ミネルヴァ書房

山縣文治（2015a）「子ども家庭福祉と子ども中心主義——政策視点と支援視点からみた子ども」『子ども社会研究』第 21 号

山縣文治（2015b）「家庭支援の対象と役割」山縣文治・橋本真紀編『よくわかる家庭支援論［第 2 版］』ミネルヴァ書房

渡辺久子（2016）「改めて，人の成長にとっての乳幼児期の意味を考える」『児童心理』第 1033 号

文　献　*325*

# 第 8 章

網野武博（1992）「福祉心理臨床とはなにか」網野武博ほか編『福祉心理臨床』星和
　書店

網野武博（2002）『児童福祉学──〈子ども主体〉への学際的アプローチ』中央法規

古川孝順（2004）『社会福祉学の方法』有斐閣

古川孝順（2012）『社会福祉の新たな展望──現代社会と福祉』ドメス出版

林信明（2014）「社会連帯」日本社会福祉学会事典編集委員会編『社会福祉学事典』
　丸善出版

柏女霊峰（1992）「福祉行政，制度と心理臨床」網野武博他編『福祉心理臨床』星和
　書店

柏女霊峰（1993）「児童福祉援助構造の再構築に関する一考察──児童福祉行政にお
　ける制度と方法の統合私論」『社会福祉研究』第 57 号

柏女霊峰（1995）『現代児童福祉論［初版］』誠信書房

柏女霊峰（2006）『子ども家庭福祉・保育のあたらしい世界──理念・仕組み・援助
　への理解』生活書院

柏女霊峰（2008）『子ども家庭福祉サービス供給体制──切れ目のない支援をめざし
　て』中央法規

柏女霊峰（2017）『これからの子ども・子育て支援を考える──共生社会の創出をめ
　ざして』ミネルヴァ書房

柏女霊峰（2018）『子ども家庭福祉論［第 5 版］』誠信書房

柏女霊峰・尾木まりほか（2006）「児童家庭福祉制度再構築のための児童福祉法改正
　要綱試案（最終版）」『日本子ども家庭総合研究所紀要』第 42 集

河合隼雄（1992）『子どもと学校』岩波新書

中村雄二郎（1992）『臨床の知とはなにか』岩波新書

尾木まりほか（2009）「一時預かり事業のあり方に関する調査研究　平成 20 年度総括
　研究報告書平成 19-20 年度総合研究報告書（研究代表者：尾木まり）」

太田義弘（1991）「制度としての社会福祉」『大阪府立大学社会福祉学部創設 10 周年
　記念論文集』

# 第 9 章

阿部和子（2016）「「養護と教育が一体となって営まれる保育」を言語化することと
　は」全国保育士会保育の言語化等検討特別委員会編『養護と教育が一体となった保
　育の言語化──保育に対する理解の促進と，さらなる保育の質向上に向けて』全国
　保育士会・全国社会福祉協議会

網野武博（2002）『児童福祉学──〈子ども主体〉への学際的アプローチ』中央法規

網野武博・無藤隆・増田まゆみ・柏女霊峰（2006）『これからの保育者にもとめられ
　ること』ひかりのくに

Aptekar, H. H.（1955）*The Dynamics of Casework and Counseling.*（H・H・アプテ
　カー著／坪上宏訳〈1964〉『ケースワークとカウンセリング』誠信書房）

Biestek, F. P.（1957）*The Casework Relationship.*（フェリス・P・バイステック著／

尾崎新・福田俊子・原田和幸訳〈1996〉『ケースワークの原則［新訳版］──援助関係を形成する技法』誠信書房）

古川孝順（2008）『社会福祉研究の新地平』有斐閣

林茂男（1992 a）「児童福祉従事者とその専門性」福祉士養成講座編集委員会編『改訂社会福祉士養成講座 4　児童福祉論』中央法規

林茂男（1992 b）「事例研究の意義と目的」林茂男・網野武博編『児童福祉事例研究』日本児童福祉協会

伊藤嘉余子（2007）『児童養護施設におけるレジデンシャルワーク──施設職員の職場環境とストレス』明石書店

岩間伸之（2008）『逐語で学ぶ 21 の技法　対人援助のための相談面接技術』中央法規

柏女霊峰（1987）「児童相談活動の留意点」『子どもと家庭』第 24 巻第 9 号

柏女霊峰（1992）「児童福祉事例研究の課題と展望」林茂男・網野武博編『児童福祉事例研究』日本児童福祉協会

柏女霊峰（1997）『児童福祉改革と実施体制』ミネルヴァ書房

柏女霊峰（1998）『現代児童福祉論［第 2 版］』誠信書房

柏女霊峰編著（2005）『市町村発子ども家庭福祉』ミネルヴァ書房

柏女霊峰ほか（2006）「児童家庭福祉制度再構築のための児童福祉法改正要綱試案（最終版）」『日本子ども家庭総合研究所紀要』第 42 集

柏女霊峰（2007 a）『現代児童福祉論［第 8 版］』誠信書房

柏女霊峰（2007 b）「児童福祉援助活動の実際」福祉士養成講座編集委員会編『児童福祉論［第 4 版］』中央法規

柏女霊峰（2008）『子ども家庭福祉サービス供給体制──切れ目のない支援をめざして』中央法規

柏女霊峰（2011）『子ども家庭福祉・保育の幕開け──緊急提言　平成期の改革はどうあるべきか』誠信書房

柏女霊峰（2015）『子ども・子育て支援制度を読み解く──その全体像と今後の課題』誠信書房

柏女霊峰（2016）「保育相談支援の意義と基本的視点」柏女霊峰・橋本真紀編『保育相談支援［第 2 版］』ミネルヴァ書房

柏女霊峰（2017）『これからの子ども・子育て支援を考える──共生社会の創出をめざして』ミネルヴァ書房

柏女霊峰（2018 a）「保育士の責務と倫理」柏女霊峰監修・全国保育士会編『全国保育士会倫理綱領ガイドブック［改訂 2 版］』全国社会福祉協議会

柏女霊峰（2018 b）「全国保育士協議会倫理綱領ガイドブック（三訂版）の活用を願う」柏女霊峰監修・独立行政法人国立病院機構全国保育士協議会倫理綱領ガイドブック三訂版作成員会編『三訂版・医療現場の保育士と障がい児者の生活支援』生活書院

柏女霊峰（2018 c）『子ども家庭福祉論［第 5 版］』誠信書房

柏女霊峰（2019）『混迷する保育政策を解きほぐす──量の拡充・質の確保・幼児教育の振興のゆくえ』明石書店

柏女霊峰・橋本真紀（2010）『増補　保育者の保護者支援——保育相談支援の原理と技術』フレーベル館

柏女霊峰・橋本真紀編（2011）『保育相談支援』ミネルヴァ書房

柏女霊峰・橋本真紀ほか（2012）「児童福祉施設における保育士の保育相談支援技術の体系化に関する研究（3）—— 子ども家庭福祉分野の援助技術における保育相談支援の位置づけと体系化をめざして」『日本子ども家庭総合研究所紀要』第47集

柏女霊峰監修編，橋本真紀・西村真実編（2010）『保護者支援スキルアップ講座　保育者の専門性を生かした保護者支援——保育相談支援（保育指導）の実際』ひかりのくに

柏女霊峰・橋本真紀・西村真実・高山静子・山川美恵子・小清水奈央（2009）『保育指導技術の体系化に関する研究』こども未来財団

柏女霊峰・山本真実（2000）『新時代の保育サービス』フレーベル館

厚生労働省（2008）『保育所保育指針解説書』フレーベル館

京極高宣（1990）『現代福祉学の構図』中央法規

京極高宣（1998）『改訂　社会福祉学とは何か』全国社会福祉協議会

Mayeroff, M.（1971）*On Caring.*（ミルトン・メイヤロフ著／田村真・向野宣之訳〈1989〉『ケアの本質——生きることの意味』ゆみる出版）

諸富祥彦（1997）『カール・ロジャーズ入門』コスモス・ライブラリー

大和田猛（2004）「社会福祉実践としてのケアワークの内容」大和田猛編著『ソーシャルワークとケアワーク』中央法規

田畑治（1982）『カウンセリング実習入門』新曜社

Thompson, A.（1990）*Guide to Ethical Practice in Psychotherapy.* John Wiley & Sons.

Turner, F. J.（1986）*Social Work Treatment: Interlocking Theoretical Approaches.*（フランシス・J・ターナー著／米本秀仁監訳〈1999〉『ソーシャルワーク・トリートメント——相互連結理論アプローチ〈上〉』中央法規）

内山喜久雄・高野清純・田畑治（1973）『カウンセリングの理論と技術』日本文化科学社

全国社会福祉協議会児童福祉施設のあり方委員会（1995）『児童福祉施設再編への提言』全国社会福祉協議会

## 補章

足立叡（2000）「平成12年度共生論講義資料　資料II」

足立叡（2015）「大乗淑徳学園公開講座「淑徳の福祉」基調講演レジュメ」（2015年11月4日開催）

阿部志郎（1997）『福祉の哲学』誠信書房

網野武博（1992）「福祉心理臨床とはなにか」網野武博ほか編『福祉心理臨床』星和書店

網野武博（2002）『児童福祉学——〈子ども主体〉への学際的アプローチ』中央法規

藤森雄介（2006）「共生」日本仏教社会福祉学会編『仏教社会福祉辞典』法蔵館

古川孝順（2008）『社会福祉学の新地平』有斐閣

長谷川冬民（1919）『社会事業とは何ぞや』マハヤナ学園出版部（復刻版　長谷川匡俊解説付）

林信明（2014）「社会連帯」日本社会福祉学会事典編集委員会編『社会福祉学事典』丸善出版

池田敬正（2006）「椎尾弁匡」日本仏教社会福祉学会編『仏教社会福祉辞典』法藏館

柏女霊峰（1995）「児童福祉の基本構造とその統合」柏女霊峰『現代児童福祉論［初版］』誠信書房

柏女霊峰（2005）『こころの道標──浄土の真宗』ミネルヴァ企画

柏女霊峰（2008）『子ども家庭福祉サービス供給体制──切れ目のない支援をめざして』中央法規

柏女霊峰（2011）『子ども家庭福祉・保育の幕開け──緊急提言　平成期の改革はどうあるべきか』誠信書房

柏女霊峰（2012）「基調論文　子ども家庭福祉の動向と仏教社会福祉の可能性」『日本仏教社会福祉学会年報』第43号

柏女霊峰（2015a）『子ども・子育て支援制度を読み解く──その全体像と今後の課題』誠信書房

柏女霊峰（2015b）『子ども家庭福祉論［第4版］』誠信書房

厚生労働省・新たな福祉サービスシステム等のあり方検討プロジェクトチーム（2015）『誰もが支え合う地域の構築に向けた福祉サービスの実現──新たな時代に対応した福祉の提供ビジョン』厚生労働省

増谷文雄（1971）『業と宿業』講談社文庫

中垣昌美（2014）「エピローグ──仏教社会福祉の課題と展望」

中村雄二郎（1992）『臨床の知とはなにか』岩波書店

日本仏教社会福祉学会編（2014）『仏教社会福祉入門』法藏館

日本学術会議社会学委員会社会福祉学分野の参照基準検討委員会（2015）「大学教育の分野別質保障のための教育課程編成上の参照基準──社会福祉学分野」

日本社会福祉学会事典編集委員会編（2014）『社会福祉学事典』丸善出版

佐伯啓思（2014）『西田幾多郎──無私の思想と日本人』新潮社

清水海隆（2014）「いのちの輝きに生きる暮らしと仏教社会福祉」日本仏教社会福祉学会編（2014）『仏教社会福祉入門』法藏館

淑徳大学広報編集委員会（2016）「学祖を訪ねて学祖が私たちに託したこと」淑徳大学広報誌『Together』第211号

高森敬久（1993）「福祉哲学」『現代福祉学レキシコン』雄山閣

寺田貴美代（2003）「社会福祉と共生」園田恭一編『社会福祉とコミュニティ──共生・共同・ネットワーク』東信堂

全国社会福祉協議会（2010）『全社協　福祉ビジョン2011』

## あとがき

　本書の執筆を思い立ったのは，2012（平成24）年，還暦を迎えた年であった。同年10月27日に，ゼミ卒業生の方々が還暦記念パーティを開催してくれ，大勢の卒業生，現役ゼミ生からお祝いの言葉をいただいたことが本当にうれしく思われた。と同時に，これからの生き方を真剣に考える契機となった。

　前年の東日本大震災の傷が癒えず，また，同年7月に妻に軽度認知障害の診断が下り，これからの生き方に戸惑っていた時期であった。還暦を迎え，人間の一生も，人と人との関係も，社会のありようも，「還（めぐ）る」ことを大切にし，「還（かえ）る」ことを念頭に置きながら歩みを進めることを意識した年でもあった。

　同時に，敬愛する先輩，かつ，師である網野武博氏が「児童福祉学」を上梓したのも，還暦時であったことも意識していた。実は，この著作については，網野氏からの依頼で，その各章ができあがるごとに通読させていただき，意見や感想などを送る役割を与えられた。そのなかで，いつか自分も，生涯をかけて進めてきている「子ども家庭福祉」について，自らの臨床実践と政策実践から考察した，自分なりの学問体系として織りなしてみたいと思うようになっていた。自分にはこれから何ができるかを考え始め，その結果，本書の執筆が固まってきた。

　その後，妻の病状が進行し，2013（平成25）年には若年性アルツハイマー病と診断され，同年末に要介護1となった。訪問リハビリを経て，デイサービス，訪問介護（ホームヘルプサービス）の活用により，仕事と家事，介護を両立させていく生活が始まった。国の審議会等の委員も辞退することが増えてきた。

　そんななか，2015（平成27）年度から大学院卒業生を中心とする研究仲間と月1回，自宅近くの南流山で子ども家庭福祉研究会を始め，この頃から，具体的に子ども家庭福祉学執筆の構想を練り始めた。序章が大学の紀要に掲

載されたのは，それから2年が過ぎた2017（平成29）年3月までずれ込んで
いた。その後の作業も困難を極めた。

2017（平成29）年12月に妻が要介護4となり，在宅生活がいよいよ厳し
くなってきた。家族とも相談し，2018（平成30）年4月から認知症対応型共
同生活介護（グループホーム）を利用することとした。できていたことがで
きなくなっていくさまを近くで見続けることは，とてもつらい日々でもあっ
た。

こうした事態に，長女・金子直美氏が，しばらくの間，週の半分ほど自宅
に通い，仕事を手伝ってくれることとなった。2017（平成29）年秋に，厚生
行政のオーラル・ヒストリー・インタビューのインタビュイーに推薦され，
この限られた期間に，私の回顧録とともに本書の執筆も同時並行で進めるこ
とを決心した。こうして，15冊目の単著である本書がようやく上梓できた
のである。回顧録の一部は，本書に続けて，単著『平成期の子ども家庭福祉
──政策立案の内側からの証言』（仮称）として，生活書院から出版できる
こととなった。「平成期の子ども家庭福祉」が私の子ども家庭福祉観の形成
過程を示し，本書は，その現在までの成果を示すものと位置づけていただけ
れば幸甚である。

本書の執筆は，これまでの走りながら考える著作と異なり，一つひとつの
考察には呻吟した。不十分なままに放置した部分もある。これまでの考察
を，ほぼそのまま引用した部分も多い。1995年発刊の最初の単著『現代児
童福祉論』からの考察の進展のなさに，愕然とする思いもあった。しかし，
とにもかくにも本書は完成した。本書をまず，40年以上苦楽を共にした
妻・弘子に捧げたいと思う。すべてを見せて生き続けてくれ，本当にありが
とう。


本書にとりかかる前から，発刊は誠信書房に依頼することに決めていた。
淑徳大学に勤務して間もなく，恩師仲村優一氏に「最初の単著は誠信書房か
ら出しなさい」と言われたときから，私の研究者人生が始まった。研究室に
泊まり込む日が続き，最初の単著『現代児童福祉論』の草稿が完成した明け
方，涙が止まらなかったことを鮮明に記憶している。そのご恩返しとして誠

信書房に依頼することとした。中澤美穂編集部長には快く受諾いただき，こ
の間，筆の進まない私を辛抱強く待っていただいた。心より感謝したい。

　子ども家庭福祉研究会の最初からの仲間である佐藤まゆみ氏，庄司ふき子
氏，徳永聖子氏，初谷千鶴子氏，鈴木（和仁）里香氏には，私の原稿を最初
に読んで意見をいただいた。途中から研究会に参加してくれた尾木まり氏，
新保幸男氏にも感謝したい。

　なにより，これまでの筆者の人生の先を常に照らしてくれたばかりでな
く，本書執筆の契機をいただき，また，ご高書『児童福祉学』に通底する人
間の生きるエネルギーに対する畏敬を実感させてくれた網野武博氏には，ど
れだけ感謝してもしきれない。網野・児童福祉学を乗り越えることなど及び
もつかないが，自分なりの子ども家庭福祉学序説を提起できたことで，お礼
に代えさせていただきたい。

　さらに，同時代を共に走った子ども家庭福祉研究者仲間，特に，松原康雄
氏，山縣文治氏，才村純氏，故高橋重宏氏，故庄司順一氏等との学び合い
が，筆者の考察に大きな影響を与えてくれた。厚生省時代の畏友である河幹
夫氏には，専門官の役割とミッションを叩き込まれた。社会福祉法人興望館
の野原健治館長は，学生時代からの親友であり，比類なきソーシャルワー
カーである。彼の働き，動きから，福祉実践のありようが可視化された。同
じくボランティア仲間の斉藤昌子氏も私の支えのひとりである。さらに，学
生ボランティア時代に，私のミッションの根幹をつくり上げてくださった興
望館の故藤野泉先生，今も優しく，時に厳しく私を見守り続けてくださって
いる阿部志郎先生には，本当に感謝しかない。

　最後に，今なお私を支え続けてくれる母，浄土に先に旅立った父，兄弟，
そして，３人の子どもたちとその家族，弘子の両親，姉夫妻にも，心から感
謝したい。長女・金子直美氏が，本書原稿の校正を丹念にしてくれたおかげ
で本書が誕生した。執筆の間，多くの言葉にできない悲しみも経験してき
た。そんなときに弘子をあたたかくケアし，ともに泣いてくれた介護支援専
門員，介護者に，どれだけ助けられたことだろうか。介護支援のシステムや
ケアワークのあり方を深く考えさせられ，子ども家庭福祉もかくありたいと
思わされた。最後に，本書の初出論文の転載を許可いただいた淑徳大学ほか

にも，心より感謝申し上げる。

　こうしたときの流れと人々との出会いがあったからこそ，今の自分や縁ある人たちとの交わりが，かけがえのないものになってきた。「悲」があって初めて「慈」を知ることができる，それが「慈悲」だと思えるようになってきたのは，そんな人生，経験が与えてくれた貴重な財産なのかもしれない。


2019（令和元）年7月末日

柏女 霊峰

# 初出一覧

## 序章　子ども家庭福祉学とは何か
- 柏女霊峰（2017）「子ども家庭福祉学とは何か」『平成 28 年度総合福祉研究 』第 21 号，淑徳大学社会福祉研究所

## 第 1 章　子どもの特性と子ども家庭福祉における配慮
以下の文献などから再構成。
- 柏女霊峰（1995）「第 1 講　児童の諸特性，児童観と児童福祉」「第 2 講　児童の発達と児童福祉」『現代児童福祉論［初版］誠信書房
- 柏女霊峰（2017）「子どもの身体的・心理的・社会的特性と子ども家庭福祉ニーズ」『淑徳大学研究紀要（総合福祉学部・コミュニティ政策学部）』第 51 号，淑徳大学
- 柏女霊峰（2011）「第 4 章第 5 節　保育システムという舞台で何を演ずるか——保育観の確認を」『子ども家庭福祉・保育の幕開け』誠信書房

## 第 2 章　社会のありようと子ども家庭福祉ニーズ
以下の文献などから再構成。
- 柏女霊峰（1999）「第Ⅰ部 2 価値観の揺らぎと児童福祉」『児童福祉の近未来』ミネルヴァ書房
- 柏女霊峰（2017）「子どもの身体的・心理的・社会的特性と子ども家庭福祉ニーズ」『淑徳大学研究紀要（総合福祉学部・コミュニティ政策学部）』第 51 号，淑徳大学

## 第 3 章　社会福祉の理念と子ども家庭福祉
- 柏女霊峰（2018）「社会福祉の理念と子ども家庭福祉」『平成 29 年度総合福祉研究』第 22 号，淑徳大学社会福祉研究所

## 第 4 章　子どもの最善の利益
以下の文献などから再構成。
- 柏女霊峰（2019）「子どもの最善の利益」『淑徳大学研究紀要（総合福祉学部・コミュニティ政策学部）』第 53 号，淑徳大学
- 柏女霊峰（1995）「第 6 構　児童福祉の理念」『現代児童福祉論［初版］』誠信書房

## 第 5 章　子ども家庭福祉供給体制の諸相
以下の文献などから再構成。
- 柏女霊峰（2019）「子ども家庭福祉供給体制の諸相」『平成 30 年度総合福祉研究』第 23 号，淑徳大学社会福祉研究所

- 柏女霊峰（1995）「第8講　児童福祉の実施体制」「第2講　児童の発達と児童福祉」『現代児童福祉論［初版］』誠信書房
- 柏女霊峰（2009）「第7章　児童家庭福祉の未来」「社会福祉学習双書」編集委員会編『社会福祉学習双書　児童家庭福祉論』

## 第6章　子ども家庭福祉供給体制と地域包括的・継続的支援
- 柏女霊峰（2018）「子ども家庭福祉分野における地域包括的・継続的支援の可能性」『子どもの虐待とネグレクト』第20巻第2号（通巻第53号），日本子ども虐待防止学会

## 第7章　地域子育て家庭支援の理念と原理
- 柏女霊峰（2017）「子ども家庭福祉における地域子育て家庭支援の理念と原理」『淑徳大学大学院総合福祉研究科研究紀要』第24号，淑徳大学大学院総合福祉研究科

## 第8章　子ども家庭福祉制度
以下の文献などから再構成。
- 柏女霊峰（1995）「第5講　児童福祉の基本構造とその統合」「第10講　児童福祉施策体系」『現代児童福祉論［初版］』誠信書房
- 柏女霊峰（2017）『これからの子ども・子育て支援を考える――共生社会の創出をめざして』ミネルヴァ書房

## 第9章　子ども家庭福祉援助と専門職
以下の文献などから再構成。
- 柏女霊峰（1995）「第22講　児童福祉専門職」「第24講　児童に対する相談援助」『現代児童福祉論［初版］』誠信書房
- 柏女霊峰（1992）「第4章　児童福祉事例研究の課題と展望」林茂男・網野武博編『児童福祉事例研究』日本児童福祉協会
- 柏女霊峰・橋本真紀編（2011）『保育相談支援』ミネルヴァ書房
- 柏女霊峰・橋本真紀ほか（2012）「児童福祉施設における保育士の保育相談支援技術の体系化に関する研究（3）―― 子ども家庭福祉分野の援助技術における保育相談支援の位置づけと体系化をめざして」『日本子ども家庭総合研究所紀要』第47集

## 補章　仏教の視点から考えた社会福祉
- 柏女霊峰（2016）「社会福祉と共生――仏教における共生の視点から考える社会福祉の可能性」『淑徳大学大学院総合福祉研究科研究紀要』第23号，淑徳大学大学院総合福祉研究科

# 人名索引

## ア 行

坏 洋一……………………………… *81*
足立 叡……………………………… *313*
アプテカー（Aptekar, H. H.）……………… *261*
阿部志郎………………… *86, 87, 241, 296, 303*
網野武博……*2, 23, 26, 29, 39, 56, 71, 77, 78, 81-85,*
　*92, 96, 109, 117, 179, 180, 186, 200, 210, 212, 215,*
　*224, 240, 251, 256, 273*
アリエス（Aries, P.）………………… *22*
ウィニコット（Winnicott, D. W.）………… *35*
ウィン（Winn, M.）……………………… *23*
ヴォルフェンスベルガー（Wolfensberger,
　W.）……………………………… *90*
エリクソン（Erikson, E. H.）……… *31, 72, 183*
エンデ（Ende, M.）……………………… *293*
オウエン（Owen, R.）…………………… *99*
太田義弘……………………………… *201*
大和田猛……………………………… *252*
尾木まり………………………… *163, 215*
小田兼三……………………………… *77*

## カ 行

カドゥシン（Kadushin, A.）……………… *210*
金子みすゞ…………………………… *309*
河合隼雄……………………………… *201*
京極高宣…………………… *5, 90, 119, 252*
ケイ（Key, E.）………………………… *99*
孔子…………………………………… *77*
ゴールドシュタイン（Goldstein, K.）……… *82*
ゴールドスティン（Goldstein, J.）………… *115*

## サ 行

坂田周一………………… *118, 120, 126, 151*
佐藤まゆみ…………………… *155, 157*
椎尾弁匡………………………… *89, 301*
ジェブ（Jebb, E.）……………………… *95*
柴田善守……………………………… *76*
下平幸男………………………… *16, 36*
親鸞………………… *300, 303, 306, 308*

## 
鈴木和子…………………………… *182*
芹沢俊介……………………………… *35*

## タ 行

高橋重宏…………………………… *100, 179*
高森敬久……………………………… *313*
高山静子……………………………… *282*
津田耕一………………………… *55, 57, 59, 60*
ティトマス（Titmuss, R. M.）…………… *119*
寺嶋正吾……………………………… *106*
トンプソン（Thompson, A.）…………… *245*

## ナ 行

中垣昌美……………………………… *302*
中村強士……………………………… *13*
中村雄二郎…………………………… *204*
ニイリエ（Nirje, B.）…………………… *90*
西村真実……………………………… *282*

## ハ 行

バイステック（Biestek, F. P.）………… *74, 112*
橋本真紀………………… *180, 198, 282*
長谷川良信…………………………… *312*
パットナム（Patnam, R. D.）…………… *219*
林 茂男………………………… *238, 244*
林 浩康……………………………… *111*
バンク-ミケルセン（Bank-Mikkelsen, N.
　E.）……………………………… *90*
平野裕二……………………… *105, 106, 110*
弘中正美……………………………… *58*
福田垂穂……………………………… *94*
藤森雄介……………………………… *301*
ブラッドショー（Bradshaw, J.）………… *59*
古川孝順……… *1, 5, 10, 17, 18, 50, 51, 99, 253, 290*
ブロス（Blos, P.）……………………… *40*
ヘップワース（Hepworth, D. H.）………… *56*
法然………………………………… *300*
ボウルビィ（Bowlby, J.）……………… *184*
ポストマン（Postman, N.）…………… *20, 22*
堀 勝洋……………………………… *121*

## マ 行

マーラー（Mahler, M.）……………………… 39
増谷文雄……………………………………… 298
マズロー（Maslow, A. H.）………… 56, 82
松崎芳伸……………………………………… 21
松原康雄…………………………………… 126
三浦文夫…………………………………… 55, 58
宮沢賢治…………………………………… 313
メイヤロフ（Mayeroff, M.）…………… 240
孟子………………………………………… 77
森岡清美…………………………………… 179
森田　明…………………………………… 94

## ヤ 行

山縣文治……………… 3, 9, 148, 192, 193, 195
山本真実…………………………………… 163
ユング（Jung, C. G.）…………………… 304
吉田久一…………………………………… 302

## ラ 行

ルソー（Rousseau, J. J.）………………… 99
蓮如………………………………………… 310

## ワ 行

渡辺久子…………………………………… 184

# 事項索引

## ア 行

愛他主義······77
愛着関係······184
愛着理論······184
アイデンティティ······117
悪人正機······298
アセスメント（評価）······265
　　──の標準化······249
あたりまえの生活······91, 269
アドボカシー（権利擁護）······269
アドボケーション（権利擁護活動）······272
アドミッションケア······270
アフターケア······265, 270
アリメンタ······76
アルムス······76
安全基地······117
生きる力······308
イコールフッティング······132
意思決定······114
一貫性······137
一切衆生悉有仏性······298
一体性······136, 172
イノセンス······35
因果律······64
インクルージョン······92
インケア······270
インディペンデント・リビング······90
ウエルビーイング······12, 14, 128
ウエルフェア······12, 128
受付面接······265
上乗せ資格······288
運営適正化委員会······230
縁起······79
　　──の援助観······80
　　──の人間観······80
　　──の法則······307
縁起思想······89
縁起説······298
縁起律······64

## カ 行

援助の実施······265
エンパワメント······126, 182
往相回向······308
親教育······263
親子関係再構築支援······249
親子の絆······195
親と子の架け橋をつくる······44
親の利益······105

介護······240, 241
介護指導······253
介護福祉士······252, 254
介護保険制度······191
解釈と運用······205
介入機能······174
介入原理······104
介入性······137
外部機関・施設との連絡協調体制······243
カウンセリング······263, 283-285
科学の知······204, 309
拡充期······188
学童期······39, 42
隔離······53
家族······179
家族看護······182
家族支援······181
価値······126
価値観の揺らぎ······13, 51
家庭······179
家庭教育支援······181
家庭支援······181
カリタス······77
感恩奉仕······311
観法······300
機関・施設内部の業務遂行体制······243
絆の形成······44
規制緩和······51, 53
基礎確立期······188
機の深信······306

| | |
|---|---|
| 機法一体 | 306 |
| 基本的人権 | 81 |
| 基本保育 | 221 |
| 基本保育制度 | 42, 215, 216 |
| 基本保育制度構想 | 217 |
| 給付形態 | 129 |
| 給付量の計画化 | 128 |
| 教育 | 242 |
| 教育福祉学 | 288 |
| 供給者主体 | 52 |
| 共助 | 140 |
| 共生 | 14, 85, 86, 294, 296, 300, 311 |
| 仏教社会福祉の視点から見た―― | 88 |
| 共生型サービス | 234 |
| 共生社会 | 152, 295 |
| 行政処分 | 122 |
| 行政処分決定の事前手続き | 246 |
| 行政手続法 | 246 |
| 共同養育 | 218, 219 |
| ――としての基本保育 | 218 |
| キリスト教的価値 | 314 |
| 切れ目のない支援 | 33, 135 |
| 妊娠期からの―― | 34 |
| 苦情解決 | 229 |
| 国親 | 95, 101, 223 |
| クリニック機能 | 176 |
| グループワーク（集団援助技術） | 272 |
| 訓練 | 263 |
| ケア | 240 |
| ――の個別化, 透明化, 連続化 | 269 |
| 保育における―― | 241 |
| ケア単位の小規模化 | 269 |
| ケアワーカー | 252 |
| ケアワーク（生活援助技術） | 251, 270 |
| 継続性・安定性の確保 | 133 |
| 契約主体性 | 148 |
| 血縁, 地縁型ネットワーク | 193 |
| 欠乏動機 | 56 |
| 言語的援助 | 278, 279 |
| 原罪 | 304 |
| 健幸としての福祉 | 92, 256 |
| 還相回向 | 308 |
| 原理 | 77, 81 |

| | |
|---|---|
| 援助―― | 81 |
| 規範―― | 81 |
| 給付―― | 81 |
| 供給―― | 81 |
| 「切る」―― | 200 |
| 「包む」―― | 201 |
| 負担―― | 81 |
| 権利主体性 | 148 |
| 権利の保障 | 192 |
| 権利擁護 | 160, 213 |
| 児童福祉施設入所児童の―― | 226 |
| 権利擁護システム | 126 |
| 子, 親, 公, 社会の関係 | 102 |
| 業 | 298 |
| 「公」中心 | 53 |
| 公の支配 | 121 |
| 広域性 | 136, 172 |
| 公益性 | 133 |
| 公益の取り組み | 134 |
| 合議制 | 175 |
| 公共 | 153 |
| 公権 | 100 |
| 公権介入の強化 | 160, 213 |
| 公私分離の原則 | 51 |
| 構成原理 | 201 |
| 公的契約制度 | 123, 161 |
| 公的責任 | 14, 160, 213 |
| 公平性 | 137 |
| 効率性 | 137, 172 |
| 国際ソーシャルワーカー連盟（IFSW） | 3 |
| 子権 | 100 |
| 個人 | 51 |
| 個人給付 | 131 |
| 子育ち支援 | 218 |
| 子育て支援 | 181 |
| 子育て支援事業 | 189 |
| 子育て支援プラン | 41 |
| 子育て支援員 | 130 |
| 子育て支援員研修制度 | 190 |
| 子育て世代包括支援センター | 168 |
| 子育ての社会的支援 | 212 |
| 国家責任 | 223 |
| ――の原則 | 51 |

コーディネーション（連絡・調整活動）…272
コーディネート機能……………………176
「子ども」というレトリック…………24
子どもオンブズパーソン……………231
子ども家庭福祉…………………11, 12
　――の3P…………………171, 210
　――の3S…………………171, 210
　――の4つの領域……………225
　――の構成要素…………………9
　――の専門化と普遍化…………55
　――における理念, 制度, 方法の円環的前
　　進…………………………18
　――の円環的前進………………17
　――の基本構造…………………16
　――の具体的内容………………13
　――を支える専門職……………15
　――の機能による体系………210
子ども家庭福祉機能…………………224
子ども家庭福祉援助…………………244
子ども家庭福祉援助実践……………245
子ども家庭福祉援助方法……………261
子ども家庭福祉学…………………………7
　設計科学としての――…………17
子ども家庭福祉供給体制……118, 127, 143, 150
　――のあり方………………170
　――の地方間分権…………160, 164
　――の定義………………151
　――の特徴…………139, 153
　平成期の――………………158
　領域別――………………156
子ども家庭福祉供給体制改革………159
子ども家庭福祉行政実施体制………168
子ども家庭福祉財源…………………143
子ども家庭福祉サービス……………136
子ども家庭福祉事例研究……………249
子ども家庭福祉制度…………………199
子ども家庭福祉制度体系………208, 224
子ども家庭福祉相談援助……………238
　――の特殊性………………268
子ども家庭福祉ニーズ…………29, 60, 258, 259
　――の種類…………………62
子ども期…………………………20
子ども期の誕生と喪失……………22

西欧社会の――………………22
日本社会の――………………23
子ども虐待防止………………259
子ども虐待防止制度…………235
子ども・子育て支援…………11
子ども・子育て支援事業計画………129
子ども・子育て支援制度………160, 187, 191
子ども・子育てビジョン……297
子ども同士の仲立ち…………45
子どもと成人………………26, 27
子どもの権利条約……………112
　――の発達観………………112
子どもの権利擁護……………226
子どもの権利擁護システム……169
子どもの最善の利益……9, 94, 95, 104, 115, 140
　――と自己決定, 自律……111
　――を考慮する基準例………108
子どもの時間感覚……………116
子どもの身体的・心理的・社会的特性…29, 68
子どもの年齢範囲……………109
子どもの発見…………………99
子どもの発達…………………35
　――と保育者の関わり……44
子どもの発達…………………38
子どもの保護規定……………33
子供の未来21プラン研究会報告書………193
子の成長・発達を保障するための最も害が
　少ない活用可能な選択肢………115
子の利益………………………105
個別性…………………………266
個別与件個別サービス………247
　――の原理…………………201
根源的価値……………………222
コンサルテーション機能……176

## サ 行

財源……………………………130
再統合原理……………………105
座禅……………………………300
里親支援………………………249
サービス供給体制……………154
サービスの先駆性……………133
サービス領域…………………128

サービス利用のあり方…………… 161
三位一体改革………………… 158
支援原理…………………… 104, 114
市区町村子ども家庭総合支援拠点…… 168, 173
私権………………………… 100
自己覚知…………………… 268
自己決定力………………… 113
自己肯定感………………… 117
自己実現………………… 82, 244
自己評価…………………… 233
自己評価制度……………… 230
思春期…………………… 40, 42
自信教人信………………… 308
次世代育成支援…………… 196
次世代育成支援地域行動計画…… 129
施設ケア…………………… 269
自他不二………………… 89, 302
疾病性……………………… 200
私的責任…………………… 213
私的養育…………………… 218
児童育成計画……………… 129
児童・家族関係給付………… 144
児童家庭福祉……………… 12
児童指導員………………… 130
児童相談所………… 113, 121, 145, 173
　──の歴史的経緯………… 174
児童相談所運営指針………… 248
児童相談所専門職員………… 175
児童の権利に関するジュネーブ宣言…… 95
児童の権利に関する宣言…… 95
児童福祉………………… 2, 11
児童福祉司………………… 130
児童福祉施設……………… 270
　──の再編成…………… 274
児童福祉施設機能の再編…… 146
児童福祉施設機能俯瞰図…… 273
児童福祉施設再編成………… 146
児童福祉制度……………… 160
児童福祉法………………… 121
児童保護…………………… 13
児童や家庭に対する支援と児童・家庭福祉
　　制度…………………… 12
自然法爾…………………… 306

慈悲………………………… 311
私物のわが子観…………… 54
社会的親………………… 140, 214, 215
社会的価値………………… 222
社会的子育て資源………… 193
社会的子育てネットワーク…… 214
社会的孤立………………… 152
社会的支援………………… 160
社会的視点………………… 244
社会的責任………………… 213
社会的な援護を要する人々に対する社会福
　　祉のあり方に関する検討会…… 88, 297
社会的包摂………………… 153
社会的養育………………… 171
社会的養育体系…………… 218
社会的養育定義…………… 221
社会的養護における18歳の壁問題…… 34
社会的養護サービス……… 259
社会的わが子観…………… 54
社会福祉………………… 1, 150
　──の意義……………… 290
　──の定義……………… 290
　──の制度……………… 9
　──の統合論的規定Ａ…… 1
　──の方法……………… 10
　──の理念……………… 9
社会福祉学………………… 1, 5
社会福祉学研究…………… 6
社会福祉基礎構造改革…… 18, 118, 120, 124, 229
社会福祉供給体制………… 118
　──の推移……………… 120
社会福祉士………… 4, 130, 252, 254
社会福祉士及び介護福祉士法…… 252
　──第2条第1項………… 4
社会福祉事業法…………… 121
社会福祉士養成教育……… 288
社会福祉法人改革………… 132
社会防衛…………………… 77
社会保障…………………… 192
社会保障制度審議会……… 123
社会連帯………… 14, 87, 160, 212, 221, 223, 296
　──による次世代育成支援に向けて…… 191
宗教的新生………………… 80

事項索引　341

終結‥‥‥‥‥‥‥‥‥‥‥‥265
集権‥‥‥‥‥‥‥‥‥‥‥‥‥53
集団‥‥‥‥‥‥‥‥‥‥‥‥‥51
宿業‥‥‥‥‥‥‥‥‥‥‥‥304
宿業思想‥‥‥‥‥‥‥‥‥‥298
淑徳の福祉‥‥‥‥‥‥‥‥‥310
受信型‥‥‥‥‥‥‥‥‥‥‥278
主体性を育むこと‥‥‥‥‥‥113
恤救規則‥‥‥‥‥‥‥‥‥‥‥59
受動性‥‥‥‥‥‥‥‥‥‥‥‥35
受動的権利‥‥‥‥‥‥‥‥‥‥96
受容‥‥‥‥‥‥‥‥‥‥‥‥266
受容的な技術‥‥‥‥‥‥‥‥278
受理会議‥‥‥‥‥‥‥‥‥‥265
障害‥‥‥‥‥‥‥‥‥‥‥‥260
障害児支援制度‥‥‥‥‥‥‥160
障害児相談支援事業‥‥‥‥‥168
障害児相談支援専門員‥‥‥‥168
障害者施設等給付制度‥‥‥‥191
障害者の権利に関する条約‥‥‥97
情緒的対象恒常性‥‥‥‥‥‥‥39
浄土‥‥‥‥‥‥‥‥‥‥‥‥305
情報収集／分類‥‥‥‥‥‥‥278
称名念仏‥‥‥‥‥‥‥‥‥‥300
助言指導‥‥‥‥‥‥‥‥‥‥262
助産の実施‥‥‥‥‥‥‥‥‥124
自立‥‥‥‥‥‥‥‥‥‥‥‥‥52
自立支援協議会子ども部会‥‥168
自立・自己決定への援助‥‥‥266
自律性‥‥‥‥‥‥‥‥‥‥‥133
自利利他‥‥‥‥‥‥‥79, 307, 312
事例‥‥‥‥‥‥‥‥‥‥‥‥244
事例性‥‥‥‥‥‥‥‥‥‥‥201
事例で学ぶ‥‥‥‥‥‥‥‥‥249
仁　77
仁愛‥‥‥‥‥‥‥‥‥‥‥‥‥77
親権‥‥‥‥‥‥‥‥‥‥‥‥100
人材‥‥‥‥‥‥‥‥‥‥‥‥130
新自由主義‥‥‥‥‥‥‥‥‥126
新福祉ビジョン‥‥‥165, 233, 276
新保育士養成課程‥‥‥‥‥‥289
心理社会的発達理論‥‥‥‥‥183
心理療法‥‥‥‥‥‥‥‥263, 300

スタディ（調査，診断，判定の実施と関連
　諸会議における検討）‥‥‥‥265
ストレングス視点‥‥‥‥‥‥182
スーパービジョン‥‥‥‥‥‥268
生活総合性の専門性‥‥‥‥‥273
生活治療・療育系施設‥‥‥‥171
生活の質（QOL）‥‥‥‥‥‥‥57
税制三位一体改革‥‥‥‥‥‥131
成長動機‥‥‥‥‥‥‥‥‥‥‥56
制度間の不整合‥‥‥‥‥‥‥141
制度的福祉‥‥‥‥‥‥‥200, 204
制度と方法の統合‥‥‥‥‥‥206
制度・方法の侵食‥‥‥‥‥‥205
青年期‥‥‥‥‥‥‥‥‥‥40, 42
設計科学‥‥‥‥‥‥‥‥‥‥‥6
1989 年児童法第 1 条第 3 項‥‥107
全国保育士会倫理綱領‥‥‥‥286
　――の内容‥‥‥‥‥‥‥‥286
『全社協・福祉ビジョン 2011』‥‥88, 297
全世代型社会保障‥‥‥‥‥‥144
専門職‥‥‥‥‥‥‥‥‥‥‥275
専門性‥‥‥‥‥‥‥31, 126, 136, 172
専門性‥‥‥‥‥‥‥‥‥‥‥238
専門的技術的裁量‥‥‥‥‥‥247
総合的アプローチ‥‥‥‥‥‥267
相互信頼関係‥‥‥‥‥‥‥‥266
相互扶助‥‥‥‥‥‥‥‥‥‥‥77
増進‥‥‥‥‥‥‥‥‥‥‥‥212
相談の受付‥‥‥‥‥‥‥‥‥265
相談援助活動‥‥‥‥‥‥‥‥258
　――の過程‥‥‥‥‥‥‥‥264
　――の基本原理‥‥‥‥‥‥266
　――の方法と特徴‥‥‥‥‥261
　子ども家庭福祉における――‥257
　児童相談所における――‥‥247
惻隠の心‥‥‥‥‥‥‥‥‥‥‥77
ソーシャル・インクルージョン
　‥‥‥‥‥‥14, 87, 153, 165, 192, 296
ソーシャルキャピタル‥‥‥‥61, 219
ソーシャルケースワーク‥‥‥283, 284, 285
ソーシャル・サポート・ネットワーク‥271
ソーシャルワーク（社会福祉援助技術）
　3, 251, 263, 271, 283-285, 291

──のグローバル定義 ……………… 3
　地域を基盤とした── ……………… 173
育ち直し ……………………………… 196
措置 …………………………………… 121
措置委託契約 ………………………… 121
措置委託制度 …………………… 120, 121
措置基準 ……………………………… 114
措置制度 ………………………… 118, 161
存立原理 ……………………………… 81

## タ　行

対機説法 ……………………………… 300
第三者評価 …………………………… 233
第三者評価制度 ……………………… 230
第十八願 ……………………………… 305
対象 …………………………………… 127
対象把握の仕組み …………………… 147
対人援助専門職の共通資格課程 …… 234
対人援助専門職の倫理綱領 ………… 282
代替 …………………………………… 210
代替養育 ……………………………… 218
第二の分離−個体化過程 …………… 40
代弁性 ………………………………… 32
健幸 …………………………………… 2
単相的育児 ……………………… 186, 215
地域共生社会 ………………………… 135
地域共生社会づくり ………………… 198
地域公益の活動 ……………………… 134
地域子育て家庭支援 …………… 178, 188
　──の定義 ………………………… 182
地域子育て家庭支援事業 …………… 189
地域子育て支援 ……………………… 183
地域子ども・子育て支援サービス … 259
地域性 …………………………… 138, 172
地域包括ケアシステム ……………… 198
地域包括支援体制 …………………… 166
　子ども家庭福祉分野における── … 167
地域包括的支援 ……………………… 165
地縁・血縁型子育てネットワーク … 214
地方分権 ……………………………… 51
地方分権一括法 ……………………… 132
チーム・アプローチ ………………… 175
チームワーク ………………………… 242

チームワーク・システム …………… 243
チームワーク・モデル ……………… 176
聴聞手続 ……………………………… 246
包み支え合う（ソーシャル・インクルー
　ジョン） …………………………… 297
つながりの再構築 …………………… 140
つながりの喪失 ……………………… 152
提供主体 ……………………………… 132
　──の多元化 ……………………… 132
ディマンド …………………………… 57
適正手続き …………………………… 114
天地の恩 ……………………………… 312
同一与件同一サービス …………… 200, 247
動作的援助 …………………………… 279
特定目的性の専門性 ………………… 273
都道府県家庭的養護推進計画 ……… 129
都道府県社会的養育推進計画 ……… 146
共生（ともいき，ぐしょう） …… 89, 233

## ナ　行

内的世界の尊重 ……………………… 267
二種回向 ……………………………… 308
ニーズ ………………………………… 60
　──の把握 ………………………… 66
　──の変容 …………………… 65, 70
　隠された── …………… 65, 68, 69
　重なり合う── …………………… 63
　客観的── ………………………… 69
　顕在的── ………………………… 66
　子育ち・子育ての── …………… 61
　子どもの── ……………………… 64
　主観的── ………………………… 69
　潜在的── …………………… 67, 69
　保護者の── ……………………… 64
ニード ………………………………… 57
　──の基準的指標 ………………… 59
　感じる── ………………………… 59
　規範的な── ……………………… 59
　顕在的── ………………………… 58
　最低基準── ……………………… 59
　潜在的── ………………………… 58
　専門的基準による── …………… 60
　比較── …………………………… 59

事項索引　　*343*

乳幼児期………　…………………… *38, 41*
人間の尊厳……………………………… *81*
人間福祉……………………………… *145*
ネットワーク………………… *193, 242*
ネットワーク・システム…………… *243*
ネットワーク・モデル……………… *176*
年金・医療・育児・介護………… *131, 145*
能動的権利…………………………… *96*
Not for him, but together with him.…… *310*
ノーマライゼーション…………… *90, 305*

## 八　行

パターナリズム………… *18, 25, 106, 125, 126*
八正道………………………………… *298*
発信型………………………………… *278*
発達………………　…………………… *183*
発達過程区分………………………… *44*
発達性………………………………… *31*
パーティシペーション……………… *126*
パートナーシップ…………… *18, 125, 126*
バリアフリー………………………… *53*
パレンス・パトリエ…………… *95, 101, 223*
パワー………………………………… *126*
判断基準……………………………… *114*
判定…………………………………… *122*
必要十分の原則……………………… *51*
ひとり親家庭福祉サービス………… *260*
秘密保持……………………………… *267*
ファシリテーション（相互援助強化技術）*272*
普及…………………………………… *212*
福祉原理……………………………… *76*
福祉国家……………………………… *50*
福祉社会……………………………… *85*
福祉心理学…………………………… *84*
福祉多元主義………………………… *119*
福祉ニーズ……………………… *55, 73*
福祉ニード…………………………… *55*
福祉の哲学…………………………… *303*
福祉マインド…………… *73, 78, 83, 240*
複相的育児………………… *186, 215*
福田思想……………………………… *302*
父性原理……………………………… *200*
仏教………………………… *78, 292, 300*

仏教社会福祉…………………… *79, 88*
仏教的価値…………………………… *314*
プライバタイゼーション…………… *126*
プラットフォーム…………………… *134*
プランニング………………………… *265*
プロフェッショナリズム…………… *126*
分権…………………………………… *53*
ペアレンティング・プログラム…… *264*
ベヴァリッジ報告…………………… *50*
変革期………………………………… *188*
保育…………………………………… *241*
　――の実施………………………… *123*
　――の定義………………………… *288*
　受信型――……………………… *257*
　発信型――……………………… *257*
保育サービス………………………… *260*
保育士…………………… *130, 252, 255*
　――の技術……………………… *257*
　――の責務……………………… *282*
　――の専門性の構造……………… *239*
　――の保育相談支援の専門性…… *275*
　――の倫理……………………… *282*
　専門職としての――……………… *48*
保育士資格再構築…………… *275, 276*
保育指導………………… *181, 252, 277*
保育所保育指針………………… *180, 240*
　――の発達観, 保育観…………… *43*
　―― 2008 年告示版……………… *194*
保育相談支援………… *181, 262, 271, 278, 283–285*
　――の専門性…………………… *277*
　――の特徴……………………… *281*
　受信型――……………………… *257*
　発信型――……………………… *257*
保育相談支援技術の定義…………… *278*
保育相談支援技術の類型化………… *278*
放課後児童支援員…………………… *130*
包括的・継続的支援………………… *134*
奉仕……………………………… *79, 312*
方針の検討…………………………… *279*
法定代理受領………………………… *131*
法的強制介入………………………… *175*
法と専門職の倫理…………………… *245*
法の深信……………………………… *306*

補完‥‥‥‥‥‥‥‥‥‥‥‥‥‥‥‥‥‥‥‥ 210
保護‥‥‥‥‥‥‥‥‥‥‥‥‥‥‥‥‥‥‥‥ 52
　──の必要性‥‥‥‥‥‥‥‥‥‥‥‥ 27
保護者の生活の実情‥‥‥‥‥‥‥‥‥ 40
保護者支援‥‥‥‥‥‥‥‥‥‥‥‥‥‥ 181
保護・扶助としての福祉‥‥‥‥‥‥ 256
菩薩行‥‥‥‥‥‥‥‥‥‥‥‥‥‥‥‥‥ 307
菩薩道‥‥‥‥‥‥‥‥‥‥‥‥‥‥ 78, 311
母子健康包括支援センター‥‥‥‥ 168
母子相互作用‥‥‥‥‥‥‥‥‥‥‥‥ 185
母子保護の実施‥‥‥‥‥‥‥‥‥‥ 124
補助金‥‥‥‥‥‥‥‥‥‥‥‥‥‥‥‥ 131
母性原理‥‥‥‥‥‥‥‥‥‥‥‥‥‥ 201
保母‥‥‥‥‥‥‥‥‥‥‥‥‥‥‥‥‥‥ 130
煩悩‥‥‥‥‥‥‥‥‥‥‥‥‥‥‥‥‥‥ 304

## マ　行

3つの感覚的協応‥‥‥‥‥‥‥‥ 77, 240
見守る‥‥‥‥‥‥‥‥‥‥‥‥‥‥‥‥ 47
民主的人間関係の育成‥‥‥‥‥‥‥ 45
無意識‥‥‥‥‥‥‥‥‥‥‥‥‥‥‥‥ 304
無差別平等の原則‥‥‥‥‥‥‥‥‥ 51
6つのP‥‥‥‥‥‥‥‥‥‥‥‥ 126, 127
モニタリング‥‥‥‥‥‥‥‥‥‥‥ 265

## ヤ　行

有期性‥‥‥‥‥‥‥‥‥‥‥‥‥‥ 33, 167
養育系施設‥‥‥‥‥‥‥‥‥‥‥‥‥ 171
要監護性‥‥‥‥‥‥‥‥‥‥‥‥‥‥ 30
養護‥‥‥‥‥‥‥‥‥‥‥‥‥‥‥‥‥ 241
幼児教育・保育の無償化‥‥‥‥‥ 216

要保育認定‥‥‥‥‥‥‥‥‥‥‥‥‥ 216
幼保一体化‥‥‥‥‥‥‥‥‥‥‥‥‥ 191
要保護児童‥‥‥‥‥‥‥‥‥‥‥‥‥ 121
要保護児童対策地域協議会‥‥‥‥ 168
要保護性‥‥‥‥‥‥‥‥‥‥‥‥‥‥ 33
欲求‥‥‥‥‥‥‥‥‥‥‥‥‥‥‥‥‥ 71
四つ葉のクローバー‥‥‥‥ 131, 144, 145
予防‥‥‥‥‥‥‥‥‥‥‥‥‥‥‥‥‥ 212

## ラ　行

来談者中心療法‥‥‥‥‥‥‥‥ 283-285
利他共生‥‥‥‥‥‥‥‥‥‥‥‥ 90, 302
リービングケア‥‥‥‥‥‥‥‥‥‥ 270
利便性‥‥‥‥‥‥‥‥‥‥‥‥‥ 138, 172
利用者支援事業‥‥‥‥‥‥‥‥ 168, 190
利用者支援専門員‥‥‥‥‥‥‥‥‥ 168
利用者主体‥‥‥‥‥‥‥‥‥‥‥‥‥ 52
利用者の選択‥‥‥‥‥‥‥‥‥‥‥ 192
臨床相談機能‥‥‥‥‥‥‥‥‥‥‥ 174
臨床の福祉‥‥‥‥‥‥‥ 200, 201, 204
臨床の知‥‥‥‥‥‥‥‥‥‥ 204, 309
倫理への問いかけ‥‥‥‥‥‥‥‥‥ 54
倫理的ジレンマ‥‥‥‥‥‥‥‥‥‥ 247
レジデンシャルワーク‥‥‥‥ 252, 270
レビュー機能‥‥‥‥‥‥‥‥‥‥‥ 138
連帯と共生‥‥‥‥‥‥‥‥‥‥‥‥ 153
六波羅蜜‥‥‥‥‥‥‥‥‥‥‥‥‥‥ 298

## ワ　行

ワンストップ相談機能‥‥‥‥‥‥ 234

## 著者紹介

### 柏女 霊峰（かしわめ　れいほう）

1952年　福岡県生まれ
1976年　東京大学教育学部教育心理学科卒業
1976～86年　千葉県児童相談所心理判定員
1986～94年　厚生省児童家庭局企画課（'91 年 4 月より児童福祉専門官）
1994年　淑徳大学社会学部助教授
現　在　淑徳大学総合福祉学部教授・同大学院教授。臨床心理士。
　　　　内閣府子ども・子育て会議委員，社会保障審議会児童部会放課後児童対策に関
　　　　する専門委員会委員長，障害児入所施設の在り方に関する検討会座長，東京都
　　　　児童福祉審議会副会長，東京都子供・子育て会議会長，流山市子ども・子育て
　　　　会議会長，社会福祉法人興望館理事長，石川県顧問，浦安市専門委員など。

主著（単著）『現代児童福祉論』誠信書房 1995，『児童福祉改革と実施体制』ミネルヴァ書房 1997，『児童福祉の近未来』ミネルヴァ書房 1999，『子ども家庭福祉のゆくえ』中央法規 2001，『子育て支援と保育者の役割』フレーベル館 2003，『次世代育成支援と保育』全国社会福祉協議会 2005，『こころの道標』ミネルヴァ書房 2005，『子ども家庭福祉・保育のあたらしい世界』生活書院 2006，『子ども家庭福祉サービス供給体制』中央法規 2008，『子ども家庭福祉論』誠信書房 2009，『子ども家庭福祉・保育の幕開け』誠信書房 2011，『子ども・子育て支援制度を読み解く』誠信書房 2015，『これからの子ども・子育て支援を考える』ミネルヴァ書房 2017，『混迷する保育政策を解きほぐす』明石書店 2019，『平成期の子ども家庭福祉』生活書院 2019

監修・編著『新しい子ども家庭福祉』ミネルヴァ書房 1998，『新時代の保育サービス』フレーベル館 2000，『子ども虐待教師のための手引き』時事通信社 2001，『児童虐待とソーシャルワーク実践』ミネルヴァ書房 2001，『家族援助論』ミネルヴァ書房 2002，『ソーシャルワーク実習』有斐閣 2002，『市町村発子ども家庭福祉』ミネルヴァ書房 2005，『これからの保育者に求められること』ひかりのくに 2006，『これからの児童養護』生活書院 2007，『児童福祉論』中央法規出版 2009，『児童福祉』樹村房 2009，『社会福祉援助技術』樹村房 2009，『子ども家庭福祉の新展開』同文書院 2009，『事例でわかる！保育所保育指針・幼稚園教育要領』第一法規 2009，『保護者支援スキルアップ講座』ひかりのくに 2010，『保育学研究倫理ガイドブック』フレーベル館 2010，『こうのとりのゆりかごが問いかけるもの』明石書店 2010，『社会的養護とファミリーホーム』福村書店 2010，『増補保育者の保護者支援──保育相談支援の原理と技術』フレーベル館 2010，『保育相談支援』ミネルヴァ書房 2011，『子どもの養育・支援の原理──社会的養護総論』明石書店 2012，『社会福祉用語辞典［第 9 版］』ミネルヴァ書房 2013，『保育用語辞典［第 8 版］』ミネルヴァ書房 2015，『児童家庭福祉［改訂 2 版］』全国社会福祉協議会 2015，『児童や家庭に対する支援と児童・家庭福祉制度［第 5 版］』中央法規 2015，『子ども・子育て支援新制度　利用者支援事業の手引き』第一法規 2015，『放課後児童支援員認定資格研修認定資格研修のポイントと講義概要』中央法規 2015，『改定 2 版・全国保育士会倫理綱領ガイドブック』全国社会福祉協議会 2018，『三訂版・医療現場の保育士と障がい児者の生活支援』生活書院 2018，『子ども家庭福祉』全国社会福祉協議会 2019，『保育者の資質・能力を育む保育所・施設・幼稚園実習指導』福村出版 2019など

子ども家庭福祉学序説
——実践論からのアプローチ

2019 年 9 月 20 日　第 1 刷発行

| | |
|---|---|
| 著　者 | 柏女霊峰 |
| 発 行 者 | 柴田敏樹 |
| 印 刷 者 | 西澤道祐 |
| 発 行 所 | 株式会社 誠信書房 |

〒112-0012 東京都文京区大塚 3-20-6
電話　03 (3946) 5666
http://www.seishinshobo.co.jp/

© Reiho Kashiwame, 2019　　　　　印刷／あづま堂印刷　製本／協栄製本
検印省略　　落丁・乱丁本はお取り替えいたします
ISBN978-4-414-60161-9 C3036　　　Printed in Japan

[JCOPY] ＜ (社) 出版者著作権管理機構 委託出版物＞
本書の無断複写は著作権法上での例外を除き禁じられています。
複写される場合は，そのつど事前に，(社) 出版者著作権管理機構
(電話 03-5244-5088，FAX 03-5244-5089，e-mail: info@jcopy.or.jp)
の許諾を得てください。